２０２４年の本部町営市場

1947年頃に撮影された本部の市場。ジュラルミン製の鍋が並べられている。

上の写真と同時期に撮影されたものか。市場がテント張りだった時代。

撮影時期不詳。写真集には「本部のオバー」とキャプションがある。

本部町営市場で野菜を売る農家の女性たち。1980年頃撮影。

渡久地十字路（南側）から市場を望む。

第一渡久地橋（北側）から市場を望む。手前にあるのが野菜市場。

渡久地十字路（北西側から）。右手にあるのは、鮮魚店とかまぼこ屋が軒を連ねる建物。

市場の周囲には、2010年に整備されたアーケードが設置されている。

野菜市場の様子。金曜から月曜にかけては「玉城商店」も営業中。

浦崎精肉店と古堅精肉店は向かい合わせで営業している。

空き店舗を利用した、誰でも使える「ゆくい処」(休憩所)。

各店舗には思い思いのデザインが施されている。左は「Bkack Lives Matter Coffee」。

はじめに

沖縄本島北部に、本部《もとぶ》という町がある。

およそ1万3000人が暮らす小さな町は、1975（昭和50）年に沖縄国際海洋博覧会の会場となり、一躍有名になった。海洋博の会場跡地には美ら海水族館があり、大勢の観光客で賑わっている。また、備瀬のフクギ並木や、寒緋桜の名所として知られる八重岳、1905（明治38）年創業の老舗沖縄そば店「きしもと食堂」や、創業70年以上を数える「新垣ぜんざい屋」があるのも本部町《もとぶちょう》である。

この本部町に、市場がある。本部町渡久地《とぐち》に位置する、本部町営市場である。渡久地は、明治時代に入るとカツオ漁で賑わう港町となり、また離島航路の発着地として発展してきた土地だ。次第に物資の集積地として商業も盛んになり、明治の終わり頃には市場が存在していたという。戦後は闇市から再出発し、現在は昭和41（1966）年に竣工した建物で営業している。

そんな本部町営市場が、取り壊される――。

琉球新報が「本部町営市場取り壊しへ」と報じたのは、2024年9月3日のことだった。耐震強度の調査をおこなったところ、構造上危険な状態にあると判断され、本部町としては

「2～3年後をめどに解体に着手する」つもりなのだという。見出しには「跡地を再整備」とあったが、本文には「跡地は北部振興事業などの補助メニューを活用して、再整備する考えで、計画策定に向けた作業を進める」とだけ書かれていた。つまり、現時点では解体の方針だけが決定されており、今後の予定はまだ白紙ということだ。何より驚いたのは、「再整備計画で市場機能を一部維持することも検討する」（傍点筆者）という一文だった。文字通りに解釈すれば、再整備するにしても、市場機能は存続させない可能性もある、ということになる。この報せに衝撃を受けた。

なぜ衝撃を受けたのか？

たとえば、那覇には第一牧志公設市場がある。戦後の闇市を整備し、昭和25（1950）年に開設され、昭和47（1972）年に建て替えられた市場だ。第一牧志公設市場で耐震強度の調査が行われたのは、2006年の夏のこと。調査の結果、「かなり老朽化が進捗している」と診断が下された。補強工事を施して、長寿命化を目指すか。あるいは、建て替えか。建て替えるとしても、同じ場所に建て替えるのか、別の場所に移すのか。工事期間の仮設店舗はどうするのか。市場と周辺事業者による検討委員会が設置され、識者を交えた外部検討委員会でも議論が重ねられ、同じ場所で建て替えると決まったのは、2016年のことだった。つまり、耐震強度の調査から、市場の未来が決まるまで、10年もの歳月を要している。それに比べると、本部町営市場の解体は、あまりにも急な話だった（それだけ老朽化が進んでいたのかもしれないけれど、本部町営市場は第一牧志公設市場より6年早く建てられているのだから、もっと早く——少なくとも那覇の公設市場で建て替えの議論が巻き起こっている頃に手を打っておけば、状況は違っていただろう）。

本部町営市場に入居する店主に向けた説明会が開催されたのは、2024年7月16日のことだったという。そこで担当者から告げられたのは、解体後の計画は現時点では白紙であり、解体に伴う補償は予定しておらず、「それぞれ移転先を探してほしい」ということだった。この説明会を受けて、店主の間では動揺が広がっていた。

これから先、市場をめぐる状況は目まぐるしく移り変わっていくだろう。同じ時代に生きている物書きとして、揺れ動く本部町営市場の今を記録しておこうと、取材を始めることにした。それも、「市場の皆の声」としてひとかたまりに仕立て上げるのではなく、ひとりひとりの声を、ひとりひとりの声のまま記録しておくことにした。

冒頭に書いたように、本部は小さな町だ。

沖縄県の人口はおよそ147万人だから、本部町の人口はその1パーセント以下だ。そのうち、市場に店を構える人たちの数は、ほんの一部に過ぎない。でも、そんな小さな声にこそ耳を傾けたいと思ったのだ。

「市場がなくなったら、文化がなくなるよ」

そんな言葉を口にしたのは、沖縄で60年近く続く老舗おでん屋の女将さんだった。「言えば、市場っていうのは生活の場所なんですよ。ひとつの生活圏っていうのかね。デパートでもスーパーでも買い物はできるけど、市場のほうが落ち着く。肉屋があって、さしみ屋があって、若い人がやってるコーヒー屋さんがあって――そっちのほうが風情があるはずよ。だから市場で買い物したいと思うわけ。ああいうコーヒー屋さんは、ジョートーなコーヒー出してるはずだけど、あの空間で飲めば、インスタントコーヒーでも美味しいと感じるはずよ」

翌日、図書館で辞書を引いてみた。

三省堂国語辞典によれば、市場とは、「〈毎日/決まった日に〉商売人が集まって売り買いする所」であり、「日用品・食料品を一か所に集めて売る所」である。また、文化とは、「それぞれの時代や地域、集団によって異なる、人々の精神的・社会的ないとなみ」であり、「人間らしい暮らしを支えるもの」だという。

市場には、毎日のように商売人が集まって、日用品や食料品を売り買いしている。日常的に人が行き交う生活の場には、時代の文化が息づく。市場とは、その土地に暮らす人たちにとって、人間らしい暮らしを支えるものであり、旅行で訪れる観光客からすれば、その土地の文化に触れられる貴重な場所になる。

沖縄では、「市場」と書いて「まち」と読む。

わたしたちは今、まちに何を求めているのだろう。そこに何を見出しているのだろう？

２０２４年は、本部町営市場を解体する方針が発表された年だった。

同じ年に、まちから姿を消したものはたくさんあった。

３月31日、創業61年を数える沖縄市の「コザボウリングセンター」が閉店した。５月31日、区画整理のため、宜野湾の「三角食堂」が59年の歴史に幕を下ろした。同じ日に、那覇の「リブロ・リウボウブックセンター店」も閉店した。その前身となった「文教図書」は、戦後間もない昭和25（１９５０）年、沖縄の教職員会が中心となって設立した書店だった。６月20日には、昭和27（１９５２）年から続く那覇の老舗沖縄そば屋「むつみ橋かどや」が閉店した。11月には那覇・与儀十字路にかかる歩道橋が――昭和44（１９６９）年に架設され、55年そこにあり続けた歩道橋が解体され始めた。そこからほど近い場所にあり、昭和45（１９７０）年の開館以来市民に親しまれてきた那覇市民会館も、11月から解体工事が始まっている。消えたものを書き始めると、膨大な数になるだろう。

まちは絶えず変わってゆく。それはきっと、仕方のないことなのだろう。

２０２４年には、沖縄に限らず、全国各地で長く親しまれてきた風景が姿を消した。

青森県弘前市にある「中三《なかさん》」（弘前店）は、昭和37（1962）年に開業した老舗百貨店だった。明治29（1896）年に五所川原市で呉服屋として始まり、百貨店事業に乗り出し、複数の街に店舗を構えていた。だが、大型ショッピングセンターが増えるにつれて業績が悪化し、店舗は減ってゆく。最後の1店舗として残っていた「中三」（弘前店）は、地元・土手町商店街のシンボルとして親しまれていたが、事業の継続が困難になり、8月29日に突如として閉店した。

ここ数年、地方百貨店が相次いで閉店している。今年だけでも、いくつもの百貨店が姿を消した。1月14日、広島県尾道市にある「尾道福屋」は、1999年から続く25年の歴史に幕を下ろした。同じ日、島根県松江市の「一畑《いちばた》百貨店」が閉店した。昭和33（1958）年に開業し、「人が好き、街が好き」のキャッチコピーで地元客に親しまれてきた老舗百貨店が閉店したことで、島根県内のデパートはゼロになった。1月31日、愛知県一宮市にある「名鉄百貨店」（一宮店）は、23年余りの歴史に終止符を打った。前身となる「名鉄丸栄百貨店」は昭和44（1969）年オープンだから、そこから数えれば55年の歴史を誇る百貨店だった。7月31日、「岐阜高島屋」が閉店した。昭和52（1977）年、岐阜市の中心市街地である柳ヶ瀬商店街にあるオープンし、地域の顔として親しまれてき百貨店だった。8月18日、埼玉県東松山市にある「丸広百貨店」（東松山店）が閉店した。昭和29（1954）年に開業した老舗で、駅と百貨店を結ぶ商店街はメインストリートとして栄えてきたけれど、進出70年を迎える節目の年に撤退することになった。鹿児島の老舗百貨店「山形屋」も、経営破綻の危機を迎え、２０２４年から経営再建に向けた事業再生計画に乗り出している。

百貨店だけではない。

長野県須坂市にある「須坂ショッピングセンター」は、昭和44（１９６９）年、地元有志が協同組合を立ち上げてオープンした複合施設だった。最盛期には40店舗が入居していたが、近郊に大型店舗が進出すると、次第に空き店舗が増えていった。テナントの中核だったスーパーと衣料品店が撤退したことで、客足が落ち込んだ上に、改修費用の捻出も難しくなり、９月20日に事業を停止した。

２月29日、アーチ型の外観が町のシンボル的な存在となり、流行の発信地として40年にわたり親しまれてきた「新所沢パルコ」が閉店した。昭和20（１９４５）年に開業し、東京・上野のランドマークにもなっていた「ＡＢＡＢ上野」は、６月30日に閉店した。昭和50（１９７５）年、「ダイエー鹿児島ショッパーズプラザ」として開業した「イオン」（鹿児島鴨池店）は、老朽化を理由に８月31日で閉店し、最終日には２万人もの買い物客が詰めかけた。

２０２４年、セブン＆アイ・ホールディングスは、採算の取れない「イトーヨーカドー」の地方店舗を削減する方針を示し、全国各地で惜しまれながら閉店する店舗が相次いだ。そのひとつ、昭和60（1985）年に開店した「イトーヨーカドー」（福島店）は、福島駅西口の顔として市民に親しまれてきた。閉店後の跡地がどうなるのか、具体的な方針が決まらないいま5月6日に閉店し、駅前の空洞化が懸念されている。60年代から70年代にかけて、大型スーパーが進出した時代には、地域の商店街は危機感をおぼえ、全国でスーパー反対運動が巻き起こった。それから半世紀が経った今、大型スーパーさえ姿を消し始めている。

わたしたちのまちから、慣れ親しんだ景色が次々と姿を消してゆく。そのサイクルは、以前にもまして短くなっているように思える。それに対して、「市場原理に基づいて、需要がないものは消えていくのだ」という声もあるだろう（実際、本部町営市場の存続を求める声がニュースになった際、そんなコメントがつけられているのを目にした）。そんな時代だからこそ、町営市場を存続させる意義があるのではないかと、わたしは思う。

神戸の市場に惚れ、神戸に移住した平民金子さんは、『ごろごろ、神戸。』（ぴあ）に収録された「いつまでもそのままで」という随筆の中でこう綴っている。

私が思う神戸の宝物。それは古くから使い込まれてきてお年寄りたちの憩いの場にもなっている市場や商店街、食堂や喫茶店、王子動物園や須磨海浜水族園の年季の入った遊園地であったりするのだけれど、それらのものは今後増えはせず減っていく一方だ。その減っていく速度が近年いよいよ早まった事を実感して身構えてしまう。

取り壊しとマンション建設が現在進行形で進んでいる兵庫区の稲荷市場周辺を歩きながら、「いつまでもそのままで」と呪文のように、心の中で唱えてみる。

いつまでもそのままで、古い町なみや商店街がそこにあってほしい。

いつまでもそのままで。いつまでもそのままで。

けれどそんな言葉には何の有効性もないし、呪文がどこにも通じない事もわかっている。

わたしは、建て替え工事を施すにしろ、補強して長寿命化を目指すにしろ、本部町営市場にはずっとそこにあり続けてほしいと願っている。「いつまでもそのままで」と、心の中で呪文を唱えている。

なぜ「いつまでもそのままで」と願ってしまうのだろう。

本部町営市場を解体する方針が発表されたとき、琉球新報の記事には、「レトロな雰囲気も人気となり、観光客も多く訪れていた」と記されていた。古くから続く場所に愛着を抱くとき、わたしたちはそのレトロさを愛でているだけなのだろうか?

わたしたちにとって、まちとは何か。

今この時代に、あらためて考えてみたいと思う。そのためには、そこにどんな歴史が刻まれてきて、どんな時間が流れてきたのかを知る必要があるだろう。だからこそ、まずはこのまちで商売を営んできた人たちの声に耳を傾けることから始めたいと思う。

この本には、本部町営市場で店を切り盛りする23名の聞き書きが収録されている。それに加えて、様々な観点からまちについて考えるために、宇田智子さん（「市場の古本屋ウララ」店主）、岡本尚文さん（写真家）、新城和博さん（編集者）、知念正昭さん（元・本部高校校長）、普久原朝充さん（建築士）、宮島真一さん（「シアタードーナツ」代表）、山本ぽてとさん（ライター・編集）に、原稿や談話を寄せてもらった。

この本を入り口に、本部町営市場のこと、そこに刻まれてきた歴史のことを、沖縄県内はもちろんのこと、海の向こうに暮らす人たちにも、地続きの話として考えてもらえたらと思う。そして、ここに綴られた言葉たちが、あなたが暮らすまちを見つめ直すきっかけになることを願っている。

２０２４年12月31日　編者

「主人のお母さんが、鰹節を売り始めたんです。
最初のうちは、小さな機械を買ってきて、
おうちで削っておいて、
持ち歩きで売っていました」

仲村商店　仲村たか

私の手もとに、１冊の写真集がある。

『あの日 あの時 あの頃』。本部町町政施行60周年を記念して開催された写真展の図録だ。その表紙に掲げられているのは、市場で働く女性たちの姿だ。昔ながらのバサー着物に身を包んで、頭を手拭い《ティーサージ》で覆った女性たちが、露天で商いをしている。ページをめくると、テント張りの市場で、ジュラルミン製の鍋を売る老人の姿がある。米兵が撮影したのだろう、写真の上に「MOTOBU BLACK MARKET」と書き込みがある。私の知る限り、この闇市の光景が、写真に残された最古の市場の姿だ。

同じページには、昭和55（１９８０）年頃に撮影された市場の写真も掲載されている。トタン屋根の下、吹きさらしの場所に、女性たちが所狭しと陣取って、新聞紙の上に野菜を並べている。「朝早くから威勢のいいオバさん達の声が響く」と、キャプションに記されている。この場所では、本部町内各地の農家の女性たちが野菜を販売していた。

現在、この野菜市場に、１軒だけ営業を続けている露店がある。

鰹節屋の「仲村商店」である。

２代目店主の仲村たかさんは、毎日７時過ぎには店を開ける。お昼近くにオープンするところが多い本部町営市場の中では、とびきり早い時間帯から営業しているお店だ。だから、朝早くに市場を訪れた際には、椅子に座らせてもらって、ゆんたくさせてもらっている。たかさんの話に耳を傾けていると、沖縄に流れてきた長い時間を旅しているような心地がする。

たかさんは昭和12（1937）年、黒島生まれ。黒島は八重山諸島に位置する小さな島だ。「もう、何十年も行ってないから、どんなになっているか」。そう笑いながら、たかさんは昔の黒島のことを聞かせてくれた。「自分なんか小さいときは、麦畑があって、キビ畑があって、製糖工場もありましたよ。うちは、農業。葉野菜とかね、いろんなのを育ててましたよ。ただ、黒島はお米が作れないから、行事のときに使うお米は石垣から買ってきてました。それと、牛。黒島だと、各家庭で2、3頭ぐらいは牛を飼っていたんですよ。自分なんかも、2頭飼っていたから、小学生ぐらいから世話してました。朝のうちに、野原に繋ぎに行って、そこで草を食べさせる。今のように、牛に食べさせる餌はなかったですからね。それで、お昼は暑くなるから、庭の木の影に連れて帰って、水を飲ませて休ませる。それでまた、午後から畑に行きながら、野原に繋ぎに行く。こんなしてましたよ」

たかさんが生まれた昭和12（1937）年は、第一次近衛文麿内閣が成立し、盧溝橋事件をきっかけに日中戦争が始まり、大本営が設置された年だ。昭和16（1941）年には「小学校」が「国民学校」と改められている。太平洋戦争が始まったこの年、たかさんは4歳だった。終戦を迎えたのは小学2年生のときだから、1年半は国民学校に通った計算になる。

「戦争中はね、天皇陛下の写真を額に入れて、職員室に飾ってあったんです。学校に着いたらまず、天皇陛下におはようございますをしてから、教室に入りました。天皇陛下の写真を守るための防空壕もありましたからね。あの当時、学校は高台にあって、赤い瓦葺きで、運動場は綺麗な芝生だったんです。教室の後ろには、物見台というのがありました。石積みの階段があって、黒島は平らな島だから、そこに登ると海のほうまでずっと見渡せたんです。だから、兵舎と勘違いされたのか、学校に爆弾が落とされてね。私のいとこ姉さんは、学校の給仕をしてて、その日ちょうど学校の見守りにきてたんですね。そこに飛行機の音がしたから、急いで部落の防空壕に入ったんです。でも、あんまり大きいのは怖くて、単独防空壕に移ったんです。そうしたら、そっちに爆弾を落とされて、防空壕が埋まってしまって。どうにか掘り起こして、助かったけど。その空襲で、ガラスの破片が運動場に散らばって、戦争が終わったあとはガラス拾いから始まったんです」

平らな島には、身を潜められる場所はほとんどなかった。だから、部落の防空壕だけではなく、それぞれの家庭で単独防空壕も掘っていたのだと、たかさんは教えてくれた。

昭和20（1945）年4月1日、米軍は読谷に上陸し、沖縄本島で地上戦が始まった。ほどなくして、黒島の住民は西表島《いりおもて》への疎開を命じられた。

「西表島に避難するときは、夜中にサバニで渡ったんです。母は赤ちゃんを抱いていて、一晩かけてね。もう、大変でしたよ。それとね、避難する前に、日本の兵隊が入り込んできて、『牛は皆潰すように』と言われたんです。牛は潰して、海に流しなさい、と。もう、もったいなくてね。内緒で肉をとって、火で炙ってから西表に持っていく人もいましたけど。

西表に行ってみると、もうおうちが出来上がっていたんです。親父たちが、ひと足先に西表に行って、おうちを建てていたんですね。そこには部落ごとのおうちがあって、避難してきた人たちはそこに泊まりながら、それぞれのおうちを建てる。西表はとってもいいところでしたよ。目の前が海になっていて、日が暮れる頃になると、こどもたちは海で泳いで遊んでいました。ただ、大変だったのはマラリア。いろんな避難所で赤痢が流行って、一級下の子が熱を出して、わんわん泣いてるのが聞こえてました。心配だったけど、近くに行くと感染るからということで、様子も見に行けなかったですね」

終戦後、たかさんは両親と一緒に黒島に引き揚げた。学校が終わったら畑で芋掘りをしたり、薪を集めたり、「親の手伝いをするのが当たり前」だったと、たかさんは教えてくれた。

器用な父は、アダンの葉でゴザを作ったり、草履を編んだり、生活に必要な品物を自分で拵えていた。アダンの皮を乾燥させて、細かく割き、何十本と紡ぎ合わせて縄を拵えることもあった。その縄は、漁師の人たちが買ってくれるから、石垣島まで売りに行っていたという。昭和28（1953）年に中学を卒業したあと、たかさんが働きに出たのも石垣島だった。

「石垣には八重山農林高校というのがありましたけど、自分なんかは貧乏だから、高校は行けなかったんですよ。最初の2年は、石垣の金物屋の店員をしてました。それから、私の兄が予科練で一緒だった人の奥さんが石垣で散髪をやってるから、そこに就職させてもらって。父は早くに亡くなったけど、最期に顔を見に帰ることはできなかった。そんなして石垣で何年か働いたあとに、沖縄に来ました。親戚のお兄さん夫婦が沖縄で教員をやっていて、赤ちゃんができたんですよ。こどものお守りをする人が必要だということで、昼間は私が面倒を見て。その親戚のお兄さんが、『夜は自分の好きな学校に行ってもいいんだよ』と言ってくれて、洋裁を習いに行ったんです。那覇の平和通りをのぼったところにある、洋裁学校。高校は出られなかったから、自分の身を助けるために、生活していけるような職を学ぼう、と。洋裁学校を出たあとは、洋裁店に住み込みで働いてました。〝既製品〟といって、同じデザインの婦人服を何枚も縫って、一枚いくらで新天地市場に卸すんです。当時はドル時代ですからね、あの頃は相当儲かりましたよ。ただ、住み込みで働いていたときは、どんなに風邪をひいても休まれなかった。これでは大変だということで、部屋を借りて、自分で商売始めたんです。結婚してからも、仕事をして稼がんといかんからと、しばらくは洋裁続けてましたね」

洋裁仕事を始めるために借りた部屋の向かいに、ひとりの男性が暮らしていた。たかさんより5歳年少の、仲村毅《たけし》さんだ。毅さんは、内地に渡って海上自衛隊に勤務したのち、沖縄に帰ってきたところだった。たかさんは毅さんと結婚し、一緒に暮らし始める。最初のうちは那覇で暮らしていたものの、毅さんの出身地は本部町で、長男だということもあり、本部町に移り住むことになった。昭和45（1970）年、たかさんは33歳になっていた。那覇から本部に向かう道は、まだ整備が進んでおらず、「もう、ガタガタ道でしたよ」と、たかさんは振り返る。

「本部に帰ってきて、主人はオイル商売をやっていました。軍が払い下げるオイルを仕入れてきて、パイン工場や生コン工場に、ひと山いくらで売る。お友達と一緒に、いろんな商売やってましたよ。主人の実家は沖縄のミカンを作ってましたから、私はおうちを見ながら、畑仕事を手伝ってました。植えてあるミカンは、カーブチーが多かったです。ちょうどこれぐらいの季節（秋）に採れる、おいしいミカンなんですよ。それを那覇の給食センターさんに納品するのに、商売人に1トンずつ持たしてましたよ」

本部町の伊豆味《いずみ》は、ミカンの里として知られている。琉球王国の時代から、伊豆味のミカンは有名で、王府への貢物に指定されていた。ただ、戦前までのミカン栽培は、他の地域に出荷するほどの量ではなかったという。当時の農家には、適度な日陰を必要とする藍を栽培するために、カーブチーやオートーと呼ばれる、沖縄固有のミカンを植えるところが多かった。これらのミカンは、放っておけば野生化するほど栽培が容易だった。また、カーブチーは収穫の時期が運動会などの行事と重なることもあって、現金収入にもつながる作物だった。

毅さんの実家では、ミカンだけでなく、パイナップルも栽培していた。

沖縄本島にパイナップルが導入されたのは、明治21（1888）年のこと。当時の国頭《くにがみ》郡長・朝武士干城が小笠原から輸入し試作したのがはじまりとされている。昭和2（1927）年には台湾から改良種が導入されたものの、庭でほそぼそと栽培され、旧盆のお供物としてわずかに出荷される程度だった。だから、本部でパイナップル栽培が盛んになるのは戦後のことだ。

パイナップルは、他の作物が育たない強酸性の土壌でも栽培することができた。しかも、傾斜地でも栽培が可能な上に、管理に高度な技術も不要で、放置しても簡単には枯れなかった。

収穫量が増えると、供給過多になる。そこで伊豆味のパイナップル農家は、本土の市場に輸出するべく、パイナップル缶詰工場の設立にとりかかった。資金難を乗り越えて、那覇に暮らす出資者が5割、伊豆味のパイナップル生産者が5割出資し、昭和29（1954）年、沖縄本島における最初のパイナップル工場が伊豆味に設立された。

「私なんかも、パイン工場にも働きに出てましたよ」と、たかさん。「あの頃はパイン畑がいっぱいあって、工場もいくつもありました。台湾からも、中国からも働きにきてる人たちがいましたよ。今思うとね、あの時代は景気が良かったです」

急速にパイナップル栽培が普及したことには、別の要因もあった。戦後になって基地経済が浸透するにつれ、沖縄本島中部にあるコザが基地の門前町として発展してゆく。本部町に生まれ育った若い世代が、仕事を求めてコザに移り住むようになると、農業に従事する若者も減り、農業経営にも影響を及ぼすようになった。ただ、栽培に手間がかからないパイナップルであれば、働き手が少なくとも育てることが可能だった。昭和30（1955）年には、琉球政府が「パイナップル増産五か年計画」を策定し、昭和34（1959）年には「パイナップル産業振興法」が制定されたこともあり、原野のまま放置されていた本部半島の丘陵地は次々に開墾され、パイナップル栽培が急速に拡大したのだった。

パイナップル栽培が盛んになるにつれ、高校や大学への進学者が年ごとに増え、自家用車も普及していく。だが、貿易が自由化されると、海外から安いパイナップルが輸入されるようになった。沖縄におけるパイナップルの生産量は、昭和44（1969）年をピークに減少してゆく。「パインを育てなくなってから、私はあちこちパートで働きに出ていたんです。最後にやっていたのは、ホテルの清掃の仕事ですね。その頃になると、主人のお母さんが鰹節を売り始めていたんですよ。最初のうちは、小さな機械を買ってきて、おうちで削っておいて、持ち歩きで売ってましたね。そのうちに、ここに場所を確保して、商売するようになったみたいですね」

義理のお母さんは99歳で亡くなったが、歩くのに難儀するようになってからも、この場所で商売を続けていた。たかさんは15年ほど前に跡を継ぎ、この場所で鰹節を売っている。

「もう、年配の人たちは皆亡くなって、いなくなりました」。たかさんは寂しそうに語る。「私が引き継いだ頃は、まだ4名ぐらいいらっしゃいました。去年まで、こっちの台にはかまぼこ屋さんがいたんです。私より一級先輩で、長男がかまぼこを作っていたんですけど、体が弱って、かまぼこが作れなくなった。だからもう、戦後は一杯していたはずだけど、今はポツンと、私ひとりでやってます。今でもね、伊豆味にあるおそばやさんが、いつも注文してくださるんですよ。『今から行くから、いくらぶん削っておいてね』って。スーパーに行けば、パックに入った鰹節も売ってますけど、あれだとあんまり出汁が出ないからって、買いにきてくれる方も多いですよ。昔は各家庭に削り器があったでしょう。沖縄ではね、ヤカン味噌汁というのがあるんです。お椀に鰹節を入れて、味噌を入れて、お湯を足して飲む。これは風邪引きの予防です」

そんな話を聞いた日、たかさんから鰹節を買った。

削ってもらうのではなく、丸のまま買い求めて、雑貨店で削り器も購入した。毎朝削ってヤカン味噌汁を作り、大事に飲んでいる。

沖縄でカツオ漁が始まったのは、明治34（1901）年のことだった。

明治時代に入ると、鹿児島や宮崎の漁師が沖縄にやってきて、慶良間諸島を基地としてカツオ漁をするようになった。座間味村の有志が、難破して漂着した船を買い求め、カツオ漁を始めたのが明治34（1901）年である。本部町では明治40（1907）年頃からカツオ漁が始まり、急速に漁船の数が増えてゆく。

その当時、カツオは高級品だった。庶民には頭や中骨がせいぜいのご馳走で、「腹肉（ハラゴウ）は高級品、かつお節など、手が届くものではなかった」と、『本部町史』に記されている。「成型の際にでる削りがら（ヒジガラー）もなかなか買えなかった」と。その記述を読んでから、以前にもまして、鰹節のひとかけらを大事に食べるようになった。

「仲村商店」には、地元のお客さんだけでなく、海外からの観光客も訪れる。鰹節を削る機械が珍しいのか、鰹節を注文し、たかさんが削る様子を動画で撮影していく観光客も少なくないという。米寿を迎えた今も、日曜日以外は毎日店を開けている。

「そろそろやめようかと考えることもあるけど、お客さんが『絶対続けてよ』と言うもんだから、『歩ける間は続けます』と答えてます。この市場を3年後に壊す予定だというから、それまでは続けられるでしょう。市場を壊すときには、そのときはもうやめます」

たかさんの姿の向こうに、私が顔を合わせることのできなかった誰かを想像する。

ここにはかつて、大勢の露店が並び、賑わっていた。今はがらんとした空間を見ると――そこががらんとした空間だからこそ――かつてここで商いをしていた誰かの気配を感じる。この空間には、戦後のあゆみが刻まれているのだ。

浦崎精肉店　浦崎力

「今のうちに、
年寄りたちから昔の話を聞いておかんと、
何もわかなくなる。
戦争を経験した人たちがいなくなると、
本当に大きく時代が変わるような気がしますね」

写真に映る女性は、どこか照れくさそうに、レンズから目を逸らしている。腰の高さくらいにカウンターがあって、天板はタイル張りになっている。後ろに貼られたカレンダーの日付は昭和46（1971）年。現在の市場が完成して5年を迎える頃に撮影された写真だ。

「この時代は、まだ保健所もうるさくなかったから、このタイルの上で肉の解体もやっていましたよ」。そう聞かせてくれたのは、「浦崎精肉店」の浦崎力《つとむ》さん。「この写真を見ると、後ろに冷蔵庫が写ってますよね。これがたぶん、最初に入れた冷蔵庫だと思います。でも、冷蔵庫にしまっておくんじゃなくて、タイルの上に肉を陳列してますよね。今はもう、絶対に通らない売り方だけど、昔はこれで通っていたんですよ」

写真に写っている女性は浦崎和子さん。力さんのお母さんだ。彼女の後ろには、「値段表」が貼られている。かつて市場の商売は、売り手と買い手が話し合って値段を決める「相対売り」が基本だった。でも、電気と水道が整備された近代的な市場が建設されるにあたって、価格を明示した近代的な商売に切り替わったのだろうか。ただし、冷蔵庫は導入されたものの、今のようにショーケース型ではなかったから、お客さんに見えるように、こうしてタイルの上にお肉を陳列していたのだろう。

ここで肉屋を始めたのは、力さんの祖父・與儀実知《じっち》さん。お店の名前も、当初は「與儀豚肉店」だった。

浦崎精肉店

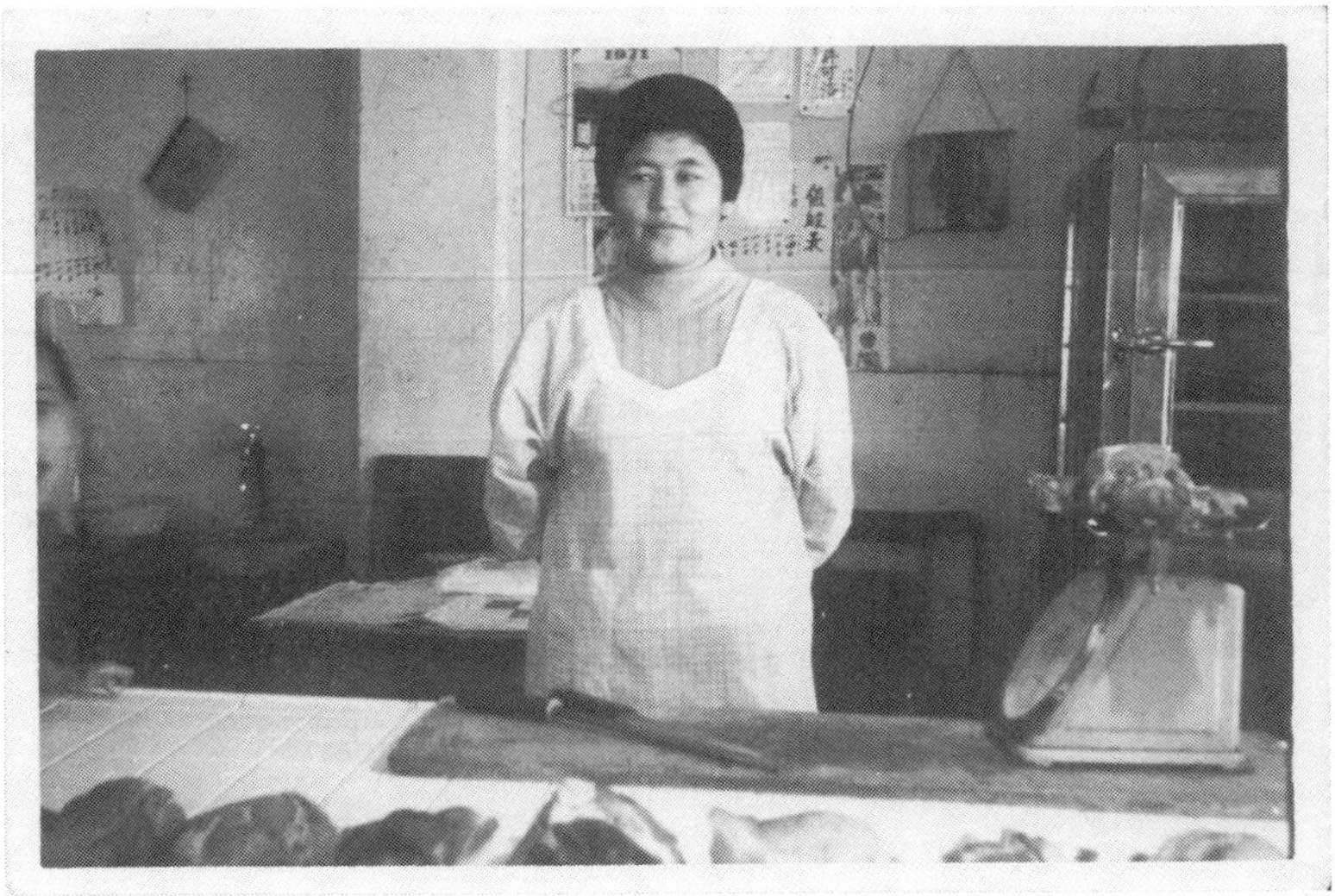

「最初のうちは、豚肉しか扱ってなかったんです。だから名前も豚肉店。うちの実家があるのは本部町の古島というところなんですけど、そこは各家庭が豚小屋を建てて、豚で生計を立ててるシマでした。それで、おじいさんも豚を育てていて、戦後になってこのあたりで商売を始めたみたいです。市場が建て替え工事に入って、今の建物が完成するまでの間は、港の近くにテントを張って、肉を吊り下げて商売やっていたみたいですね。当時はまだ、冷蔵庫というのはなかったはずですよ。食中毒が出なかったのが不思議ですけど、塩漬けにしたりとか、昔の人たちは生活の知恵があったんでしょうね」

力さんが生まれる前年——昭和37（1962）年の段階では、沖縄本島北部の電気普及率はわずか36・6パーセントだった。同じ時期に、那覇を含む南部が95・5パーセント、コザを含む中部が96・7パーセント、宮古地区が45・4パーセント、八重山地区が59・7パーセントだったのに比べると、北部の遅れが際立っている。この時点では、名護までしか電力公社の送電線が敷かれていなかった。本部町には小さな発電機を用いた電気事業者がひしめき合っていて、「本部の電灯料金は沖縄一高い」と評判で、本部町における点灯人口は19パーセントに過ぎなかった。本部町に変電所が完成したのは、現在の市場が建設されたのと同じ、昭和41（1966）年のことだった。

「今から50年くらい前は、漁港の向こうに屠殺場があったんです。小さい頃、自分もよく親父に連れられて行ってました。今は名護に屠殺場があって、そこまで持って行って解体してますけど、昔は本部にもあったんです。そこには常に20名以上は働いている人たちがいて、豚をぼこぼこ潰してね。そこに行くと、働いてるおじさんたちがアンダカシーを食べさせてくれるんですよ。豚の皮のところを、油で炒めてカリカリにして、ちょっと塩をつけて食べる。あれはこどもながらに美味しかったですね」

昭和38（1963）年生まれの力さんが物心つく頃には、市場は現在の建物になり、肉屋は両親が引き継いでいた。父・清さんは牛や豚を育て、母・和子さんが店を切り盛りしていた。

「ここの市場には、靴屋さんもあれば、服屋さんもあれば、おもちゃ屋さんもあって、すごい賑やかでしたよ。もう、大都会に出た感じ。うちの母親なんかは、おもちゃを買わされることになるから、あんまり僕を連れてきたくなかったみたいだけど（笑）。自分は本部小学校じゃなくて、今は町営グラウンドになってる場所にあった浜元小学校に通っていたから、市場にくることはあんまりなかったですね。母親はね、朝4時にはこっちにきて、夜は8時頃まで働いてました。非常に仕事熱心だったし、負けず嫌いでしたね。肉屋は盆正月が書き入れ時なので、その時期になると神経ピリピリして、眠れないときもあったみたいです。『仕入れを一杯とったけど、売れなかったらどうしようか』って。あの時代だと、親父がおうちに豚を持って帰ってくることも多かった。姉たちや自分なんかも手伝って、頭や足を（毛を処理するために）バーナーで焼いて、洗って、解体する。学校へ行く前に、豚の顔（チラガー）洗ってましたよ」

両親は遅くまで働いていたけれど、「昔はどこのおうちも共稼ぎ」だったから、特に寂しい思いをすることはなかったと、力さんは振り返る。晩御飯の支度は祖母・ウシさんがやってくれたし、「あの時代はね、親の帰りが遅かったら、隣近所から『うちで食べていきなさい』と言われてましたよ」と。

小さい頃の力さんの目には、市場は大都会に見えた。ただ、大きくなるにつれ、さらなる大都会に出てみたいという思いが増してゆく。中学卒業したのち、16歳で力さんは上京する。「親は『高校ぐらい行かしなさい』と言っていたけど、もう待ってられない、と。最近の子は、あんまり遠くに行きたいと思わないみたいだけど、自分はとにかく大都会にあこがれて、早く向こうに出たいと思ってました。実際に上京してみると、右も左もわからなくてね。見るものすべて、食べ物もこっちと違っている。あの時代は楽しかったですよ。自分は自動車整備士の仕事をしていて、寮に入っていたんだけど、青森出身の子や、福島出身の子、皆知らない者同士でね。朝早くから、先輩たちが起きてくる前に、シャッターを全部開けておく。自分はまだ免許を持ってなかったけど、『免許がなくても、私有地なら乗れるだろう』と言われて、すぐに作業を始められるように車を出しておくんですよ。先輩から怒られることもあったけど、すべて勉強になるし、とにかく楽しかった。姉たちも沖縄を離れていたけど、滅多にこっちに帰ってこないのは自分だけでした。うちの親から、『たまには帰ってきなさい』と連絡があったりしてね。携帯電話なんてなかったから、電話をかけるのは公衆電話。最初にかけたときは、料金のことがよくわかってなくて、十円玉を何枚か用意してかけたら、すぐ切れてさ。次からは百円玉を用意してからかけるようになりましたね」

上京した力さんは、やがて兵庫県出身の女性と出会って結婚する。こどもも3人生まれて、一生東京で暮らしていくつもりでいたけれど、「沖縄で暮らしたい」と妻に切り出され、長女が小学校にあがるタイミングで本部町に戻ってきた。今から30年ほど前のことだ。

当時は母・和子さんも還暦前で、元気に働いていた。60代、70代、80代と年齢を重ねるにつれ、営業時間は少しずつ短くなったけれど、それでも和子さんは毎日店に立ち続けていた。夫から「もう歳なんだから、誰かに替われ」と言われても、「お得意さんがきてくれるから、限界までやる」と言って聞かなかった。

「うちの母親に限らず、あの年代のおばあさんたちは、限界まで働いてましたよ」と、力さん。「それから、あの年代はポジティヴでしたね。今日売れなかったとしても、会話するのが楽しいから、明日も商売をする。そんな感じでしたね。昔から、市場で働いているおばあさんたちはニコニコ話をして、悪口も言うけど、楽しそうでしたよね。仲間意識も非常に強かったと思います。誰かが体調を崩して、お店を休んでたら、心配して連絡する。どんなに仕事が大変でも、しんどいという言葉は使わなかった。あの世代は戦争を経験して、食べ物のない時代を生き抜いてるから、ハングリー精神がすごかったですね。どんなことをしても生きてみせる、と。だから、怖いのは怖かったですよ。今でもおぼえているのは、自分が小学生だった頃に、近所のおばあさんがやってきて、『昔はどんなに大変だったか、あんたたちに話をしようね』と言ってきたんです。そしたら、うちのおばあさんは、『この子たちには、こういう話はしなくていい』と断った。こんな贅沢な時代に育っているんだから、昔の話をしたってわからんよ、って」

戦争が、遠い昔の話になってゆく。

戦争を体験した世代も、高齢化が進んでいる。

気丈に働き続けてきた和子さんが倒れたのは、2023年初夏のことだった。店番中に体調を崩し、救急車で運ばれたのだ。

本部に帰ってきてから、力さんは自分で事業を立ち上げ、本島全域に野菜を配送する仕事をしながら、繁忙期には肉屋の仕事を手伝っていた。5名きょうだいのうち、肉屋を引き継げるのは自分しかいなかった。3代目として店を継いだのは、2023年6月のことだ。

「自分は長男でしたけど、『将来はお前が継ぎなさい』と言われることはなかったんです。ただ、これだけ長い年数続いてきたものを、なくすわけにはいかない。やっぱり、年数が大きいですよね。まだ通ってくれるお客さんがいるのに、『はい、もうやめます』とは簡単に言えなかった。引き継ぐとなったら、プレッシャーはありましたよ。母親からは、『品物は確実にしなさい』と言われました。それから、『なるべくお店にいるようにしなさい』と。ただ、店の仕事自体は小さい頃から見てきたもんですから、そこの切り替えは早かったですね」

肉屋は沖縄の食文化と密接に結びついている。肉の切り方ひとつとっても、内地のそれとは違っている。力さんは現在、母がやっていた頃と同じやりかたで、お店を切り盛りしている。ただし、91歳で亡くなった父は、「時代に合わせて、人も変化していかないと駄目だ」と、口癖のように語っていた。

「うちの父親は、2泊3日で大阪に行ったりはしてましたけど、基本的には沖縄から出たことがなかったんです。でも、海洋博の時代に、本土の方との付き合いがあったらしいんですね。レストランを経営している人だとか、建設工事をする鳶職の人たちに向けた食堂だとかにも肉を卸していたもんだから、竹中組の人なんかとも付き合いがあったらしくて。それに、海洋博に向けて町が変わっていく様子も見ていたから、時代に合わせていかないと駄目だという考えに至ったんでしょうね。ここで商売をやっていると、観光のお客さんも見えるんですけど、このないだ熊本で肉屋をやっている夫婦がきてくれたんです。自分なんかと同じ年代で、やっぱり親の代からやっているという話だったんですけど、その夫婦も『時代に合わせて、商売を変えていかないといけないんじゃないかと考えている』と話してました。たとえば、肉屋を続けながら、ちょっと食事ができる場所をつくるとかね。ただ、長くやっていれば長くやっているほど、がらっと変えるわけにはいきませんよね」

ひとりで店を切り盛りしながらも、常連のお客さんから注文が入ると、肉を届けにいく。かつて市場で働いていた店主たちから注文が入ることもあるのだと力さんは教えてくれた。

「今は『シーサーや』になっているところで、よしこおばさんという方がお店をやっていたんですよ。学生服のお店を60何年やっていた。非常にお洒落な人でね、肉を届けに行ったついでに、しばらく話を聞かせてもらうんです。今のうちに、年寄りたちから昔の話を聞いておかんと、何もわかなくなる。あの年代はストレートに、正直に物を言うから、聞いておいて損はないですよね。勉強になることだらけですよ。戦争を経験した人たちがいなくなると、本当に大きく時代が変わるような気がしますね」

よしこおばさんの世代は、今の市場が完成した頃からここで働いてきた人たちだ。もしかしたら、地元を離れて東京に暮らしていた期間も長いからこそ、力さんは「話を聞いておかなければ」と思うのかもしれない。市場を解体する方針だと聞いたよしこさんは、「この場所にまた、市場を建てるべきよ」と話していたという。

「役場の説明会があって、『この建物は壊すから、出て行ってください』と言われたときは、どうしようかと思いましたよ。今の建物が古くなっているというのは、皆理解してると思うんですよね。ただ、とにかく壊すだけ壊して、跡地をどうするかも決めていなくて、市場を建て直すこともしなければ、移転の補償もしないというのは、それはちょっと、通る話ではないですよね。それに、ここがなくなると、店をやっている人たちは皆困ると思うんですよ。ここに魅力があるから、ここに集まっている。人は新しい建物より、古い建物を好むところがあると思うんですよね。たとえば古いおうちにしても、釘なんかほとんど使わずに建ててるわけですよね。そういうものは、見れるうちに見ておかないとって、この年になると考えるようになりました。この市場にしても、あとから写真で見るのと、実際に自分の目で細かいところまで見るのとでは違うから、今のうちに見ておかないと」

写真があれば、私がいなかった頃のまちの様子に触れられる。

新しい市場が完成した頃の「浦崎精肉店」の様子を、目にすることもできる。

その写真を見つめているうちに、そこに写っている人物に、話しかけたくなってくる。でも、写真に写る誰かの声を聴くことはできない。話しかけて、声を聴くことができるのは、今ここにいる人たちだけだ。

その声も、いつかは耳にすることができなくなってしまう。だからこそ、今ここにいるひとりひとりの声に触れておきたいと思う。

市場の生まれ変わり

新城和博（編集者）

市場の近くで生まれて育った。「公設市場」という言葉は物心ついた頃には普通に使っていたような感じ。少し薄暗い木造の市場の建物のなか、母親に連れられて、肉が並べられている通路を歩いているという記憶があって、大人になってもその光景は時々夢に出てきた。那覇の牧志公設市場は、戦後、闇市的な環境が、行政が介入し整備するカタチで出来たということは、ずいぶん大人になってから知ったことだ。その複雑な経過は、辿っていくと戦前の那覇――つまり沖縄戦で消滅した街――にあった東町の市場の風景につながる。小さい頃から今に続くぼくの風景の記憶は、過去と現在と、そしてその後の歴史、仮に未来ということにしておこう、ひとつながりの絵巻のようだ。

生まれてから結婚して首里に引っ越すまで過

ごした樋川の自宅から歩いて三分、人がごった返す開南バス停から新栄通りの坂を下って、太平通り、水上店舗、新天地市場、浮島通り、そして平和通りから国際通りへと至る市場・商店街通りをずっと歩いていた。本屋さんがあり、Gパンショップがあり、下着屋があり、靴屋があり、レコード屋があり、おもちゃ屋があり、ボタン屋があり、パチンコ屋、玉突き場の玉の音が漏れ響き、大きな碁石で勝負しているおじさんたちがいたり、ゴザに座って銭函を置きハーモニカを吹いているおじさん、盲目のおばあちゃんはナフタリンを売っていた。大人になると用もなく、ただ街のざわめきに包まれるために散歩するようになった。

牧志公設市場の記憶というのは、まず一九五〇年代に整備された木造造りの建物の記憶がうっすらとあって、その立て替えのために、開南バス停から農連市場、太平通りに通された大通りに仮設の、しかしそれなりの広さがある市場のことはまあ憶えている。小学校二、三年生ころ友だち数人と遊びに行ったのは、たしか同級生のお母さんが働いていたからだ。そこは結構な坂道でいま考えると、コマの設置の仕方は大変だったんじゃないかな。小学校四年生の時、つまり「復帰」の年に、もとあった場所に、鉄筋コンクリート三階建ての牧志第一公設市場が出来た。その向かいにある水上店舗は一九六三年着工だからぼくとほぼ同い年である。アーケードは高校から大学の頃に出来て、沖縄ジァンジァンや国際通り近辺で遊ぶために、その下を通ることになる。市場かいわいの歴史と自分の人生の節目を重なることが出来るわけだ。牧志第一公設市場が老朽化のため立て替え計画が発表され、その後いろいろあったが、同じ場所で再建されたのが、コロナ禍をはさんだ二〇二三年。少し離れた与儀にある農連市場の建物も老境の域に達していて、跡地は再開発され、これもまたもとの場所の一角に「のうれんプラザ」として二〇一七年にオープンした。

「市場らしさ」を求める人たちは、懐古的な視線で、新しくなった建物を見てしまうが、そもそもどんな市場の建物も最初は新しかったのだ。そこに人の営みが続くことで醸し出されていくなにかが生まれる。「市場らしさ」というのは、余所の人たちの視線に対応する風景ではなく、そこにとどまり、漂っている人のたたずまいなんだと思う。新しく生まれた市場である「のうれんプラザ」をぼくは愛用しているのだけど、そのゆるやかな市場らしさの変化をあと三十年くらいは見つめていたい。

市場は人が集まり生まれ、定着し、流転し、そして生まれ変わるのだ。市場が輪廻していく様をぼくは見ていたのかもしれない。琉球の時代からあった那覇の市場は沖縄戦によって失われてもとの場所での再開は果たせなかった。でも戦後八〇年たってもう歴史の一部になっている。

生活としての市場ではなく、文化的な意義や対外的な観光イメージについて考えるようになったのは、地元出版社で仕事するようになってから。沖縄とはなにかということを、常に考えるようになって、それは出版の企画としてではあるが、やはり自分とはなにかという問題と屈折気味に向き合うことでもある。自分のなかにある「沖縄的ななにか」とは蓄積された風景だということは、当時うまく言語化は出来なかったが、その頃イマジンしていた企画の数々を思い出すとわかる。そのひとつに那覇の市場を本にしよう、というのがあった。当たり前すぎる市場の風景のこと。ずっとこのかいわいを歩いているけれど、なぜこんなに人がいるのか、小さなお店が密集しているのか、物好きな観光客もちらほらしているのか。その中でも牧志第一公設市場ってあらためて見ると、なにかおもしろいじゃないか。一九八八年ころ、当時の編集長に話して、一緒に平和通り、公設市場を歩いてみた。まるごと一冊のテーマにはしなかったけれど、その断片は翌年刊行した『おきなわキーワードコラムブック』という本になって、ぼくの人生はぐぐっと変わった。その頃から、自分の精神的な立脚地点は、那覇の市場かいわいになった。公設市場をいろいろ見て回るようになったし、二階の食堂街も普段使いになった。その頃はほとんど地元客、しかもおばちゃん、おじさん、働く人たちが多くて、ぼくらのような若者がわいわいやっているのはなかった。穴場を見つけた気にもなっていたし、なにしろ面白かった。そのときこんなことを書き残している。〈季節ごとに、ことあるごとに僕はぼーと歩きまわっている。……いろいろあるけれど、ほんとはひとつしかない。うちなーんちゅがたくさんいるのだ。変な言い方だけれども、「おきなわ」って何？って聞かれるとですね、僕なんかはうちなーんちゅがたくさんいる場所って答えたい。どこの土地でも一緒だと思うけれど、人がたくさん集まる場所って、その土地の文化の持っている味みたいなものが、にじみでてくるじゃないですか〉。

もちろん市場には様々な人が集まっている。ざっくりとそれを「うちなーんちゅがいる場所」と呼ぶことはもうぼくには出来ないけれど、地元で生活している人がたくさんいる場所がその街の歴史や文化をかたどっていると思うな。過去と未来をむすぶ現在の風景だ。

　だから街に市場があるというのは、当たり前のことだと思っていた。全国各地のそれなれの規模の街には「公設市場」があるのだろうと。それがそんなに当たり前ではないことは、特に全国各地にあったらしい公設市場が、その役割が時代に即し無くなっているということは、文化人類学者・小松かおりさんの『沖縄の市場〈マチグヮー〉文化誌』を編集したり、その後市場（好き）関係者で立ち上げた「マチグヮー楽会」の活動でしることになった。そのマチグヮー楽会で、そのころ手作り市を立ち上げて、本部の市場ですてきな活動を始めていた知念正作さん、知念沙織さんがゲストスピーカーとして来てくれてお話しすることが出来た。二人の話を聞いてほんとびっくりした。そのころ那覇の公設市場かいわいは以前と比べて活気がなくなってきていると感じていたので、本部の手作り市のにぎわいの様子と、その活力の源泉が地元出身の若い世代だったことがとても印象的だったのだ。市場ってやっぱり生まれなおすことができるんだなぁと。

　ぼくが地元の市場とあらためて出会ってから、沖縄のあちこちにある市場にも立ちよる事が増えた。港の近く、街の十字路に面した本部の公設市場もとうぜんのようにそこにあって、夏になると、本部のぜんざいを食べにいく道すがらたちよったり、仕事で本部に立ち寄るときには知念さんたちのコーヒーで一服した。知り合いがいる市場というのはいいもんだと思う。市場は土地の歴史の積み重ねとしてあるのだから、可能なら、いやぜったいもとあった場所で生まれなおしてほしい。

新城和博（しんじょう・かずひろ）１９６３年沖縄・那覇市生まれ。そのまま那覇で過ごす。青い海出版社、沖縄出版をへて、１９９０年創立のボーダーインクに参加する。編集者としての業務のかたわら、沖縄に関するエッセイを執筆したり、どこかへお出かけしたりの日々。著書に『うちあたいの日々』、『〈太陽雨〉の降る街で』、『ンパンパッ！おきなわ白書』、『道ゆらり』、『うっちん党宣言』、『ぼくの沖縄〈復帰後〉史』、『ぼくの〈那覇まち〉放浪記』、『増補改訂 ぼくの沖縄〈復帰後〉史プラス』、『来年の今ごろは ぼくの沖縄〈お出かけ〉歳時記』（いずれもボーダーインク刊）。

西平精肉店

西平宜正
西平睦子

「でも、ぴったりの量だけ入れることはほとんどありませんでしたよ。うちのお義父さんがよく言っていたんです。『ぴったしかけるな』と」

午後になると、市場の南西側——県道84号線に面した側には、西日が射し込んでくる。陽射しを遮るように、軒先にシェードがかけられた店舗に、お客さんがやってくる。

「ああ、こんにちは」

「三枚肉を、4千円分——今日じゃなくってね」

「いつがいいです？」

「金曜の10時以降」

「お肉はどうします？　切っておきます？」

「法事の重箱に入れるんだけど、どんなしたらいいかね」

「重箱に入れるんでしたら、千円分ずつ、柵で切っておきましょうかね？」

「そうね。10時半になっても大丈夫かね？」

「大丈夫ですよ。用意しておきます」

ここは「西平精肉店」。創業60年を超すお肉屋さんだ。こんなふうに、お客さんと会話しながらお肉を売るのだと、お店を切り盛りする西平睦子《むつこ》さんは教えてくれた。

睦子さんは昭和37（1962）年本部町生まれ。祖母は市場の野菜売り場でなまり節の行商をしていたから、小さい頃から町営市場によく足を運んでいたという。

カツオ漁で賑わった本部町には、水揚げしたカツオを燻す工場が点在していた。まずはカツオを捌き、せいろに並べて茹で、丁寧に骨を抜く。これを何度も焙乾すると、カツオ節が出来上がる。これに対して、いちどだけ焙乾したものがなまり節だ。カツオ節のように日持ちがしないことから、地元だけで流通してきた。

「なまり節は、普段からよく食べてましたよ。きゅうりと和え物にしたり、油味噌をつけて食べたりして。小さい頃は、なまり節を売るおばぁと一緒に市場に来てました。お野菜を持ってきたお母さんたちで、足の踏み場がないくらいでしたね。野菜だけじゃなくて、なまり節もあったし、鰹節もあったし、乾物屋さんやかまぼこ屋さんもあそこにあったんです。私は手伝いをするんじゃなくて、お菓子を買ってもらうためにただついていくだけ。市場の中には駄菓子屋さんもあって、アイスキャンディーとか、くじ引きみたいになっている三角の飴とか、あんなお菓子をよく買ってもらってましたね」

「西平精肉店」は、睦子さんの夫・宜正《よしまさ》さんの両親が営んできたお肉屋さんだ。

宜正さんと睦子さんは、20代の頃は神奈川県で暮らしていた。そんなふたりが郷里に戻り、店を継ぐことになったのは、宜正さんのお母さんが体調を崩したことがきっかけだった。

「お義母さんが体調を崩して、急に亡くなってしまって、誰かお義父さんの手伝いができないかって話になったんですね。お兄さんたちは公務員をしていたりして、手伝うのは難しいということで、だったら自分たちが帰ってこよう、と。うちの人は小学校3年生ぐらいから親の手伝いをしていたらしいんですね。私はお肉屋さんで働いたことはありませんでしたけど、だからもう、全然不安はなかったです」

　こうしてふたりは、「西平精肉店」を引き継ぐことになった。ふたりは当時29歳。その頃はまだ、本部町内にスーパーマーケットは1軒しかなく、買い物といえば市場という時代だった。

「私たちが帰ってきたときは、もっと狭い店だったんです。今は壁を取り払って広くなりましたけど、ここの柱のところまでがうちの店で、奥はおばちゃんがお洋服屋さんをやっていました。この市場は、洋服屋さんがたくさんあったんですよ。うちはこれだけの間口しかなくて、そこに冷蔵庫も置いていたから、今よりずっと狭かったです。昔はね、豚を解体するにしても、狭くてお店の中じゃできなかったんですよ。店の前に軽トラックをつけて、うちの人とお義父さんがふたりで、荷台の上で朝3時ぐらいから解体してましたね」

　神奈川にいた頃から、接客の仕事には馴染みがあった。ただ、お肉屋さんを切り盛りするにあたって、苦戦したのは言葉だった。本部に生まれ育った睦子さんにとっても、肉の部位をあらわす方言には馴染みが薄かった。

「たとえば、豚のロースのことを、沖縄では『ボージシ』と言いますよね。本部の方言だと、肩ロースを『上下《ワァービシチャ》』と呼ぶんです。そんなふうに呼び名がいっぱいあるんですけど、方言で言われるとわかんなくて、それにはちょっと困りました。それに、『豚の前足！』と言われても、どれが前足で、どれが後ろ足なのかわからなくて。おばぁたちに一杯教わって、こっそり手に書いておぼえてました」

もうひとつ大変だったのは、お肉を切ること。沖縄のお肉屋さんは、内地のように事前にカットされているわけではなく、ブロックのまま冷蔵庫に並べられている。「一斤（600グラム）くれ」と注文されたとき、ぴったりの量を切れるようになるまでにも時間がかかった。

「ここで働き始めた頃は、よく『これ、本当に一斤入っているのか？』と言われてました。これはもう、何度も言われましたね。どうしたらいいんだろうと思って、お客さんのほうに秤を向けていたこともあるんです。でも、ぴったりの量だけ入れることはほとんどありませんでしたよ。うちのお義父さんがよく言っていたんです。『ぴったしかけるな』と。『必ず100グラムは余らせなさい』と。どうしてかって聞いたら、ほら、その時代は市場で野菜を売ってるおばちゃんたちがたくさんいて、その人たちは自分で秤を持っているんですよ。ちゃんと注文した量が入ってるか、買ったあとに自分で計る人もいたんですって。だから、必ず100グラムは余計に入れなさい、と」

市場で長年働く女性たちを相手に、商売をする。もしも私が肉を切る立場だったら――想像するだけでも緊張する。でも、「大変なこともあったけど、あの頃は楽しかったというのが一番かもしれない」と、睦子さんは振り返る。

「お肉屋さんで働くのも初めてだったから、ここで仕事するのは楽しかったんですよね。シーブンってわかります？　おまけみたいな感じでね、『はい、これはシーブンね』って言うと、怖いおばあちゃんなんかでもニコッとして帰っていく。『シーブンしてくれたから、お釣りはいいよ』なんて言う人もいて、それだとシーブンの意味がなくなっちゃうから、お釣りは取っておいてって笑ったり——市場には、スーパーにはない味がありますよね。ここは市場だから、『買い物しないときでも、こっちに顔見せにきてよ』と言える。おばぁたちとゆんたくするの、とっても楽しかったですよ。買い物のついでに、『今日はこんなことをした』とか、『おじぃと喧嘩した』とか、他愛もない話。『こんなことがあったんだけど、どうしたらいいと思う？』って、まだぺーぺーの私に聞いてくるから、どうしたらいいかねえって、一緒に考えたりしてね」

野菜市場が賑わっていた頃は、「この野菜と、このお肉を交換してくれ」と頼まれることもあった（実際に物々交換することもあったという）。でも、この30年の間に、市場の周囲もずいぶん様変わりした。

「昔はね、道路を挟んだ向かい側は銀行だったんです。向かいが琉球銀行で、その隣が沖縄銀行でした。すぐそこに病院もあったから、病院で診察を受けたあと、処方箋を待っている間に市場で買い物したり、年金が入る日には銀行が開くのを待って、市場に流れてきたり——この市場を中心にした生活があったんです。でも、銀行も病院も移転して、寂しくなりました。昔のおばあちゃんたちは、普段からよくお肉を食べていたけど、その人たちも段々いなくなっちゃってね。今でも若い人たちが来てくれるから、ありがたいですけどね」

ふたりが「西平精肉店」を継いだ翌年――平成４（１９９２）年は、復帰20周年にあたる年だった。この年には、復帰20周年記念事業として首里城正殿が復元され、首里城公園が開園している。また、翌年には大河ドラマ『琉球の風』が放送され、ＴＨＥ ＢＯＯＭの「島唄（オリジナル・ヴァージョン）」が大ヒットする。また、90年代前半には「リゾート沖縄マスタープラン」が策定され、「沖縄トロピカルリゾート構想」がリゾート法の承認を受け、第3次沖縄県観光振興基本計画も策定されている。沖縄ブームは過熱し、平成４（１９９２）年に沖縄を訪れた観光客は３１５万人だったところから、10年後の２００２年には４１５万人、20年後の２０１２年には５８３万人と右肩上がりに増え、２０１９年には大台の１０１６万人に達している。それにともなって、地元客で賑わってきた市場にも、観光客が立ち寄るようになっていく。

「観光のお客さんも、お肉を買ってくださる方は多いですよ。最近はね、キッチン付きのホテルも増えてるから、外食するんじゃなくて、食材を買って料理をする方もいます。地元のお客さんだと、『今日はおつゆを作ろうと思うんだけど、どの肉がいいかね？』という感じでお肉を買って行かれるけど、観光の方は『この肉を何グラムください』と注文されますね。あと、沖縄と本土では肉の食べ方も違いますよね。こっちだと、レバーは湯がいてから、塩つけて食べるんだよと教えると、『えっ、そんなふうに食べるんですか?』って。旅行者の方の中には、3日連続で来てくれる人もいて、おまけにレバーを入れてあげると、『言われた通りに調理してみたら、すごく美味しかったです』と言ってくれたりね」

ここには地元客だけでなく、観光客の思い出も刻まれている。

「西平精肉店」の柱には、無数の線が引かれ、日付と名前が記されている。お店を訪れるこどもたちが、ここで身長を測って記録しているのだ。一番古い日付を探すと、2007年9月10日のものが見つかった。つまり、この柱には、17年ぶんのこどもたちの成長が刻まれている。市場が解体されると、この柱もなくなってしまう。「だからね、この柱、どうしましょうかね」と、睦子さんはため息混じりに言う。

「自分たちの代は、ここでずっと商売を続けられると思っていたので、解体の話を聞いたときはびっくりしました。自分たちはまだ60代だし、お得意さんや取引先もあるから、あと数年で店じまいというのは考えてないんですよね。市場を建て直さないんだとしたら、別の場所を探すしかないんでしょうけど、この立地条件だから成り立っている商売なんですよね。それに、対面販売だからこその良さってあると思うんですね。いろんな世間話をしながら、美味しいお肉を提供する。スーパーで売っているお肉とは、ものが違うんです。うちの義父さんから何度も言われたんですよ。自分たちが食べて、美味しいと思うものを提供しろ、って。それがモットーですね」

沖縄では、かつて各家庭で豚を飼っていた。

それは遠い昔の話ではなく、宜正さんや睦子さんがこどもだった頃にも、各家庭で豚を飼っていた。豚肉は高級品で、お正月やお祝い事のときに潰して食べるもので、滅多に食卓にのぼるものではなかったという。

だとしたら——と、私はずっと不思議に思っていたことがある。現在、市場には3軒のお肉屋さんがある。そして、昔はもっとたくさんお肉屋さんがあったのだという。普段の食卓にのぼらない豚肉を扱うお店が、どうして何軒も併存していたのだろう?

「沖縄の場合、四十九日まで毎週法事があったんですよ」。宜正さんはそう教えてくれた。

四十九日は、仏教の追善供養だ。

誰かが亡くなると、葬儀に続いて忌日法要が始まる。初七日、二七日、三七日、四七日、五七日、六七日と1週間ごとに法要が執り行われ、七七日（四十九日）がひとつの区切りとなる。

沖縄では、この忌日法要を「ナンカスーコー」（七日焼香）と呼ぶ。朝にはお墓参りをして、仏壇に重箱をお供えする。初七日から始まる奇数週には弔問客を迎え入れ、偶数週には近親者だけで執り行ってきた。内地では、随分前から初七日と四十九日以外は省略されるようになったけれど、祖先崇拝の強い沖縄では、近年までナンカスーコーが続いていたという。

「このあたりだと、6、7年前までは、1週間ごとに集まってましたよ」と宜正さん。「初七日だけはきっちり1週間後にやって、それ以降は遠くに住んでいる親戚や知人が集まりやすいように、日曜日にやることが多かったですけどね。お供えする重箱も、昔は各家庭で用意してましたし、集まってくれる親戚にふるまう料理も各家庭で作ってたんですよ。そういうときは、骨汁。親戚が集まると、必ず骨汁を作ってました。沖縄には仏壇ごとが多くて、これを『節日《シチビ》』と言うんですけど、節日には各家庭で骨汁を作ってました。だから、節日の時期には豚のソーキがよく売れてましたね」

宜正さんの話に、「沖縄のこころ」という言葉が思い出された。

歴代の沖縄県知事は、それぞれの言葉で「沖縄のこころ」について語ってきた。

昭和60（1985）年、当時の沖縄県知事・西銘順治は、沖縄のこころとは何かと問われ、「ヤマトンチュになりたくて、なり切れない心」と答えた。同じ質問に、大田昌秀は「平和を愛する共生の心」と、稲嶺恵一は「異質な物を溶け込ませる寛容さ」と回答している。現在の沖縄県知事・玉城デニーは、「祖先《ウヤファーフジ》から受け継がれた肝心《チムグクル》の考え方を尊重し、自立と共生と多様性の考え方を尊重して、誰もが互いに助け合い、そして誰もがみんな取り残されることなく幸せになっていくことをみんなでつくっていく。そういう思い、理念を実現したいということがウチナーンチュのこころ、沖縄のこころではないか」と、2019年に語っている。

市場で取材を重ねていると、この「沖縄のこころ」という言葉を、よく思い返す。

仏壇に供える重箱に、ジョートーな豚肉をお供えして、亡くなった誰かを悼む。忌日法要に限らず、春にはシーミー（清明祭）があり、親戚一同がお墓に集まる。「後生《グソー》（あの世）のお正月」とされる1月16日には、離島を中心に「十六日《ジュールクニチ》」の行事が執り行われる。これらの行事では、重箱に三枚肉を詰めてお供えする。

お祝い事にも、中味汁をはじめとして、豚肉は欠かせない存在だ。赤ちゃんが1歳を迎える日の「タンカーユーエー」や、小学校の入学祝い、高校入学祝いにも、豚肉を使った料理が振る舞われる。人生の節目を迎えるとき、ジョートーな豚肉を皆で平らげるのが沖縄の文化なのだろう。だからこそ、市場には何軒もお肉屋さんが軒を連ねてきた。お盆やお正月になると、市場は買い物客で賑わう。その光景に触れるたび、ほんの少しだけ「沖縄のこころ」を垣間見たような心地になる。

だが、コロナ禍で状況は一変した。密を避けることが求められる日々に、親戚一同が集まる機会も少なくなった。食糧の少なかった時代と違って、食卓にお肉がのぼることも珍しいことではなくなった。そして本部町営市場は解体される。これから先の時代、「沖縄のこころ」はどんなふうに引き継がれてゆくのだろう。

古堅精肉店

古堅敏子

「ごはんを食べるときでもね、必ずお父さんが上座。長男がその次で、次男、三男と続く。私や妹は、お母さんと一緒に台所で食べる。隣近所も皆そうでした。だから、お嫁さんになりたいなんて人、まわりに全然いませんでしたよ」

令和６年
西暦2024年
13
十一月
水曜
KINCHO
県産豚肉
まーさん印

ざる一杯に、白くてふわふわしたお肉が詰まっている。沖縄では「中味《なかみ》」と呼ばれる、豚の内臓だ。中味には脂がついていて、そのまま調理すると臭みが出る。「これは機械では取りきれんから、ひとつひとつ手でとるしかないんですよ」と、「古堅《ふるげん》精肉店」の古堅敏子《としこ》さんは教えてくれた。

「ここで肉屋を始めたのは、旦那の両親で、私は嫁です」。お店の歴史を尋ねると、敏子さんはそう答えてくれた。

その「嫁」という言葉が印象に残った。

男女平等の理念が浸透するなかで、今や「嫁」という言葉は使われなくなってきている。でも、敏子さんの話を聞いていると、「嫁」という言葉のことを——沖縄を生きてきた、たくさんの「嫁」という存在について——思いを巡らせずにはいられなかった。

昭和57（1982）年生まれの私は、たぶんきっと、昭和の記憶がある最後の世代だ。

保育園に通っていた頃、将来の夢を尋ねられると、女の子は「お花屋さん」や「ケーキ屋さん」と答えることが多かった。それと並んで、「お嫁さん」と答える子もそれなりにいた。でも、昭和22（1947）年、沖縄本島南部の与那原《よなばる》で生まれ育った敏子さんは、「私らの時代は、『お嫁さん』なんて言う人は誰もいませんでしたよ」と笑う。

「あの頃はね、小学校6年生ぐらいになると、親から一人前と見られてたんですよね。私は6

名きょうだいで、女では一番上――長女でしたから、頼りにされる。盆正月になると、母親は忙しいですから、私が代わりにお歳暮を届けに行くんです。そうしたら、やっぱりおばさんはちっちゃくなっていて、女の人はいつも下。うちの実家もそうでしたよ。父親はね、今考えたら、本当に柔和な人だったんです。それに比べると、母親は厳しくて、口やかましくて、よく父親にグジュグジュ言ってましたね。でも、『これは喧嘩じゃないんだ』って、『あんたも嫁いだらわかる』と言っていたのをおぼえてますね」

幼い敏子さんの目には、父親に対して「口やかましく」言葉を並べ立てる姿は、夫婦喧嘩に映った。でも、どんなに夫が柔和で優しい人だったとしても、お母さんにとってそれは「喧嘩」と呼べるほど対等なものではなかったのだろう。

「ごはんを食べるときでもね、必ずお父さんが上座。長男がその次で、次男、三男と続く。小学校1年生でも、一人前の男として扱われる。ごはんをつぐのはお母さんで、兄たちはそれを座って待ってるんですね。それに、ごはんを食べる場所も別でした。私や妹は、お母さんと一緒に台所でごはんを食べる。隣近所も皆そうでしたよ。食べ物にしても、私なんかは刺身は当たりませんでした。刺身というのは、兄さんたちが食べるものでしたから、今でも刺身は食べきれないです。そんな環境でしたから、保育所の先生になりたいとか、役場に勤めたいとかっていう人はいましたけど、お嫁さんになりたいという人はまわりに全然いませんでしたね」

敏子さんの母・幸子《さちこ》さんは、結婚前は大阪に出て紡績の仕事をしていた。そんな母から、「若いうちに、広い世界を見ておいたほうがいい」と背中を押され、高校卒業後は大阪に移り住んだ。ただ、向こうで長く暮らすつもりはなかったのだと、敏子さんは当時の心境を聞かせてくれた。

「私はもう、結婚するとしたら、沖縄に戻ってから結婚するつもりだったんです。親戚のおばさんたちが、いろんな相手を紹介してくるんだけど、『大阪では結婚しない』と断ってました。沖縄に住んでいれば、いつでも実家に帰れるけど、大阪だとお金がないと帰れませんよね。だから断っていたんですけど、あるとき、職場の同僚の親戚が、『この人は怪我をしているから、世話をしてやってくれ』と言ってきたんですよ。なんで知らない人を私のところに連れてくるのかと思ったけど、見ているうちに可哀想になってきてね。それがきっかけで、結婚することになったんです」

こうして敏子さんは、24歳のとき、大阪で古堅義則さんと結婚する。夫婦で一緒に暮らし、こどもが生まれても、郷里に対する思いは変わらなかった。沖縄に比べると大阪は息苦しかった。アパートで暮らしていると、朝から晩まで電気をつける必要があるし、庭もない環境で暮らすのは慣れなかった。心の支えになったのは同郷の人たちだった。

「私が住んでいたのは、大阪の西成だったんですけど、あのあたりには沖縄出身の人たちがたくさん住んでいたんですよ。向こうで生まれ育っていても、お互い親は沖縄だから、意思の疎通がとりやすいんでよね。近くに住んでいるから、沖縄出身の人同士で助け合う。模合も一緒にやっていましたし、何名かで一緒に内職もやっていました。こどもが小さい頃は、家から出られないから、ミシンを使って内職をするんですね。こどもが大きくなったら、西成のお肉屋さんに働きに出ましたけど、そこのお肉屋さんも沖縄の人がやっているお店でした。そうやって沖縄の人同士の繋がりがあったから、寂しい思いをすることはなかったですけど、それでもやっぱり沖縄に帰りたいという思いがありましたね」

気づけば大阪に出て12年が経とうとしていた。こどもたちも大阪の学校に通い、このまま大阪で暮らしていくかに思われたが、沖縄に帰るきっかけは突然訪れた。

敏子さんが32歳を迎えた冬、義理の母にあたる啓子さんが、大阪のアパートを訪ねてきた。夫婦ふたりで何十年とお肉屋さんを切り盛りしてきたけれど、そろそろ引退してゆっくり暮らしたいと相談にやってきたのだ。

「どうにかして、肉屋を継いでもらえないか」。義理の母の言葉を耳にした敏子さんは、夫の帰りも待たずに「継ぎます」と返事をした。沖縄に帰りたい一心で、そう答えたのだった。ただ、義理の母が営む肉屋があるのは、郷里の与那原ではなく、本部だった。大阪の部屋を引き払って本部に引っ越したことで、文化の違いに気づかされたのだという。

「肉屋の仕事自体は、大阪でもやっていましたから、ある程度慣れてはいたんです。でも、与那原と本部だと、全然言葉が違う。これには往生しました。それに、与那原に比べると、言葉が荒く感じる。私は私で、まわりくどい言い方はしないで、ストレートな物言いしかしませんけどね（笑）。反対に、うちの旦那が結婚の挨拶で与那原に来たとき、方言がわからなくて大変だったと言っていました。上座に父親が座って、長男、次男、三男と順番に並んで、女性は台所にいる——そんなふうに食事するのにも驚いたと言っていましたよ。本部に来てみたら、お盆や正月でも、皆で一緒にごはんを食べる。それは新鮮に感じましたね」

敏子さんが夫と一緒に「古堅精肉店」を切り盛りするようになったのは、昭和56（1981）年のこと。当時はまだ、地域ごとに「マチヤグヮー」と呼ばれる小さな商店があり、そこの店主たちが朝早くからお肉を仕入れにきていた。市場から徒歩5分ほどの範囲にも、何軒かマチヤグヮーがあったというから、沖縄各地に相当な数が存在していたのだろう。

「お義母さんがやっていた頃は、朝2時半から仕事をしていたんですね。あの時代だと、今みたいにパーツに分かれた状態で仕入れるんじゃなくて、お肉を解体するところから仕事が始まる。あの時分はね、市場で働いているのは皆、女の人でした。皆さん本部出身で、私だけよそ者だったから、最初のうちは馴染めませんでした。なかなか受け入れてもらえなかったし、仕事は忙しいし——とにかく大変でしたね。本部に引っ越してくるときに、中古のおうちを買って、リフォームしたんですよ。その借金も支払わなきゃいけない。それから、こどもたちの学費を稼ぐ。うちの旦那も、自分は高校を出てすぐ働かなきゃいけなかったから、こどもたちの希望通りに学問をさせてやりたいという思いがあったんでしょうね。こどもたちの教育費に関しては、惜しむということがありませんでした」

4人のこどもを育てながら、お肉屋さんを切り盛りする。慌ただしい日々の中で、郷里に戻りたいと感じることもあった。両親の顔が見たくて、夜中に与那原まで車を走らせたこともあった。でも、実家の敷居は跨がず、本部町まで引き返してきた。

「私が旦那と結婚することになって、両親に報告に行ったとき、『本当にいいのか？』と母親が聞いてきたんです。『本当にその相手について行ききれるのか？』と。どうしてそんなこと聞くのって尋ねても、母は何も言いませんでした。それをね、1週間のうちに3回ぐらい聞かれたんです。そのあとで、『わかった、あんたがついて行けるというんだったら、それでいい』と。『そのかわり、あんたはもう、向こうの家の人間になるんだから、ここにはもう帰ってくる余地はないよ』と。三々九度を済ませて、実家を出ていくときも、『絶対後ろを振り向かずに出て行きなさい』と言われました。その言葉があったもんですから、実家まで車を走らせて、部屋にあかりがついているのを見ても、敷居は跨がず帰ってきました」

心の支えになったのは趣味だった。

「私はもう、この趣味に救われたんですよ」と、敏子さん。「近くに琉球琴の教室がありましたから、右も左もわからんまま、先輩たちの中に混じって習い始めたんです。私はまったくの初心者でしたから、まわりが6年生だとしたら、私は1年生。最初のうちはついていくのが大変でしたけど、夫に『頑張って続けてみたら』と言われて、通い続けました。一緒に習っているのは皆、女の人でしたから、ちょっとした時間に、それぞれが家庭の不満を語り合うんですよね。それを聞いているうちに、『ああ、自分だけじゃないんだ』と。『どこの家庭でも、同じような悩みを抱えているんだ』って。それに気づいて、ずいぶん楽になりました」

市場で働いているのも女性なら、買い物にくるのもほとんどが女性だった。「嫁」という立場に置かれ、抱える悩みは近しいものがあった。励まし合いながら過ごすうちに、30年近い歳月をかけて、敏子さんは本部が地元だと感じるようになった。だからこそ、市場を解体するという報せを耳にしたとき、頭が真っ白になった。

「最初の説明会があって、市場を取り壊すと聞いたのは、お盆前のことだったんです。お盆というのは、肉屋にとって書き入れ時で、とにかくお盆の商売のことを考えなきゃいけないんです。だからもう、頭がパニックになりましたよ。建物が古くなっているのはわかってましたから、以前から市場で店をやっている人同士で話し合って、議員さんなんかにも相談していたんですね。でも、特に何も話が進む気配はなかったから、あと7、8年はどうにか持つんじゃないかと思っていたんです。それが急に解体という話になった。もう、どうすることもできませんよね。私たち夫婦は70代で、年金暮らしですよ。こどもたちを育て終えて、あと少しでローンも全部返し終わるところだったんです。あと数年働くために、新しい場所を借りてお店を始めようとしたら、また借金しないといけませんよね。銀行にしても、私がまだ60歳くらいだったら貸してくれるかもしれませんけど、もう77歳ですよ。それに、このまま店をやめるとしても、これだけの冷蔵庫を処分しようと思ったら、相当な金額がかかる。年金暮らしで、まだローンも少し残っているなかで、そのお金をどうやって支払うか。役場の人にも取り合ってもらえないし、補償も何もないというから、どうしたらいいのかわからないですよ」

本部町営市場にお店を構えている店主たちは、年度ごとに本部町と契約を交わしている。その契約書に、「市場の老朽化等により建物を取り壊す場合、営業及び設備投資等に関る補償責任を町は負わない」という条項が盛り込まれたのは、2008年のことだった。

だから、補償には応じられないという役場の方針は、手続き的には正しいと言える。だが、それは倫理的に正しいと言い切れるだろうか?

契約書にサインすれば、何の補償もないまま退去させられる日がやってくる。それがわかっていても、ほとんどのお店は——大きな冷蔵庫を抱える精肉店や鮮魚店は特に——同意するほかなかった。同意をしなければ、契約を更新できず、今すぐ退去しなければならなくなる。その上で同意させられた条項は、ほとんど踏み絵のように、私には思える。

１９７９年、沖縄

岡本尚文
（写真家）

１９７９年８月１日、東京駅を24時前に出る普通列車大垣行きに乗り、都内通勤圏の酔客が途中駅を次々と降りて行くのを眺めていた。この列車は東京からの最終列車としてそういった酔客を運びながら、また、西を目指すお金のない若い旅行者を運ぶ列車でもあった。

しばらくしてボックス型の硬い直立シートを背に眠りにつく。

翌朝、７時前に岐阜県大垣駅に到着し、ここから再び普通列車に乗り換え、大阪南港発のフェリー「飛龍」を目指した。

途中どのようにして南港埠頭にたどり着いたのかは記憶にない。今で言うバックパッカーのように背負子を背負い、１９７１年に開業したフェリーターミナルで友人と合流した。今も大切に取ってある乗船券には二等席９、０００円と記されている。

高校2年の夏、初めての沖縄行。

1970年代に東京で美術や音楽、雑誌や書籍と出会う。1972年、沖縄は米国施政権から日本へ復帰。前後から始まった沖縄ブームはすでに一段落していたが、それまでのブームの隙間に見え隠れしていた竹中労の著作『琉歌幻視行』や嘉手苅林昌の島唄、大島渚の映画『夏の妹』など、本や映画、音楽の影響を大きく受け、当時日本中を覆っていたアメリカ的文化を思い描きながら沖縄を目指した。

高校の友人の影響で写真を始め、モノクロ写真の現像やプリントも自分でやり始めていた頃、中平卓馬や森山大道、東松照明の写真を知る。前年にニューヨーク近代美術館のキュレーターであるジョン・シャーカフスキーが、写真は世界を認識するための「窓」であり、また自己を認識するための「鏡」でもあるということをキュレーションした、いわゆる「ミラーズ・アンド・ウインドウズ」展を開催し、世界的な影響を及ぼしたのが前年の1978年。前記写真家たちや「ミラーズ・アンド・ウインドウズ」に、まだまだ浅い知識ながらも大きな影響を受け、カメラを手に沖縄へ向かった。

8月3日、那覇着。宿泊先も決めずに寝袋とテントを持っての旅（観光）の始まり。

埠頭に集まる白タクのなかのひとりの運転手の言葉に誘われ、すすめられた宿へ連れて行かれる。宿と言ってもそこはラブホテルを改装したホテルで、ホテルというよりはやはりラブホテルだった。

1979 年　撮影・岡本尚文

荷物を置いてカメラを片手に街へ出る。公設市場と国際通り、そしてまだ岩場の残っていた波の上の海岸を巡る。岩場の上に立つ子どもと、その向こうで沖縄の女（と思われる）が差す日傘の下、こちらを睨みつけ佇む外国人の男にカメラを向けた。

記憶というのは曖昧だ。手元に残っているネガに撮影日時は記されていない。その後、毎年沖縄を訪れているが、今あらためて当時のネガを見直してみると、自分が撮ったにも関わらず、それぞれの撮影年の違いが分からず、79年から80年代前半の沖縄の時間が繋がって見えてくる。

8月4日、那覇からバスで谷茶。ビーチでテントを張って野宿。

8月5日、谷茶。

8月6日、谷茶～奥間～本部町具志堅。ビーチで野宿。


8月7日、具志堅からバスで移動。

ここまで、那覇からバスとヒッチハイクで北上して行く。

次の目的地は伊江島。本部港発伊江島行フェリーが出るまでの間、本部市場周辺を歩き、撮影する。本部町営市場の記憶は全く無いのだが、郵便局に寄りお金を引き出した記憶は強く残っている。その時の郵便局はどこにあったのだろうか。

2024年現在、本部郵便局は町営市場のすぐ近くにあり、敷地の端には「本部小学校発祥之地」という石碑が建っている。この郵便局ができる前は「本部琉映」という映画館が営業していた。1979年に本部を歩いた時にはもう既に営業をやめ、さびれた「本部琉映」が残っていたが、ある時代には映画館が出来るほど本部の町は栄えていたのだ。高倉健、鶴田浩二、菅原文太などの映画スターの顔写真が並び、名も知らぬ外国人女優のポスターがガラス越しに貼られていた。大きく本部琉映と書かれた看板は、それだけで何かを物語っているように見えていたのだろう。そのような被写体の力に寄りかかった写真が、いま手元に残っている。


2024年の本部町営市場周辺を歩く。市場内を縦横に走る通路。向かい合う肉屋。ガラス戸の向こうの珈琲店。手作りの小物を扱う雑貨屋。2階の広場から見える川。その向こう側に並ぶ2階建てのセメント瓦屋。新しくなった郵便局。市場の向かいに並ぶ鮮魚店。

いま、この街に浮かび上がる風景は、ここに暮らし、営む人びとの長い時間のなかで作られたものなのだろう。

本部町営市場が老朽化と耐震基準の問題から、取り壊しと存続の危機にある。

当初、町からの「お知らせ」は、話し合いが前提としながらも、実際には立ち退きに関する補償がないことや解体後の整備などについて一方的な通知がなされた状態だった。

その後、市場入居者を中心とする人びとの請願によって、町は商工会などを含めたプロジェクトチームを設置し、今後のことについて話し合う、という流れになっているようだ。

ここからは全く個人的な見解になる。

まず、本部町営市場については、解体するにしろ再整備するにしろ、町と入居者、及び関係者との間で納得の行くまでの話し合いや意見交換が必要だ。

戦後の闇市から始まり、1957年に闇市整備のための1度目の市場建設（バラック建ての平屋）。1966年、現在のホール付き2階建ての市場への改築を経て、渡久地の復興と繁栄、海洋博後の衰退の中で運営されてきた町営市場。こうした歴史のなか、現在入居している人びとはその歴史に直接的な繋がりのある人、また直接関係がないけれどもこの場所でお店を始めた人の集まりだ。

たくさん儲けることが可能であればそれはそれでよいだろう。だが、たくさん儲けることを

1979年　撮影・岡本尚文

目標とせず、それなりの儲けの中で、人びととの関係性を大事にし、毎日の生活を繰り返し生きていくこと。今、この社会が効率優先の中で捨て去っていっているものを大切にし、商売をしていく人びとの声を聞くことをないがしろにしてはならない。このようなものの先にこれからの社会を生きていく答えが隠されているのではないだろうか。

1979年の沖縄行きはその後、本部から伊江島、そして嘉手納、コザ、再び那覇と続き、8月13日に那覇の港を出航し、2日かけて東京有明へ到着、2週間の旅は終わる。この時、その後45年にわたって沖縄との付き合いが続くとは想像だにしなかった。

ことばや映像や音が、想像力を刺激する。その時、そのうちのどれかが優位であるのではない。

ある時にはことばが、またある時には映像が、音が、ひとりひとりに届いて、記憶を呼び覚ます。

戦後、アメリカ軍が駐留してから現在までの沖縄の人びとの暮らしを記録しようと『沖縄島建築』、『沖縄島料理』、『リメンバリング オキナワ』という3冊の本を刊行した。これらの本を作っていく中で、古き建物やお店を壊さずに残せないのか、という声は多かった。それはもちろん好意的な意味での声ではあったが、そこに住まう人びとがそれぞれの都合の中で建て直しや店を閉めるとき、それを止めることは私たちには出来ない。

長い時間の中で、街は姿を変え、記憶からも消えて行く。その時、記録されたことばや映像が、人びとの想像力に訴えかけることの可能性を信じたいと思う。

『リメンバリング オキナワ』で取り上げた写真の多くは、占領者であるアメリカ人が沖縄に対してエキゾチシズムの眼差しを向けて撮影されたものだ。しかし、70年が経過した今、改めてそれらの写真を見直してみると、そこには戦後の沖縄を生きた人々の姿や、今では見ることのできない沖縄の姿が記録されている。

過去が、かつてそこにあったものが、現在という時間の中で違ったものとして見えてくる。とするなら現在もまた、未来からは過去としてここにあり、違ったものとして存在するだろう。その過去と現在と未来が時間的に繋がっていることに自覚的な眼差しが、記憶を呼び覚ますことのできるものとして残って行くのだろう。

1979年にただの観光客である17歳によって撮られた写真もまた、そうした記録として生き始めることもあるだろう。

だがしかし、外部の眼差しが何を記録し、何を残したのかが多くの人に見えるようになるには、もうしばらく時間が必要なのかもしれない。

岡本尚文（おかもと・なおぶみ）１９６２年東京都出身。１９８３年和光大学人文学部芸術学科卒業。１９８５年東京綜合写真専門学校第2学科卒業。２００３年、「外人住宅」の撮影を開始。写真集に『沖縄01 外人住宅　OFF BASE U.S. FAMILY HOUSING』（２００８年）、『沖縄02 アメリカの夜　A Night in America』（２０１６年）、『沖縄03 ＳＫＹ』（２０２４年）。トゥーヴァージンズから刊行されている「沖縄島探訪シリーズ」に携わり、２０１９年『沖縄島建築　建物と暮らしの記録と記憶』（監修・撮影）、２０２０年『沖縄島建築 建物と暮らしの記録と記憶』（監修・撮影）、２０２３年『リメンバリング・オキナワ 沖縄島定点探訪』（編著）を刊行。主な個展に、２０１３年「外人住宅　岡本尚文の写真」（D&DEPARTMENT OKINAWA）、２０１７年「沖縄02 アメリカの夜　A Night in America」（ジュンク堂書店那覇店）、２０２４年「沖縄03 ＳＫＹ」（Luft shop）。

金城鮮魚店　金城昇

「自分たちがこどもの頃だと、素麺ばかり食べているような時代だったから、刺身は高級品だったよ。魚がよく売れたのはサトウキビの時期だったね」

小型魚釣れたら
漁場移動！
10月
JF本部漁業協同組合

ラジオから演歌が響いている。「金城鮮魚店」の金城昇さんはいつも、演歌が流れる放送局にチャンネルを合わせている。店内にはテレビも設置されているけれど、仕事中は耳で聴くだけだからと、ラジオばかり聴いている。「昭和の人間は、やっぱり演歌だね」と。

「うちの親父は漁師で、カツオ船に乗っていた。カツオ船は餌取りと、カツオを釣る本船と、鰹節屋と――これが1組になっているわけ。カツオを釣るための餌を獲るところから、鰹節を作るまでが1セット。自分がわかるだけで、カツオ船は本部に5隻いたよ。うちの親父のグループだと、伯父さんが船長なわけよ。親父は次男だったけど、長男が船を持って、グループのリーダーをやっていた。金城丸っていう船でね、糸満から流れ着いた人たちのグループだったね」

「金城鮮魚店」を創業したのは、昇さんの母・ヨシ子さんだった。父・善正《ぜんしょう》さんが釣ってきた魚を、母・ヨシ子さんが市場で売る。5名きょうだいの次男、下から2番目だった昇さんは、小さい頃から両親の手伝いをして育った。

「自分が生まれた頃は、まだ木造の市場だったよ。その時代は、電気冷蔵庫じゃなかった。ただ木の箱があって、そこに氷を入れて冷やしておく。渡久地港の近く、今はダイビングの事務所になっているところが氷屋だった。そこから大きくて四角い氷を入れて、魚を冷やしていたよ。電気冷蔵庫が出てきたのは、今の市場ができてからだった」

沖縄において、鮮魚店は「さしみ屋」と呼ばれる。明治時代にカツオ漁が始まり、漁港として栄えてきた渡久地には、さしみ屋が軒を連ねている。ただし、鮮魚は高級品だったから、刺身が食卓にのぼることは滅多になかったのだと昇さんは教えてくれた。

「自分たちがこどもの頃だと、素麺ばかり食べているような時代だったから、刺身は高級品だったよ。魚がよく売れたのはサトウキビの時期だった。そこで現金収入があったときに魚を買って食べる人は多かったけど、普段はあんまり食べなかった。あとは野菜と魚を物々交換することもあったよ。この市場が木造だった時代は、今ほど現金というのは流通していなかった。それに、あの頃はそもそも食べるものが少なかったよ。小学校の頃だと、朝はたまごかけごはん。うちで鶏を10羽くらい飼っていたから、そこからたまごを取ってきて、朝ごはんにする。学校に行けば給食があるけど、パンと、アメリカから配給されたチーズと粉ミルクだった。家でちゃんとしたごはんが出よったのは、1日1食だけだったね」

地上戦で荒廃した沖縄に、アメリカから「ララ物資」と呼ばれる援助物資が送られ、脱脂粉乳によるミルク給食が始まったのは、昭和21（1946）年のことだった。ただ、当時は給食施設どころか容器も不足しており、十分な学校給食は実現できなかった。昭和29（1954）年にはアメリカで余剰農産物資法が制定され、沖縄に「リバック物資」として脱脂粉乳やメリケン粉が送られ、昭和30（1955）年から本格的なミルク給食が実現する。パン給食が始まるのはその5年後、昭和27（1952）年生まれの昇さんが小学2年生のときだ。

「自分らの頃は、家庭で魚を食べるとしたら、ほとんどおつゆだった。煮付けじゃなくて、おつゆ。煮付けというと、ひとり1匹ずつ食べるでしょ。ひとり1匹ずつ食べるほど魚が買えないから、おつゆにしないと家族全員に行き渡らないわけよ。魚から出る出汁と、お塩で味をつける。このおつゆでごはんを食べなきゃいかんから、味付けはちょっと塩辛かったね。刺身は滅多に食べなかった。生で食べるとしたら味噌和えだったよ。味噌をつけて食べないと、中毒するからね。沖縄にワサビを広めたのはアメリカ人だと誰かが言っていたけど、小さい頃は味噌和えだったね」

漁師の息子として生まれ育った昇さんは、昭和43（1968）年に中学を卒業すると、カツオ漁に使う餌を獲る船に乗り込んだ。カツオの餌として代表的なものはキビナゴで、地元では「スルル」と呼ばれている。

「キビナゴは、カツオ漁をやるには最高の餌になる。でも、獲るのが難しかった。人の力で網を上げるんだけど、キビナゴは朝方じゃないと海面の近くに上がってこないわけよ。それで、キビナゴが通る道というのがあって、それは瀬底の後ろ――ビーチのあたりにいる。あそこは流れも早いし、大変なわけよ。それと、キビナゴはそのまま食べても美味しいんだけど、カツオの餌に使うものだから、本部では商売人が売ってはいけなかった。自分たちが釣っていたのはミジュン（片口鰯）。一番獲りやすいのは、羽地内海のアシチン（コノシロ）だったね。ただ、漁師の仕事は1年もやらなかったよ。中学を卒業して、4月から始めて、10月までしかやらなかった。これだけやったあとは、もう仕事がないわけよ。あの時代にはもう、漁だけやって生活していくのは難しかった。畑があれば農業をやるか、なければ土方をやるか、本土に働きに行くか。自分なんかの世代は、1回は船に乗ったという人が多かったはず。学校を出てすぐに集団就職か、いちど船に乗ってから本土に行くか――こんな感じだったよ」

半年ほど漁師をやったあと、昇さんは親戚の紹介で東京・板橋のメッキ工場に就職する。工場の寮には風呂がなく、銭湯通いの日々だった。

「池袋や新宿は都会だったけど、板橋は文化住宅も一杯あって、昔は田舎だったよ。沖縄は銭湯が消え始めた時代だったんだけど、東京には残ってるから、案外東京も田舎だなと思ったね。嬉しかったのは、雪が見れたこと。初めて雪を見た日には、雪だるまも作ったよ。雪が降ると、もっと寒くなるかと思ったけど、そんなに寒く感じなかった。ちょっと長袖を着ただけで、沖縄の冬より軽装だったよ。沖縄と違って、風がないからね。空気が動かないから、外に出ても部屋の中にいるような感じで、夏場になるとむんむんする暑さだった」

しばらく東京で暮らしていた昇さんは、20代前半の頃にいちど沖縄に帰ってきた。本部町で海洋博が開催されることに決まり、郷里はバブルに沸いていた。

「海洋博の工事期間中は活気があったから、市場の中にまでブローカーが出入りしよったよ。

ここのテナントは本部町のものだから、勝手に売り買いしてはいけないのに、ブローカーが入り込んでいた。だけど、海洋博が始まったら全然駄目。『この土地は何倍にもなる』と言われて、土地を買ったのに全然売れなくて、借金だけが残る。知り合いで自殺した人が2、3名いたよ。建設工事期間は賑やかだったけど、海洋博が始まってからは全然駄目だった」

海洋博の工事期間中、昇さんは道路工事の仕事に就いていた。沖縄本島北部の農道を舗装する工事現場で働きながら、教習所に通い始める。大型免許を取得し、海洋博の会場まで来場者を運ぶ観光バスの運転手になるつもりだったのだ。だが、海洋博の来場客数は事前の予想を下回り、採用は白紙撤回となった。せっかく大型免許を取得したのだからと、昇さんは内地でダンプの運転手になった。

「今はディズニーランドになっているところとか、夢の島、あのあたりは自分も手伝いよったよ」と、昇さんは当時を振り返る。雇われ運転手として5年ほどダンプを走らせていた昇さんだったが、独立して自分のダンプを持とうと考えた。昭和55（1980）年頃のことだった。

「ローンを組んでダンプを買おうにも、本土には保証人になってくれる人がおらんわけよ。保証人を探しに本部に帰ってきてみたら、母親が病気して、親父がひとりで店をやっていた。親父ひとりで、3か年やってたみたいだね。それも知らずに、自分は本土にいたわけよ。ああ、これはいかんなと思って、こっちに帰ってくることにした」

昇さんが小さい頃に比べると、暮らしぶりは豊かになった。おつゆ以外でも、魚が食卓にのぼるようにもなった。ただ、その時代にはもう、鮮魚だけで商売を続けていくのは難しくなっていたのだと昇さんは語る。

「はっきり言えば、魚だけでは食えなかった。もう魚時代は過ぎていた。おつゆのあと、魚天ぷらが流行った時代もあったんだけど、その頃には揚げ物もあんまり売れなくなっていた。そのあとは焼き魚と刺身が主流になってくるんだけど、渡久地で水揚げされる魚を仕入れるだけでは家族を養いきれなかった。それで那覇まで仕入れに行くようになったわけ。魚じゃなくて、お肉。特に鶏肉が一番売れよった。その頃はね、本部で鶏肉を売っている人は、名護の卸屋から取っていたわけよ。那覇まで行けば、値段交渉をして、もっと安く仕入れられる。那覇まで行くのは、大変と言えば大変だけど、あの時代はたくさん売れたから楽しかったよ」

本部—那覇間は、高速道路を利用しても片道90分ほどかかる。ただ、ダンプの運転手をしていた昇さんにとって、車の運転は苦にならなかった。市場のお肉屋さんが主に扱っているのは豚肉だったから、那覇で仕入れてきた鶏肉はよく売れた。そこに大手チェーンの「サンエー」と「かねひで」が進出したことで、状況は一変する。

「自分なんかが仕入れる値段と、彼らが仕入れる値段というのは、もう全然違うわけよ。うちの仕入れ値よりも安い値段で鶏肉を売っている。あれはたぶん、赤だったんじゃないかな。これではもう太刀打ちできないから、肉を仕入れるのはやめた。でも、今でも魚は那覇まで仕入れに行ってますよ。名護にも魚市場があるんだけど、那覇まで行ったほうが良いマグロが手に入るからね」

昇さんの半生に耳を傾けていると、そこには渡久地の港の移り変わりが――引いては沖縄の交通の変遷が――刻まれているように感じられた。

渡久地は港を中心に栄えた場所だ。

そこにはかつて、山原船《やんばるせん》が帆柱を並べていた。琉球王朝時代、貢納品は山原船によって運ばれていた。明治になると、動力付きの船が出入りするようになってゆく。明治29（1896）年に就航した第3運輸丸は、月に1、2回ほど、本部にまでまわってくるようになった。さらに、明治44（1911）年には渡久地丸が就航し、渡久地を起点に伊平屋、伊是名、伊江、名護、那覇、久米島と往来するようになると、本部は物流の拠点として賑った。

海路に比べると、陸路の整備は立ち遅れた。

明治38（1905）年、当時の国頭郡長・喜入休は、名護を起点に本部半島を一周する道路を計画する。だが、海岸沿いは難所が多く、計画は実を結ばなかった。

本部半島の道路開削には、それから10年もの歳月を要した。

大正2（1913）年に郡長に就任した朝武士干城は、大正4（1915）年から7か年に及ぶ継続事業として、国頭郡内の道路改修を決定する。その第1期改修予定線に、名護から伊豆味経由で渡久地に至る道路が、第2期改修予定線に、名護から海岸線沿いに渡久地に至る道路が含まれていた。こうして大正5（1916）年、伊豆味線が開通し、本部にまで人力車や乗合馬車がやってくるようになった。この時代に整備された道路は、海洋博前に大改修が施されるまでは「開通当初のまゝに使用されてきた」と、『本部町史』に記されている。

海洋博は本部町の――沖縄の地図を塗り替えた。

沖縄県本土復帰記念事業として開催された海洋博は、450万人の来場者を見込んでいた。それだけの来場者を受け入れるには、会場までのアクセスを改善する必要があり、沖縄自動車道の整備が急ピッチで進められた。また、昭和50（1975）年には、渡久地港を跨ぐようにして本部大橋が架けられた。このバイパス道路によって、中心市街地である渡久地十字路を経由せずに会場にアクセスできるようになった。

海をテーマにした博覧会とあって、来場者の輸送は陸路だけでなく、海上輸送も採用された。那覇――本部間だけでなく、内地からの海上輸送も実現するためには、大型船が接岸できる港が必要だった。だが、満名川の河口に位置する渡久地港は、そもそも大型船の接岸には不向きである上に、本部大橋が架けられたことで高さ制限が生じていた。そんな渡久地港に代わって、南に3キロ近く下った崎本部に「渡久地新港」（現・本部港）が建設されることになった。これを機に、伊江島・伊平屋島・伊是名島への離島航路は渡久地新港が母港になった（その後、伊平屋・伊是名航路は今帰仁《なきじん》村の運天港に移転）。

「海――その望ましい未来」。

それが海洋博のメインテーマに掲げられた言葉だ。だが、海洋博をきっかけに、渡久地は港町としての機能を縮小してゆく。かつて盛況を呈したカツオ漁も、少しずつ漁船の数が減り、平成元（１９８９）年には５２２トンだったカツオの水揚げ量は、現在ではその20分の１以下になった。

時代の流れ。それは絶えず移り変わってゆく。

かつて本部から那覇に出るには、歩いて2日かかっていた。でも、道路が整備された今、2時間たらずで辿り着ける。那覇まで車を走らせて、肉や魚を仕入れられるようにもなった。だが、大手スーパーも流通網を拡大し、「金城鮮魚店」は鮮魚だけを扱うお店に戻ったのだった。「今はもう、商売続けていくのが大変よ」と昇さんは笑う。「だから、市場を取り壊すと聞いたときも、自分なんかは何とも思わなかったよ」と。

昇さんが生まれた頃の沖縄は「アメリカ世《ゆー》」だった。当時の通貨はB円だったが、昭和33（１９５８）年にドルに替わり、復帰とともに円に切り替わった。時代が変わってゆく瞬間に、「諸行は無常である」と、人は儚さをおぼえる。ただ、そこにはきっと、明るい兆しもあるはずだ。

昭和50（1975）年以降、水納島行きのフェリーだけが発着してきた渡久地港に、2020年、「ジンベエ・マリン」（タクマ3）が就航した。那覇と本部を75分で結ぶ高速船だ。波の高い冬場は欠航になることもあるけれど、高速バスよりも速く、しかも片道千円と格安で本部にアクセスできるようになった。

2024年11月10日、『小さな旅』（NHK）という番組で、「恵みの美ら海で～沖縄県 本部町～」が放送された。そこで取り上げられたひとりは大城功さんだった。海ぶどうの養殖で生計を立てている大城さんは、「カツオ漁を建て直したい」という漁協の呼びかけに応じ、カツオ漁に挑戦する決心をした。かつて本部で盛んだった一本釣りではなく、餌を必要としないひき縄釣りを和歌山で学び、試行錯誤を2年重ねて、ようやく軌道に乗り始めているという。

「金城鮮魚店」にも、新しい変化がある。

昇さんは自分の代で店を閉じるつもりだったけれど、次男の克哉さんが「店を継ぐ」と言ったから、今は一緒に働きながら仕事を教えているところだ。

海洋博が開催されて、もうすぐ50年が経とうとしている。

当時の人々が望ましい未来として思い描いていた時代を、わたしたちは生きている。わたしたちが思い描くことが、未来を変えていく。今から50年後の未来に、渡久地はどんな港町になっているだろう？

「この市場は、独特な場所だと思うんですよね。独立国家じゃないけど、フリーダムな雰囲気がある。だから『なにか面白いことを始めよう』と人が集まってくる」

友寄商事

友寄隆英
友寄隆央

友寄商
47-2253

「渡久地」という地名は、「津口」に由来する。

名前が示す通り、そこは満名川の河口であり、昔は渡し船が人や物資を運んでいた。

現在市場が建っている場所は、かつて川のほとりだった。そこに「新興地」が誕生したのは、昭和35（1960）年のことだった。

昭和37（1962）年1月15日の琉球新報に、「本部に新しい商店街　町が五千ドルで川を埋め立て」という見出しが躍っている。満名川の河口に溜まった砂の浚渫工事が行われた際に、その砂を利用して埋立地を造成し、本部町営市場の向かい側に「新興地」が誕生したのだ。そこは一等地だったこともあり、300名から借地申し込みがあり、8名に許可されたが、「その割り当てをめぐり一時もんちゃくもあった」と記事は報じている。同じ年の沖縄タイムスの記事（5月18日付）によれば、そこには「さっそく農協や消防庁舎、商店など大きい建物」が並んでおり、「レストランや商店なども建築中」だったという。

「農協事務所があったのは、すぐそこ——トイレの隣、今は駐車場のあたりですね」。「友寄《ともよせ》商事」の友寄隆央《たかお》さんはそう教えてくれた。文具全般や日用雑貨を取り扱う「友寄商事」は、かつて「新興地」と呼ばれた建物と、路地を挟んだ市場の区画で営業している。

「ここで商売を始めたのは、私の父なんです」。隆央さんの父・隆英《たかひで》さんはそう教えてくれた。

創業者である友寄隆喜《りゅうき》さんの名前は、大正・昭和の本部の語り部として、『本部町史』にも登場する。大正5（1916）年、本部村の石川に生まれた隆喜さんは、昭和6（1931）年に謝花小学校を卒業したのち、浜元にある「渡久地商店」に入り、月給3円で働いた。昭和10（1935）年には渡久地の「田中商店」に移り、昭和18（1943）年に召集されるまで番頭として働いていたという。そこは文具と雑貨を売る店だったが、昭和17（1942）年に衣料の切符制が導入されると、「洋服や文房具、雑貨等何でも売るようになった」。戦況が悪化した時代には、「そうしなければ店が経営はできなかった」と隆喜さんは語っている。

「親父は郵便局の近くで商売をしていたんだけど、戦争が始まるとまわりは皆、引き揚げたんですよ」と、隆英さんは語る。沖縄の商業を発展させたのは、鹿児島から渡来した寄留商人だった。黒糖・上布・紬などの利権を求めて沖縄に渡った寄留商人は、商業のみならず金融・貿易・海運・鉱山開発などにも乗り出し、独占的な地位を築いていく。また、同時期に明治政府から県外出身の役人が沖縄に派遣されたことも相まって、「沖縄県人を差別し、あたかも海外植民地に類する形態をつくりあげた」と、『沖縄県史』に記されている。本部の商業を切り拓いたのも寄留商人であり、隆喜さんが働いていた「田中商店」も、内地の人が経営するお店だった。県外出身の商売人たちは、太平洋戦争が始まり、戦況が悪化すると、内地に引き揚げてゆく。本部の各地から渡久地に働きに出てきた人たちも、それぞれの部落に引き揚げていった。

「終戦直後、父親は郵便配達をしていたんですよ。そのあとで、浜元にあった『友寄商店』で番頭として働いていたんだけど、しばらく経って『自分で店をやる』と。その当時、私の母・カマドは、渡久地にあった兵舎を利用して友寄文具店をやっていたんですよ。母が小売をやっているから、父はそこで一緒に卸の仕事をすることになった。いろんな小間物を扱ってましたけど、多かったのは履物ですね。あの頃は下駄が中心でした。正月前は忙しかったですよ。僕らも手伝いましたけど、全部の下駄に鼻緒を通すのに、夜中の2時までかかってましたね」

隆喜さんは夫婦で店を切り盛りしながら、各地のマチヤグヮーに卸売りに出かけていた。渡久地から40キロほど離れた辺土名《へんとな》あたりまで、定期的に自転車で売り歩いていたという。

「親父はもう、商売一本の人でした。たとえば、『あんたのところの商品は高いよ』と言われたとしますよね。『向こうで売っている、この手袋はもっと安かった』と。それで——よくやっていたのは手袋だったんですけど、1ダース12組になっている手袋を、秤を持ってきて重さを計るんですよ。『おたくが持ってきた手袋より、うちの手袋のほうが重いでしょう』と。それは糸の数が違うんです、だから品質が全然違うんですよ——と。とにかく真面目で、曲がったことが許せない人でしたね」

昭和15（1940）年生まれの隆英さんは、そんな父の姿を見て育った。小学生の頃は両親の実家のある上本部村の山川に暮らしていたが、小学校を卒業する直前に渡久地に移り住んで、本部中学校に通った。当時の記憶を振り返っても、「友達と遊んだおぼえがほとんどないんですよ」と隆英さんは語る。小さい頃から家業を手伝って、自転車で商品の配達をしてまわっていたのだ。8名きょうだいの一番上だったこともあり、高校は那覇商業に進学した。

「親父の後継ぎをするつもりで商業に通ったはずなのに、卒業してすぐ、東京に出たんですよ」と、隆英さん。「高校の先輩が東京へ行ったもんだから、自分も東京に行きたいなと思って、東京の大学に出たんですよ。今考えるとね、親父に無理させてしまったなと後悔してるんですけどね。でも、商業を出て、すぐに本部に帰っていたら、親父の仕事を継いでなかったかもしれないなと思うんです。やっぱり、若い時分は外の空気を吸ってみたいですよね。しばらく東京で過ごしているうちに、親父がちょっと体を悪くして、続けるのが難しくなってきたと連絡があった。自分が長男だという意識もありましたし、外の空気もじゅうぶん吸えたから、何の未練もなく本部に帰ってきましたね」

隆英さんが郷里に戻ったのは昭和41（1966）年頃のことだった。その頃には商品の配達は自転車ではなく、車でまわるようになっていた。

「今の場所に移ってきたときは、弟も一緒に働いていたんですよ。三男と僕は、月にいっぺん、伊江島まで外交に行ってました。金土日と3日かけて、商品を積んで伊江島をまわる。当時は各部落に3、4軒は個人商店がありましたからね。あの時代だと、うちも7時半には戸を開けてたんですよ。まだコンビニなんてなかったですから、学校に行く前に鉛筆や消しゴム、ノートを買いにくる子がいたんですよね。それでいつも7時半には戸を開けてました」

「友寄商事」が市場の向かいにある「新興地」の建物に移転したのは、昭和37（1962）年のことだった。2階と3階は住居になっていたから、昭和50（1975）年生まれの隆央さんは、市場の目の前で生まれ育った。

「僕は3階で寝起きしてたんですけど、目の前に防災無線のスピーカーがあるんですよ」と、隆央さんが教えてくれた。「そこから8時、12時、5時にサイレンが鳴るんですけど、小さい頃からその音を聞いて育っているから、慣れてしまって、その音が鳴り響いても起きなくなりました（笑）。幼稚園の頃から、帰ってくると市場のおばぁたちに『ただいま！』と言ってまわってました。こどもながらに、ここの市場は面白かったですよ。今は沙織さんが『市場豆花店』をやってる場所は、〝カンカンおばぁ〟と呼ばれてる人がお店をやっていたんです。ブリキの板を温めて、ぎゅーっと加工して、あっという間にブリキのじょうろを作る。幼稚園の頃は、これにずっと見とれてましたね」

小さい頃から、市場が遊び場であり、仕事場でもあった。

父・隆英さんが隆喜さんの仕事を手伝ってきたように、隆央さんもまた、小学生の頃から車で配達にまわる父を手伝ってきた。

「手伝いをするのは面倒くさいと思うときもありましたけど、結構面白かったんですよね。お店を訪ねていって、声をかけて、商品をとってもらう。対面商売じゃないですけど、顔を合わせてやりとりするのは面白いなと思ったんですよね。その頃は個性の強い人が多かったので、店によって反応が違うのも楽しかったんだと思います」

家業を手伝うのは楽しかった。隆央さんは3名きょうだいの末っ子だったけれど、「店を継ぐなら自分だろう」という意識が心のどこかにあった。大学進学を機に上京し、東京の会社に就職した隆央さんが本部に戻ってきたのは、26歳のときだ。

「その当時、父の弟も一緒にお店をやってたんですけど、体調を崩して仕事を続けられなくなったんですよ。それで父から電話がかかってきて、『こっちに帰ってきて、仕事を手伝ってくれないか』と頼まれて、すぐに帰ってくることに決めました。その頃にはもう、東京に疲れてたところもあるんですよ。若いうちは楽しいだろうけど、ここは永住する場所じゃないなと思っていたんです。都会に疲れたから、そろそろ帰ろう、と」

隆央さんが東京で暮らしている間に、本部町営市場は様変わりしていた。戦後間もない頃から市場を支えてきた世代が高齢になり、シャッターを下ろしたままの店舗が増え始めていた。空き店舗を借りて商売を始めたいと手を挙げる若い世代も現れたが、「役場もここを見捨てたような感じで、空き店舗があっても新しいお店は出店させないという時期だった」と隆央さんは振り返る。だが、以前ほど活気がなくなっても、「移転はまったく考えなかった」という。

「市場って、昔から人の流れがある場所だと思うんです。小さい頃、この場所で過ごすのが楽しかったので、それを次の世代にも見せてあげたいというのがあるんですよね。自分のこどもたちも、小さい頃から友達を何名か連れてきて、市場で遊んでましたよ。そうすると、ここで仕事をしている姿を見せられますよね。それに、市場で遊んだ記憶を、自分たちのこども世代にも引き継ぎたいという思いはありました」

一時はシャッター通りになりかけていた市場だったが、２００６年11月19日、「もとぶ手作り市」というイベントが立ち上がった。市場への入居を断られた知念正作さん（当時27歳）が、野菜市場を利用してイベントを立ち上げたのだ。「もとぶ手作り市」の評判は広まり、町外からも買い物客が集まるようになった。２００９年には新規出店が再開され、市場は活気を取り戻してゆく。もとぶ手作り市実行委員会は、沖縄県が復帰40周年を記念して２０１２年に開催した「うちなー地域づくりフェスタ」において、うちなー地域づくり大賞特別賞に輝いた。

「この市場は、ちょっと独特な場所だと思うんですよね。普通、町営の施設だとかっちりしているところが多いと思うんですよ。でも、ここは独立国家じゃないけど、フリーダムな雰囲気がある。だから色々面白い取り組みが始まって、手作り市のほかにも、映画の上映会やコンサートが開催されてきたんです。なにか面白いことを始めようと、雰囲気が似ている人たちが漂着してくる場所になっている気はしますね。枝が流れ着くかのように、本部半島のかどっこに、面白い人たちが流れ着いてくる。だから、もし建て替えるんだとしても、今の雰囲気を残してほしいですよね。どこにでもあるような公共施設にするんじゃなくて、シンプルな建物でいいので、面白い取り組みを続けていける場所になってほしいです」

隆央さんは貴重なスクラップを見せてくれた。そこには「もとぶ手作り市」を紹介した記事がずらりと保存されていた。初期に書かれた記事の多くは、巻末に「友寄隆央通信員」と署名がある。隆央さんは沖縄タイムスの通信員として、本部町のことを発信しているのだ。

私は「もとぶ手作り市」が立ち上げられた頃の様子を知らない。でも、スクラップを紐解くと、小さな取り組みが身を結び、それが記事になることで誰かの目に触れ、また新しい取り組みが立ち上がっていく軌跡が浮かび上がってくる。

記憶はやがて薄れてしまう。でも、言葉として記録されることで、記憶は歴史として引き継がれてゆく。

あなたが今目にしている光景は、あなただけのものだ。その視点から世界を見つめているのはあなただけだ。それを書き記せば、いつかは歴史の証言となる。そうして紡がれた記録から、未来を生きる誰かは、今の時代に触れることができるのだ。

コスメティックさくら

並里富子（右）
比嘉小夜子（左）

「やっぱり、売れると楽しいんですよ。売れなかったら苦しい。これが大変でした」（小夜子さん）

「でも、最近は売れなくても楽しいさあね。皆さんが遊びにきてくださるから」（富子さん）

TWANY
TWANY

――お二人とも、ご出身は本部ですか？

比嘉　はい。私は旧・上本部《かみもとぶ》。

並里　私は浜元です。浜元には大きなガジュマルがあって、これにぶら下がって遊んでました。

比嘉　こっちはもう、遊ぶのは皆、海でしたね。夏は泳いで、冬はお宮で遊んだかね。お宮が幼稚園だったんです。

――このお店はいつからあるんですか？

比嘉　私たちはまだ、5、6か年です。

並里　前はね、向こうにいたんですよ。

比嘉　渡久地十字路のところ――今は「ぺっぱー」という定食がある場所は、昔は宮城呉服店だったんです。私たちはそこに勤めてました。

並里　この方が宮城呉服店に入った年に、今の市場が完成したはずよ。

比嘉　そうなんです。その呉服店は、65年続いたお店でした。私はそこに40何年勤めてました。

――路地を挟んだ向かいから、ずっと市場を見てこられたんですね。昔の市場は、今とはまた雰囲気が違いますよね、きっと。

比嘉　あの頃はね、活気がありました。伊平屋・伊是名からの船も、こっちに入る頃ですからね。お盆やお正月になると、夜中の12時過ぎてもお客さんが見えてましたよ。

並里　でも、小さい頃は、市場に来ることはあんまりなかったね。

比嘉　そうね。親はいつも買い物に来ていたはずだけど、一緒に連れてこられるということは滅多になかったです。

並里　私たちが来るとしたら、中学の家庭科。

比嘉　そうそう。洋裁を習うのに、宮城呉服店で生地を買っていました。宮城呉服店に行けば、とにかくすべてがありましたね。

並里　そういう場合は、友達同士でこっちまで来てましたよ。生地を買ったあと、友達と一緒にぜんざい食べてました。

比嘉　新垣ぜんざいね。

並里　ひとり1個は買いきれなかったから、3名ぐらいで一緒に食べよったよね？

比嘉　うん。ひとり1個は食べられなかった。

並里　あと、運動会のタクアン買いに来たりね。

比嘉　運動会のときはカーブチーもね。あれは「運動会ミカン」という名前もついていました。

――そうやって市場で買い物するってことは、運動会っていうのはそれだけ大きな行事だった？

比嘉　そうですね。自分たちは、なかなか靴も買えなかった時代。学校行くのも裸足でした。でも、運動会とかお正月とか、そういうときだけは靴があるんですね。これを何年も履くわけ。

――おふたりが宮城呉服店で働き始めたのは、おいくつのときだったんですか？

比嘉　私は中学を卒業してすぐ。家庭科の先生がね、「あんたはこっちで働きなさい！」と。

――今の子だったら、先生からそう言われても反発する子もいると思うんですけど、すんなり働くことに決められたんですか？

比嘉　だから、しょっちゅう話すんですよ。「昔の生活がよかったね」って（笑）。どっちかと言うと、私は昔の人ですからね。「ここで働きなさい！」と言われたら、先生が紹介するぐらいだからジョートーだろうと思って、宮城呉服店で働くことになりました。もう亡くなりましたけど、とっても良い先生でした。ちょっと口は悪かったけど、温かみがありましたね。家庭科の時間にね、とっても丁寧に教えてくれたんです。

並里　生地を裁断するのも初めてだからね。

比嘉　そう。初めてだから、やっぱり雑なんですよね。「これでは駄目だよ」と、しっかり見本を見せながら教えてくれました。

並里　昔の先生は、怒るときはとっても怒るけど、切り替えが早かったですよ。10分後には、普通に接してくれる。私の学校には、りつこ先生という方がいたんです。あの先生に一番怒られたけど、とっても優しい先生でした。私のうちは貧乏だったから、りつこ先生がお米をきれいに包んで持ってきて、「これ、食べてねー」と渡してくれてました。だから、この年齢になっても、いつも先生の話をするんです。

――並里さんは、どんなきっかけで宮城呉服店に入られたんですか？

並里　私はね、最初は買い物しに来たんです。

比嘉　あんたは沖縄市だった？

並里　うん。中学を出て、コザで働いていたんですよ。それも紳士服と婦人服の店でした。コザはね、本部出身の方が多いんですよ。向こうで1か年働いたあと、体調を崩して帰ってきたんですけど、宮城呉服店に買い物にきたら、「あんたは今、何してるの？」と。今は遊んでると言ったら、「ちょうど従業員を募集してるから、入らんね？」と――これだけです（笑）。呉服店と言っても、呉服だけじゃなくて、婦人服全般を扱っていたんですよ。その頃はエトワール海渡の商品が多かったですね。それから、紳士服もありましたし、靴もあったよね。

比嘉　靴、あった。離島からも買い物に来てましたから、従業員はいつでも5、6名いましたけど、忙しかったですよ。

――中学を卒業したばかりで、忙しい職場で働いて。仕事にはすぐ慣れましたか？

比嘉　そうですね。でも、呉服店の奥さんは厳しかったですよ。椅子に座っていたら、「立って掃除しなさい!」と怒られてました。今の自分があるのは、奥さんが厳しく叱ってくれたおかげだと思っていますよ。私たちは住み込みで働いてましたけど、男の人と一対一で遊びに行くのは絶対駄目でしたね。とにかくもう、「操を守れ」と。

——中学を卒業したばかりの子を預かっているからには、という思いがあったんですかね。

比嘉　そうだと思います。あの時代はね、家庭用のお風呂はなくて、銭湯だったんですよ。仕事が終わったあと、夜に銭湯に行くんですけど、「下駄を履いて行きなさい」と。

並里　下駄履きだと、足音でわかるからね。

比嘉　一緒に働いている4名一緒に、カラカラ音を鳴らしながら銭湯に行ってました。

並里　あと、宮城呉服店のおじいちゃん——。

比嘉　そうそう。私たちが住んでいる部屋の隣に、おじいちゃんが住んでいたんですよ。自分たちはもう、遊びたい盛りなのに遊びに行けないから、ステレオを買って、うんとボリュームをあげて、ダンスをする。ちゃんとしたダンスはわからないから、嘘のダンスですけどね。「おじい!　起きて!」と言って、寝ているのを起こして、ダンスしよったんですよ。おじいはいつも付き合ってくれてました。

並里　普通だったら、「うるさい!」と怒るところですよね。でも、「若い者は好きにしたらいい」って、絶対怒らなかった。

比嘉　いつも朝早く起きて、この十字路を掃除してましたね。自分の店の前だけじゃなくて、十字路を全部掃除してましたよ。

——たぶんきっと、従業員の方の入れ替わりも結構あったと思うんですよね。時に叱られながらも、おふたりがずっと宮城呉服店で働き続けられたのは、何が大きかったんでしょう？

比嘉　何が大きかったかね？

並里　やっぱり、毎日が楽しかったからじゃない？　当時は４名が一緒に住み込みで働いていて、遊びに出かけるときも、常にこの４名が一緒だったんですよ。

比嘉　宮城呉服店は、紳士服だけじゃなくて作業服も扱ってましたから、海洋博の工事のときは大変でした。それでね、内地から工事の仕事で来てる人たちから、「今日、ごはん食べに行かないか？」と誘われることが結構あったんですよ。誘われたら、嫌とは言いません。「はい、行きます」と。ただし、一対一では行きませんでした。常に女４名一緒。「宮城呉服店の女の子をひとり誘ったら、必ず４名ついてくる」と噂になってましたよ（笑）。

並里　何をするにも一緒でした。

――そういうときって、どんなして遊んでたんですか？

比嘉　どんなの食べたかね？

並里　握り（寿司）はおぼえてる。

比嘉　ああ、握りね。握りなんて、このへんでは食べられませんでしたから、名護まで連れて行ってもらってました。

――すぐ近くに漁港があるから、握り寿司ではないにしても、お刺身を召し上がる機会は多かったんだろうと思っていたんですけど、そんなに口にする機会はなかったんですか？

比嘉　その当時は貧乏だから、買うお金がなかったんですよ。刺身を食べるということは、まずなかった。自分のお父さんはね、不精者だけど、「魚を獲って食べよう」って、皆と一緒に海に行ったことがあるんです。そうしたら、ダツ（鋭く尖った口を持ち、捕食のために飛びかかる習性を持つ魚）が飛んできて――。

並里　お父さんが目をやられてね。

比嘉　あの頃はさ、良い病院がないわけですよ。今帰仁村に小さな病院があって、そこで治療してもらったんですけど、うちの親父は片目が見えなかったはず。

――市場だけじゃなく、本部の町自体も、昔と今とでは全然違っていたんですね。海洋博の工事で来てる内地の人と遊ぶのも、本部町内ではなく？

並里　名護まで行きよったよね？

比嘉　そう、名護でした。

並里　名護にはバーがいっぱいありましたよ。

――4名一緒だとしても、内地の男性と食事に行くのは、照れくさい気持ちもありましたか？

比嘉　うん、ありました。あの頃は、普段は共通語というのは使ってませんでした。方言だけですから、恥ずかしいという気持ちもありましたね。でも、食事に行こうと誘われたら、「はい、行きます！」と答えてました（笑）

並里　もう、若いからね（笑）

比嘉　美味しいものを食べれるのが嬉しかったから、恥ずかしいなんてわからなかった。もう、毎日のように誘われてましたね。

並里　海洋博のときは、ほんとに忙しかったね。朝から晩まで、いろんな方が買い物にいらしてましたよ。建設業の方だけじゃなくて、役場の方とかね。

比嘉　市場の2階はホールになっているから、結婚式はほとんどここっちでやってました。それから、成人式もここでした。

並里　成人式のときに、振袖姿でここを歩くのが一番の楽しみだったんですよ。

――そうすると、成人式の時期はまた、忙しくなるわけですね。そうやって長年勤めてこられた宮城呉服店が閉店して――そこから自分たちでお店を始められたきっかけは何だったんですか？

比嘉　いや、自分たちでお店をやるってことは、まったく考えてなかったんですよ。あとはのんびり過ごすつもりでいたんですけど。

並里　だけど、宮城呉服店のお客さんが、「私たち、これからどこで下着買うね？」と。あ、そうだね、と。その時期に、ちょうどこの場所が空いていたんですよ。うむがー焼き屋をやっている、玉城淳さんわかります？　この場所は、淳さんのお母さんがミシンを使って洋服屋をやっていたんです。でも、お母さんが急に亡くなって、この場所が空くことになったから、そこに私たちが入ることにしたんです。

比嘉　だから、半分は遊び場みたいな感じですよ。営業時間は5時までなんですけど、仕事帰りに寄ってくれる方もいるから、結局いつも6時半頃まで開けてます。

――宮城呉服店が閉店したあと、自分たちで商売をするつもりはなかったというのは、商売の大変さを身に染みて感じてらした？

比嘉　それもあるかもしれませんね。やっぱり、売れると楽しいんですよ。それで、売れなかったら苦しい。これが大変でした。

並里　でも、最近は売れなくても楽しいさあね。皆さんが遊びにきてくださるから。これぐらいの時間になるとね、94歳になる方がいらっしゃるんですよ。週に4回は見えるんだけど――あ、ちょうどいらっしゃった。

松田　あら、こんにちは。

比嘉　こちら、橋本さんです。

――お邪魔してます。橋本です。

松田　ちょっと変わったお名前ですね。どちらのお方なんでしょう？

――出身は広島です。

松田　広島――爆弾の落ちたところですね。自分たちは古い人間ですのでね、広島と長崎のことは一杯読みました。だからもう、全部頭に入っています。沖縄には、ああいう爆弾は落ちなかったけど――今日、10月10日というのはね、私の世代にとっては体育の日じゃないんですよ。これは十・十空襲*の日なんです。

比嘉　この年代の方は、皆さんそうおっしゃいます。

松田　あの当時は、日本の兵隊さんがすぐそこに住んでいたんですよ。私の家族はその土地に住んでいました。でも、兵隊さんが来るから、引っ越してちょうだい、と。朝起きたら、「米・英・撃・滅！」と言いながら、兵隊さんが走ってるんですよ。十・十空襲の日――私たちの頭の上を、飛行機が飛んでいくんですよ。だけど、兵隊さんたちもいつもと変わらず過ごしているから、「ああ、今日は演習なんだ」と思っていた。そうしたら、しばらく時間が経って、遠くのほうで黒い煙が上がっている。そこで「これは空襲だ！」と気づいたんですね。

比嘉　こちらは、もともと糸満の方なんです。

松田　本籍だけが糸満です。父親は教員だったものですから、あちこち転々と歩いてました。戦後になって、「本籍地に戻るように」と言われましたけど、誰も知り合いはいないんですね。だから、故郷はどこですかと言われても、故郷はないんです。自分たちはあまり苦労もせずに生きながらえてますけど、向こうでは大変なことがあったらしいですよ。戦後になって、いろ

＊十・十空襲……昭和 19 年 10 月 10 日におこなわれた、アメリカによる大規模な空襲。那覇市の市街地の約 9 割が焼失し、南西諸島各地が広範囲に被害を受けた。

んな話を聞きました。南洋から帰ってきたこどもなんかでも、首に傷跡があるんですよ。親が「一緒に死のう」と刃物で切ったんだけど、その子は生きながらえたんですね。戦争のおそろしさは、戦後になって知りました。ただ、うちの父親はね、沖縄に日本の軍隊が入ってきた時点でね、頭を振っていました。おそらく、これからどんなことになるか、わかっていたんでしょうね。私たちはこどもでしたから、何にも知らずに軍歌で育ってます。

比嘉　松田さんは、軍歌上手ですよ。

松田　国民学校に通ってましたからね。最初にアメリカ兵を見たときのことは、はっきりおぼえてますよ。ちょうど忘れ物をしたから、取りに行こうねって、いとこと一緒に歩いてたら、アメリカ兵がいた。背が高くて——。

並里　目が青くて。

松田　もう、恐ろしかった。「どうする？」「逃げる？」って、小さな声で話し合うんですけど、足はがくがく震えてました。逃げると言ったって、鉄砲の先はこっちを見ているわけですよ。「やっぱり、手を挙げて降参しようね」と話し合っていたら、アメリカ兵が「かむわん、かむわん」（Come on）と言っている。あれ、この人たち、「構わん」って言ってる。アメリカ兵って日本語わかるんだねって言いながら投降したら、日本語で書いたビラを見せられたんですね。「女子供は安全な場所に連れて行きます、何も怖いことはありません」と。これ、本当かしらねと思いながらついて行くと、戦地用のレーションをナイフで切って差し出してくる。私といとこは、「これはきっと、毒が入っているよ」と囁きあって食べずにいたら、アメリカ兵は自分で一口食べてみせて、もういちど差し出してくる。そんなふうにしながら、山から降りて行ったら、私の母親たちも捕まってました。そこにハワイ帰りのおじいさんもいたんですね。私たちがほとんど荷物を持っていないのを見ると、「こんな格好で山から下りてきて、どうするつもりか」って、そのおじいさんが言うんですね。「アメリカ兵は、お前たちを生活させるために連れてきたんだよ」と。アメリカ兵はね、私たちをジープに乗せて、また山奥に連れて行ってくれました。そこで行李を取り出して——アイス氷ではないですよ——アメリカ兵が運んでくれました。アメリカ兵って親切なところもあるんだなと感心しましたね。

——戦争中には、鬼畜米英と教えられていたけど、実際に接してみると、アメリカ兵の中には紳士的な人もいるんだ、と?

松田　そうです。戦争が終わって、生きていくのに、働かなければなりませんよね。若い人たちは皆、軍作業に出たんですよ。私たちは年齢が足りなくて、働きに出れませんでしたけど、洗濯の仕事をする人が多かったですね。アメリカ兵の服を洗濯する。そこで働いて、洗剤をもらってきたり、歯ブラシをもらってきたりね。軍の仕事をしている人たちの家庭は、皆立派でしたよ。でも、女子供だけの家庭は、食べるものがなかった。配給だけだから、白いごはんを食べたことはありませんでした。貧乏暮らしはしたけれど、生きるためのあがきっていうんですかね。人の家に入ったら、今だと泥棒になりますよね。でも、あの時代、「どこのおうちに住んでもよろしい」とアメリカ兵に言われていたんです。「ここはすべてアメリカのものだから、畑に植えてあるものも、勝手に採ってよろしい」と。そんな時代を生き抜いてきてるから、昔の人は生きながらえていく精神が強いですよ。それに比べると、戦後生まれの人たちはいけません。

比嘉　いつもこの話になるんです（笑）

――この市場も、随分昔からご覧になってきたんですか？

松田　ここは昔、「マーケット」と呼ばれていたんです。こないだ、タクシーに乗ったとき、「マーケット前で降ろしてくださいね」とお願いしたら、「その呼び方、懐かしいですね」と運転手さんがおっしゃる。今は何と言うのかと尋ねたら、「マチグヮーです」と。マチグヮーというのは、小さいお店が一杯並んでいるところでしょう。ここはね、「マチグヮー」じゃなくて、立派な「マーケット」だったんですよ。

――皆さんはもう、ずっと昔からお知り合いなんですか？

比嘉　宮城呉服店の頃から――もう何十年になりますね。

松田　長いお付き合いですよ。服から何から、この方たちから買うんです。何を買うにしても、ここにくれば事足りる。店頭になければ、すぐに取り寄せてくれる。そういうお店があると、非常に助かります。市場で手に入るものは市場で買う。ここで買えば、そこのお店の方がまた、別のお店にお金を落とすでしょう。だから、市場で買えないものが必要なときだけ、スーパーに行く。こういうふうに生活してます。おにぎり一個でも、市場で買うようにしてますね。市場とスーパーでは、買い物する人の心が違います。ここで働いている方たちも、皆さん真心を持って働いてますよ。だから、町長さんにも、ここを「マーケット」にふさわしい場所にしてもらわないと困ります。

――耐震強度の調査が入って、市場を解体する話が出たときは、どう思われましたか？

並里　いや、突然の話でしたから、びっくりしましたね。

比嘉　もう、とにかく歴史が長い場所ですからね。生活がやっていけなくなりますよ。

松田　これはね、難しいですよ。自分たちは年寄りだから、電話でもガラケーで間に合っています。これ以上進歩したら使えません。名護まで買い物に行くときは、自分ひとりでは買えないから、必ず孫と一緒に行きます。お弁当を買うときでも、店員さんに注文するんじゃなくて、ピッピッピッと機械を操作する。それだけでお弁当が出てくるんですよね。魔法に憑かれたみたいで、あんな見事な振る舞いはできません。だから、ひとりで向こうに行っても、じいっとする以外ないんですよね。もうちょっと年寄りのことを考えてくれたらいいのになと思うことはたびたびありますね。

比嘉　あまりにも進歩し過ぎていますよね。

松田　だけど、新しく市場を建てるにしても、お金が必要ですからね。橋本さん、次いらっしゃるときは、大きな袋にお金を詰めていらしてください。

比嘉　橋本さんは、物書きだそうですよ。

松田　物書きはね、ほんとうのことを書いてくださらないと困ります。自分なりの考えで書くというのではいけませんよ。この土地に暮らしている住民の心をつかまえて、それを言葉にしてもらわないとね。

にしき屋

大見謝文子
外間治子

「戦後間もない頃は、ここはテントで作られた市場だったよ。あの当時はとっても賑やかだった。自分なんかはよ、お父さんが獲った魚を売りにきよった」

渡久地十字路に、赤字に白抜きで「営業中」と書かれた幟がはためいている。その幟を目にするたび、どこかホッとした気持ちになる。そこは「にしき屋」というお弁当屋さんだ。開店時刻は10時だが、正午を待たずに売り切れとなって、幟が下げられる日も少なくないのだ。

店主の大見謝文子《おおみじゃふみこ》さんは昭和６（１９３１）年生まれ。93歳を迎えた今も、お店に立ち続けている。

「私が生まれたのは、静岡なんですよ。自分のお父さんは、伯母さんたちと一緒にお米屋さんをやっていてね。伯母さんは大阪の大正区にお店を構えていて、その支店を作るということになった。それで私のお父さんが静岡に行くことになったんだけど、私が生まれてすぐ、大正区に引っ越してね。当時はまだこどもだったから、あんまりわかってなかったけど、大阪万博の頃に大正区の伯母さんを訪ねて行ったことがあるよ。あのあたりに住んでいるのは、ほとんど沖縄出身の人だった。こっちは備瀬、こっちは並里と、本部出身の人もたくさんおったよ。あっちを振り向いても、こっちを振り向いても、皆沖縄の人だった」

文子さんの両親もまた、沖縄出身だった。父・金城順徳《じゅんとく》さんは、昭和10（１９３５）年頃、家族を連れて郷里の本部町に引き揚げてきた。「お父さんは長男だったから、年をとった親の面倒も見ないといけないし、それで帰ってきたんじゃないかね」と文子さんは振り返る。

「うちの曽祖父《うふおじぃ》は、もともと首里にいたんだけど、教員として本部に派遣された人だった。だから、おうちには本がたくさんあったけど、ほとんど候文で書かれていたから、自分たちには全然読めなかった。沖縄に帰ってみると、おばぁは豆腐屋をやっていて、おじぃはいろんなものを作りよったよ。昔の雨合羽——これは『ヌー』と呼んでいたけど、ヤシの皮やなんかで雨合羽を作っていた。ゴザも打つし、竹を編んでお芋を入れる籠も拵えるし、なんでも器用に作っていたね。それから、伊平屋方面、奄美大島方面の船が入ると、ワタサーもやっていたよ。船から陸に荷物を渡すのをワタサーと呼んでいた。だから、おじぃはとっても忙しかった。そのおじぃが、『お前は長男だから、学校で教員をやりなさい』と言ったんだけど、うちのお父さんは『自分は漁師をやる』と言って断っていたよ」

順徳さんの実家は浜元という地区にあり、海はすぐ近くにあった。魚釣りの経験はなかったけれど、順徳さんは地元の漁師と仲良くなって魚のとりかたを教わり、漁師になったのだった。

「あの当時はね、山川にも4、5名は漁師がいたね。漁師の人たちはね、ときどき一か所に集まって、『どこの海は魚が釣れるよ』とか、『こっちは危ないところだよ』とか、情報交換しよった。お父さんは自分のサバニを買ってから、潜りもやるようになってよ。本部の市場から、『金城さん、タコがほしいんだけど』と魚屋さんが訪ねてきたら、『ちょっとお茶飲んで待っててよ』と言って海に出よった。船を出して、海に潜る。15分もしたら、『大きいタコが入っていたよ』と戻ってきて、魚屋さんは大喜びして帰って行きよった。私が小学校4年生になる頃にはもう、お父さんはベテランになっていたよ」

　文子さんが小学校4年生になった年――昭和16(1941)年、日本はアメリカに宣戦布告し、太平洋戦争が始まる。最初に話を聞かせてもらった日、文子さんは「あの戦争はもう――本当に色々あった」とだけ語っていた。「相当苦労もしたし、難儀もしたけど、この話を始めたら、2ヶ月経っても終わらんはずよ」と。ただ、3度目に話を聞かせてもらった日には、ひとつだけ戦争の記憶を聞かせてくれた。

「あれは何部隊と言ったかね。お父さんのところに、位の高い軍人さんが3名やってきたのよ。『戦争が目の前まで迫っていて、自分たちは伊江島を守らなきゃいけないから、ぜひ船で乗せて行ってくれ』と。その頃にはもう、空襲がしょっちゅうきよったから、伊江島まで船で連れて行くというのは大変なことだった。昼間はとても渡れないし、夜中に船を出しても、照明弾が打ち上げられたら敵に見つかってしまう。お父さんは迷ったんだけど、『もし乗せていってくれたら、お米をあげるから』と言われて、家族のためにとOKしたわけよ。それで、この3名を自分の船に寝かせて、ソテツの葉っぱで覆って隠しておく。お父さんは船を漕いで、照明弾が上がると思ったら海に飛び込んで身を隠す。そうすれば、照明弾で明るくなっても、ただ空船が浮いているようにしか見えないからね。そうやって何度も海に飛び込みながら、一晩かけてどうにか伊江島まで送り届けたのよ。それで、『この場所に米を隠してあるから、それを持って行ってくれ』と言われて、お父さんは私を連れて山の中に出かけて行った。山の中には細い線があちこちに張り巡らされていて、『お父さん、これ何ね?』と聞いたら、『これを触ったら、自分たちも終わりだよ』と言うわけ。おそるおそる山を登って、言われた場所に行ってみたんだけど、どこにもお米はなかった。お父さんはもう、腹は立つし、悔しくて涙を流しているんだけど、『戦争のときはお互い様だからね』と言っていたよ。それを聞いたら、お父さんが可哀想になってよ。軍がどうなろうが、お父さんはどうでもよかったはず。ただ、家族にお米を食べさせたいという一心で、軍人さんの頼みを聞いたはずよ。でも、お米はどこにもなかった。それなのに、『こういうときはお互い様だから』と言っているわけよ。あれだけは忘れられない。本当に優しいお父さんだった。もう、戦争の話はこれで終わり」

戦時中、アメリカの捕虜になった住民は収容所に入れられた。本部の人たちは旧・久志村《くしそん》、辺野古にほど近い場所にある大浦崎収容所に運ばれた。海沿いを通りかかると、そこには日本兵の遺体がたくさん横たわっていて、「手を合わせながら通り過ぎた」のだと文子さんは話してくれた。収容所に辿り着いてみると、そこにはテントがあるだけで敷物もなく、大きな葉っぱを刈ってきて布団がわりにしなければならなかった。文子さんの記憶によれば、収容所での生活が2、3か月ほど続いたのち、ようやく本部に帰ってくることができたのだという。渡久地区には日本軍の弾薬庫があり、戦争で8割近くが焼失していた。

「戦後間もない頃は、ここはテントで作られた市場だったよ。とっても賑やかだった。自分なんかはよ、お父さんが獲った魚を売りにきよった。お父さんが港までサバニで運んでくれて、魚を売って、帰りはおうちまで歩く。17歳の頃からは、私が自分で魚を仕入れて売りよったよ。グルクンとかクルビラーとか、いろんな魚が混じっているのを、漁師の人から10キロ単位で買ってくる。この魚が入ったタライを頭にのっけて、各部落を売ってまわるわけ。まだ若いから、恥ずかしいという気持ちもあるんだけど、商売するのは楽しかったよ。人とやりとりすると、言葉遣いも礼儀作法も勉強になる。また、魚を売り終えたあと、お金の計算するのが楽しみだった。家に帰ると、お父さんが『今日はいくら儲かった？』と聞いてくるわけよ。少し分けてあげたら、お父さんも喜ぶし、お金を貯めてきょうだいにも靴や上着を買ってあげてね」

文子さんは9名きょうだいの次女だった。自分用に買ってきた靴でも、弟や妹が「自分も履きたい」と言えば、譲ってあげていた。きょうだい仲良く暮らしていたところに、21歳を迎えるあたりで縁談が舞い込んだ。

「お父さんが急に、『お嫁さんがほしいという人がいたから、こんどお前を嫁にやることにした』と言ってきたわけよ。もう、びっくりしてからよ。『私、動物ね？』って、お父さんとウンと喧嘩したよ。1週間ぐらい口を利かんかった。でも、今となっては、こっちに嫁いできてよかったと思うよ。娘が6名いて、それぞれ良い家庭に行っているから、私は幸せ者よ」

夫の大見謝恒順《こうじゅん》さんもまた、父と同じく漁師で、カツオ漁の餌に使うキビナゴを獲っていた。そんな恒順さんのもとに「基地で働かないか？」と誘いがあった。それは料理人の仕事だった。飲食店で働いた経験があるわけでもなければ、英語が話せるわけでもなかったけれど、恒順さんは基地で料理人として働く道を選んだ。

「うちのお父さんは、八重岳で働きよったよ」。文子さんは夫・恒順さんのことも「お父さん」と呼ぶ（ここから先に登場する「お父さん」は、すべて夫の恒順さんを指す）。「八重岳に米軍の通信所があって、お父さんはそこでコックの仕事をしていた。そのうち、『あんた、ガイジンの洗濯の仕事をやってくれないね？』と言われてね。まだこどもが小さくて、外に働きに出れなかったから、『やるよ』と言った。その仕事を受けたら石鹸がもらえて、家族のものまで綺麗に洗えるから一石二鳥だったよ。あの時代は、ジュラルミンの木炭アイロン。少しでもクシャクシャしてたら、洗濯し直せって返されることもあったらしいけど、私は綺麗にアイロンを当てないと気が済まないから、返されたことは一度もなかった。おかげでこどもたちの服も綺麗に洗濯して、ピシャッとアイロン当てて学校に行かせよったよ。お父さんも私も、給料が多いわけじゃなかったけど、お父さんが余った食材を持ち帰ってきて、これでお弁当を持たせよった。だから、近所の人たちには『大見謝さんのところは、お金が一杯あるおうちだね』と勘違いされよったね」

八重岳の通信所は、昭和25（1950）年にアメリカ陸軍が開設したものだ。また、旧・上本部村には米軍の上本部飛行場があった。これは昭和20（1945）年、日本本土進攻に向けた偵察機用の飛行場として建設されたものだ。今では八重岳の通信所は無人になり、上本部飛行場は返還されているけれど、当時は本部町内にもアメリカ兵が数多く暮らしていたのだ。

「うちのお父さんはコック長になってね、英語も話せるようになっていたから、週に3日も4日もガイジンさんと飲みに行きよった。注文するにしても、お金の計算をするにしても、お父さんが通訳してからね。渡久地から谷茶方面にかけて、飲み屋が一杯あったよ。こっちは皆、バーだった。それから、料亭も2軒あったね。それで、私が父さんを迎えに行くと、ガイジンさんが『これを持って行きなさい』と、洋服に隠してあった赤玉（※煙草のラッキーストライク。デザインから「赤玉」と呼ばれた）を差し出すわけよ。これを闇に流すのは禁止だから、こっそり買って、本部の業者に売りに行く。たまにウィスキーを渡されることもあったけど、これは本部では売らずに、名護まで持って行きよった。もしこれがバレたら、お父さんはクビになるし、大変だからよ。いつも周りに注意しながら、名護まで売りにいく。向こうで『お姉さん、どこから来たの？』と聞かれても、『久志村です』って、反対の方向を答えよったね。怖かったよ、あのときは」

戦後の混沌とした時代には、皆生きるのに必死だった。

かつて沖縄には「戦果《せんか》アギヤー」がいた。「戦果を挙げる者」を意味する言葉で、米軍基地に忍び込み、食料品などを盗み出す人たちのことをそう呼んだ。

佐野眞一『沖縄 だれにも書かれたくなかった戦後史』(集英社)の中で、当時沖縄国際大学教授(現在は名誉教授)だった石原昌家は、「当時の沖縄にあっては、女の子が結婚相手として一番憧れたのが、〝戦果アギヤー〟だったんです。それとワンセットの形で、トラックのドライバーが憧れの的でした」と語っている。基地に出入りするドライバーの家には、戦果が宝の山のように積まれていた。石原の著書『大密貿易の時代 占領初期沖縄の民衆生活』(晩聲社)には、戦果とは「民衆の『戦闘』」であり、「その行動は、肉親を奪われ三ヵ月近くも生と死の極限状況下に追いつめられていた人間の、怒りの爆発とでも形容できまいか」と綴られている。戦果は船で運ばれ、密貿易ルートが形成されてゆくのだが、渡久地港もその拠点のひとつとして賑わった。

石原は昭和20(1945)年から昭和27(1952)年までを「大密貿易時代」と規定している。昭和25(1950)年に朝鮮戦争が勃発し、冷戦構造が深刻化するにつれ、戦果アギヤーは厳しく取り締まられるようになり、「大密貿易時代」は終焉する。

文子さんが結婚したのは、ちょうど「大密貿易時代」が終わった頃だ。だから、その頃にはもう、戦果アギヤーは姿を消していた。ただ、その時代にも、知り合いの米兵からアメリカの物資を買い取って、闇に流して生活費の足しにする人は少なくなかった。文子さんもまた、そのひとりだった。

「にしき屋」の歴史が始まるのは、さらに時代が下り、沖縄の復帰が目前に迫った頃だ。

戦後間もない頃から、本部には2軒の映画館があった。だが、1960年代後半を迎える頃には2軒とも閉館してしまう。このうちの1軒、「本部沖映館」を経営する金城さんから、「こっちを借りて、何か商売やらんね?」と声をかけられ、文子さんはパーラーを始めることにした。

「そこは学校通りになっているし、向かいは警察だから、場所が良いんじゃないかと思って始めたわけよ。こどもを7名も養わんといかんから、ここで商売をやろう、と。最初は天ぷらとぜんざいの店だった。そのうち、八重岳の通信所から米軍が引き上げて、お父さんもこっちに下りてきてよ。財産があるわけじゃないし、働かないと生活できないからということで、お父さんもお店に入り込んできたわけ。それまでは軽食の店だったけど、お店を大きく広げて、レストランにしてからや。洋食ランチと、ステーキがよく売れよった。まだステーキなんか珍しかったから、会合があるときは注文が入って、役場まで運びよったよ。牛の形をした鉄板にのせてね。また、ステーキのタレもお父さんが自分で作りよった。ニンジン、ジャガイモ、ほうれん草――いろんな野菜をたくさん入れて、長い時間かけてタレを炊きよったね。パパイヤの皮でも何の皮でも、捨てずに綺麗に洗って、これを炊いてタレを作る。あれはもう、奇跡のタレであったよ」

今では「もとぶ牛」が特産品になっているけれど、その時代はまだ、本部でステーキ用の牛肉は手に入らなかった。だから、恒順さんはいつも、基地の街として栄えたコザまで牛肉を仕入れに行っていたという。「お父さんがお肉を切ったら、どれもピッタリ200グラムになっていて、あの包丁さばきには驚いたね」と、文子さんは当時のことを思い返して、目を丸くしながら語ってくれた。

「にしき屋」は老舗の食堂として親しまれてきたが、2012年、建物の老朽化によって閉店することになった。すぐに移転先を探したけれど、初期費用まで含めて考えると、予算に見合った場所は見つからなかった。そんなとき、市場に空き店舗が出ていると知り、現在の場所に移転することになった。それが2014年1月のことだ。恒順さんは2016年に亡くなり、今は長女の外間治子《ほかまはるこ》さんとふたりで切り盛りしている。

現在の店舗は、ガラス張りになっていて、渡久地十字路が見渡せる。ここから見える風景は、10年の間に様変わりした。2013年に県道84号名護本部線の道路拡張工事が始まり、道路沿いの建物は立ち退きを余儀なくされた。

「渡久地には洋服屋もあるし、さしみ屋もあるし、お菓子屋もあるし、昔は賑やかな渡久地の街であったよ。でも、道路工事が始まって、琉球銀行《りゅうぎん》と沖縄銀行《おきぎん》が大浜に移転して、こっちは田舎町になっている。ここから伊豆味に向かう道路、これの右側には、食堂もあれば、時計屋もあれば、パーマ屋もあれば、化粧品屋もあれば、ずうっと店が続いていたよ。でも、そこは皆、工事をするために空き地になっている。『5か年後には立派な道路ができている』と県は言っていたのに、5年経っても全然道路ができる気配はないよ」

県道84号名護本部線の工事について、沖縄県議会で取り上げられたのは、2012年のことだった。質問に立ったのは、本部町出身であり、国頭郡区から選出された県議会議員・具志堅透だ。

この道路は「国営海洋博記念公園へのアクセス道」であり、「大型バスなども多」く行き交っているけれど、「本部町役場を中心とした伊野波給油所前からホテルモトブリゾート付近において幅員が狭く、バリアフリー化もされていない」。この区間は「高校・中学・小学校の通学路」でもある上に、「渡久地の中心地へ観光客を導くプロムナード」として「観光客の誘導ができつつあ」るけれど、道路の幅員が狭いために「その利用にも不便を来している現状」である。「車両や歩行者の安全を確保するためにも早急な改良、歩道の拡幅整備、バリアフリー化」の整備ができないか——と具志堅は尋ねた。

この質問を受けて、当時の県知事・仲井眞弘多は、「本道路は、海洋博公園へのアクセス道路として重要な路線」であり、「本部町役場前の約1・5キロメートルの区間」における「車両や歩行者の安全を確保するため、平成25年度からの新規事業として本部町と連携をし、拡幅整備に取り組んでまいります」と答えている。その言葉通り、2013年に事業は着手され、用地買収及び渡久地橋の架け替え工事が始まった。だが、予算の確保が課題となり、工事は一向に進まず、2023年度末における進捗率は事業費ベースで約51パーセントに留まっている。

道路の拡幅工事に向けて、渡久地十字路にあった建物のうち、県道84号線を挟んで市場の向かい側にあった琉球銀行本部支店は解体され、今も空き地のままだ。市場の対角線上の区画も空き地になっている。この並びには、4軒の鮮魚店と1軒のかまぼこ屋さんが軒を連ねた建物もある。工事が進むと、ここも立ち退きを余儀なくされてしまうのだろうか。それは気ままな旅行客の考えだとわかっていても——いや、この道をプロムナードとして遊歩する観光客であるからこそ——昔の町並みが残っているほうが魅力的なのにと思ってしまう。

県道84号線沿いには、2025年の夏に「ジャングリア」というテーマパークが開業する。「ジャングリア」と「美ら海水族館」を結ぶこの道路は、交通量が一気に増加していくのだろう。

ここを行き交う観光客は、「営業中」の幟に目を留めるだろうか？

「にしき屋」の前に幟が出ていると、ホッとした気持ちになる。ここに立ち寄って、文子さんに話を聞かせてもらっていると、戦前・戦中・戦後を通じて本部で営まれてきた暮らしに触れることができるのだ。

Ribbon　平安山弥生

「私の中には、市場に制服店がなかったら駄目だろうって気持ちがあるんですよ。ここで店を始めたときから、よそに移ることはまったく考えなかったですね」

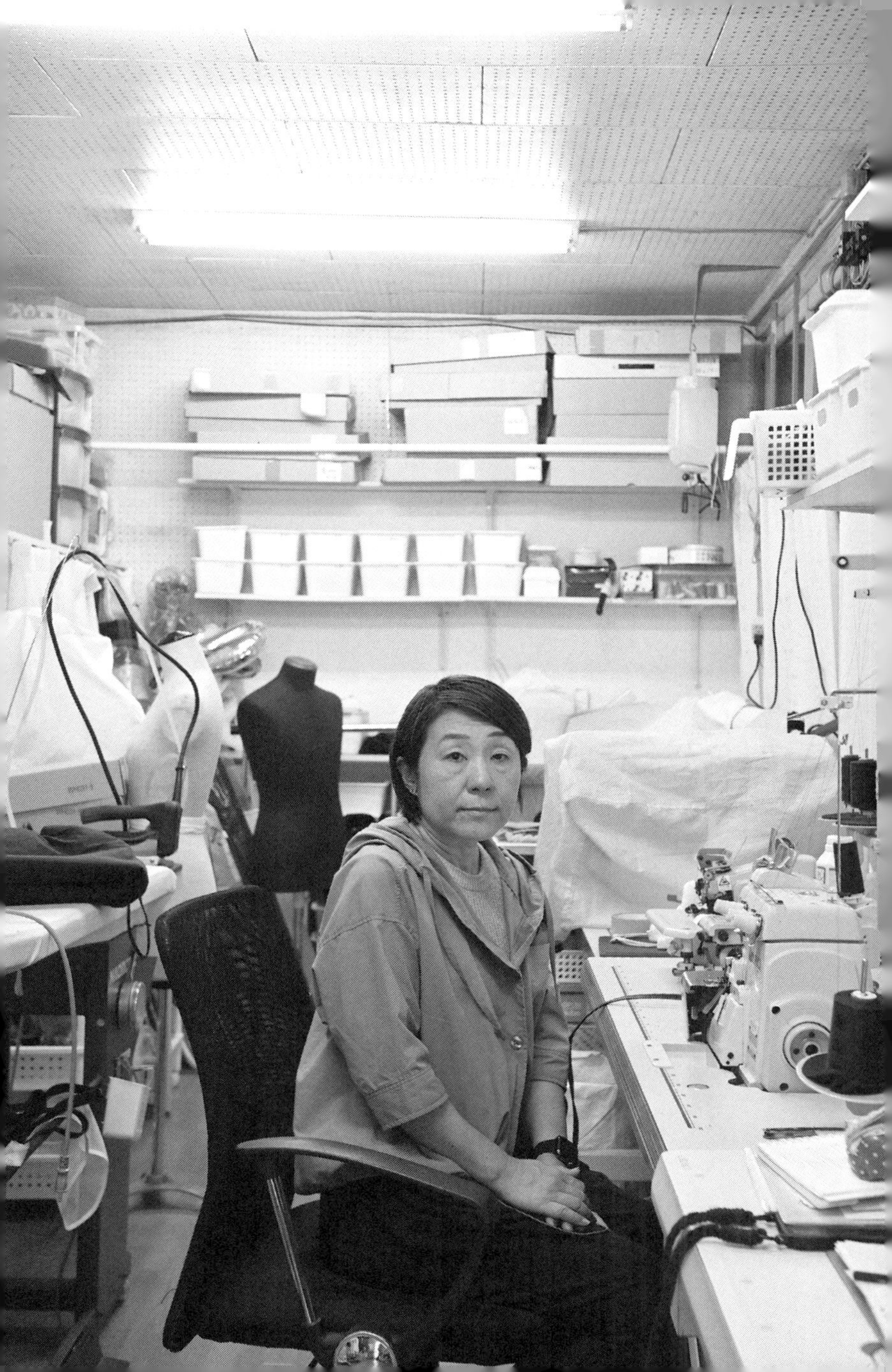

市場にはひとつだけ自動ドアがある。その扉があるのは、学生服の店「Ｒｉｂｂｏｎ」だ。ただし、電源は抜かれてあるから、ボタンを押しても動かず、引き戸のように手動で開ける必要がある。

「ここはもともと、農協さんのキャッシュコーナーだったんです」。店主の平安山《へんざん》弥生さんはそう教えてくれた。「今は隣の区画も借りて、壁を壊して広くなりましたけど、最初はすごく狭いスペースしかなかったんですよ。その当時、市場に空き店舗があっても、新しく誰かに貸すってことはしてなかったらしいんですけど、ここの区画は『こんな狭いところで何ができる？』って広さだから、借りようとする人は誰もいなかったんでしょうね。そこを私が貸してもらって、お店を始めたんです」

　弥生さんは昭和45（１９７０）年埼玉県生まれ。短大卒業後は都内の会社に就職し、実家から通勤していた。そんな弥生さんが沖縄への移住を思い立ったのは、就職して3年近く経ち、仕事にも慣れてきた頃だった。

「私は一人っ子だったので、実家にいる間は、何でも自分が思うようにやらせてもらっていたんですね。20代になって、『これじゃいけないのかな？』と思って、自分で自分のレールを引いてみようと思ったんです。できれば埼玉から一番遠いところに引っ越そうと思って、北海道か沖縄にしよう、と。その当時、ほとんど毎週のようにスキーに行っていたので、雪国の景色は見慣れていたんですね。それよりは沖縄のほうが馴染みがなかったですし、服装を考えると南のほうが楽かなと思って、沖縄に住むことにしたんです」

最初に暮らしたのは那覇だった。そこで会社勤めをしているうちに、本部町出身の男性と知り合い、結婚。夫は長男だったこともあり、娘が生まれたタイミングで本部に移り住むことになった。１９９９年のことだった。

「こっちに引っ越してくる前から、年に1回は主人の実家に挨拶に来てました。その頃から、市場のあたりに立ち寄ってはいるんですよね。その当時、ここの向かいは呉服屋さんで、そこで上着を買ったこともありました。そこに銀行があって、洋服屋さんがあって、お肉屋さんがあって——本部の人は皆、ここで買い物するんだろうなってイメージですよね。でも、私は外から来た人間だから、お買い物は名護に行ってしまうことが多かったような気がします」

弥生さんは当時、県道84号名護本部線沿い、渡久地十字路から２００メートルほどの場所にあった「ファミリーマート」（本部渡久地店）でアルバイトをしていた。働いている間はこどもを保育所に預けていたから、市場の前はよく通りかかっていたけれど、買い物に立ち寄ることはなかった。そんな弥生さんが、市場に店を構えるきっかけとなったのは、長女が幼稚園に入学したことだった。

「幼稚園に入ると、昔は園服《えんぷく》があったんですよ。お洋服の上から羽織る、『本部幼稚園』って書かれた服。あんな簡単な園服だったら、私にも作れるんじゃないかって、そのとき思ったんですよね。当時は市場で洋裁をやっているおばさんたちが何名かいたので、様子を見に行ったんですよ。そうしたら、ちょうど園服を作っていたんですけど、新聞紙の裏で型紙をとって、ボタンがひとつ付いているだけの簡単なものだったんですよね。あれだったら私も作れるはずと思ったのが最初だった気がします」

弥生さんの母も、縫製の仕事をしていた。お母さんが働いていたのは縫製工場だったから、その仕事ぶりを見て育ったわけではないけれど、弥生さんも小さい頃から縫い物は好きだったという。

「おうちにミシンはなかったんですけど、友達がミシンを持っていたので、高校生のときはそれでスカートの裾を直したりしてました。だから自然と、こどもが生まれたとき、お洋服を作ってあげたいなと思ったんです。それで安くて小さいミシンを買ったのが最初ですね。それと、世代的にバブルの時代も知っているので、ブランド物のお洋服に子供服があるのも見ていたんですよ。せっかくだから、一着は良いお洋服を買ってあげたくて。そのかわり、あとは出費を抑えるために、端切れで服を作っていたっていうのもあります。『この子が大人になるまで、服を作ってあげたい』とまで思っていたわけじゃないんですけど、娘が小さいうちは、本を見ながら作ってましたね」

娘が通っていた渡久地保育所も、本部幼稚園も、本部小学校も、市場の近くにあった。ただ、当時の市場には若い世代の店主はいなかったし、「入居者募集」と貼り紙が出ていたわけでもなかった。

「だからね、自分でも不思議なんですよ」と弥生さん。「なんで私、お店をやろうと思ったんだろう。なんでここに飛び込んだんだろう。だって、最初はこの半分しかなかったんですよ。ただ、自分で作ったこども用の髪飾りだとか、そういう小物を作って売れたらいいなって、漠然と考えてはいたんですよ。そうしたら、こどもを小学校まで送迎するとき、ここが空いてるのが目に留まったんですよね。ここだったらこどもを送迎しやすいし、学校帰りにはここで遊んで過ごさせることもできる。それで役場に問い合わせたのが始まりです。あの頃の自分は、とにかく一生懸命だったんでしょうね」

こうして2005年、弥生さんは市場に「Ribbon」を開店。その店名からも——そして、現在でも扉に「Wrapping & Goods」の文字が残されていることからもわかるように、最初はラッピングと雑貨の店として開業した。当時すでにインターネットの通販サイトが普及しており、結婚式の引き出物をネットで注文することも一般的になっていた。そこで弥生さんは、ラッピングだけを引き受けるお店を始めれば、それなりに需要があるのではないかと考えたのだった。

「それでこの店名にしたんですけど、店を始めてみたら、ラッピングだけの注文は全然入らなくて。それでもう、最初はとにかく小物を作って売ってました。ちょうどその頃、紙バンドで編むかごバッグが出始めた頃だったんですよ。その当時はまだ、作っている人が少なくて、最初はよく売れました。保育所のお母さんや先生たちからも注文が入って、ちょっと忙しくなって。それで、母に編み方を教えて――『なるべく手先を動かそう』とか言って――たくさんかごバッグを編んでいたんです。でも、流行るにつれて、皆が自分で作るようになって、やっぱりこれでは生活ができないなと。何だったら食べていけるだろうって考えたときに、制服店は絶対潰れない店だなと思ったんですよ。本部町から学校がなくなるわけがないので、それだったらずっと商売していけるんじゃないかと思ったんです」

本部町営市場のあたりには当時、制服屋さんが3軒あった。いずれも長年営んでこられた老舗だったから、県外から移り住んだ弥生さんからすると、「制服のつくりかたを教えてください」と訪ねていくのはハードルが高かった。どうにか制服作りを学べないかと思っていたところに、恩納村で洋裁教室が開かれていることを知り、見学に行ってみることにした。そこで講師を務めていたのが、うるま市の石川で長年制服屋さんを営んできた女性だった。

「その洋裁教室はカルチャースクールだったんですけど、『本部町で生き残っていくために制服店をやりたくて、制服のつくりかたを教えてもらえませんか』って、その先生に教えてもらうことになったんです。そこで本部中学校の制服を作れるようになって――今思えば、図々しい話ですよね。市場で制服店をされてきた先輩方は、長年やってこられているから上手ですし、勉強させていただくこともたくさんあるんですけど、高齢化が進んでいたのはたしかなので、ここで制服店を始めたら食べていけると思ったんです。やっぱり、最初は挨拶に行きました。そのときは怖かったですよ（笑）。今も市場の近くにある『なかむら洋裁店』の他に、市場で制服を縫っている方がおふたりいたんです。おひとりは、『私はもう年齢的にキツいから、若い人がやってくれたら助かる、頑張ってちょうだいね』と言ってくださったんですけど、もうおひとりは『はー、やったらいいさ！』って。それはそうなりますよね。もしも私がおばさまたちの立場だったら、同じように『なんだ、こんなやつ』と思ったはずですよ」

制服の取り扱いを始めたのは、２０１２年のこと。ちょうど弥生さんの長女が中学生だったから、同級生のお母さんたちが「Ｒｉｂｂｏｎ」に制服を注文してくれるようになった。注文する側からしても、同世代の店主だと気楽に注文できるのもあったのだろう。商売替えをしながら奮闘する弥生さんに、優しく声をかけてくれる店主もいた。

「ここの隣——今は施術処になってる場所は昔、靴屋だったんですよ。そこの靴屋さんはいつも気にかけてくれてました。明るくて、いろんなお客さんが話をしにきてましたね。朝早くからお店を開けて、市場の通路を全部綺麗に掃除して、あとはゆっくりテレビを見て、お客さんとおしゃべりする。そのお店は壁がなくて、シャッターを開けたらすぐお店だったんですよ。

自分のこどもたちも、たまたま私がいなかったりすると、学校帰りにそこの靴屋さんで過ごしてました。『こっちでテレビを見ておきなさい』と声をかけてもらって、再放送のサスペンスを、うちの子も一緒に見てるんですよ。うちの次女は特に、すごく市場っ子でした。ちょうど同じ年頃の子が市場にいたので、その子たちとよく遊んでましたね」

本部町内には、本部中学校、上本部学園、伊豆味小中学校と、3つの中学校がある（水納小中学校は休校中）。このうち、名護に指定店がある伊豆味中学を除く2校の制服を、「Ｒｉｂｂｏｎ」は扱っている。上本部学園の制服は一手に引き受けており、制服シーズン期の経営は安定しているが、数年前から雨漏りするようになって、建物の老朽化が気にかかっていた。

「契約を更新するときに、『老朽化の際に補償は求めません』という誓約書にサインしてはいるんですけど、『雨漏の補修をしてもらえませんか？』と相談したことがあるんですね。でも、役場の担当者から『店舗内の雨漏りは、自分で補修してください』と言われてしまって。ここは今、あなたの持ち物だから、と。自分で補修しようにも、どこから漏れてくるかもわからないので、手がつけられないままになっていたんですね。だから、市場を取り壊すと聞いたときは、『ついにそのときが来たのか』と思いました。建物が老朽化しているのはわかっていたんだから、ちょっとずつでも補修してくれたらよかったのにな、って」

弥生さんは今年で54歳だから、まだまだお店をやめるつもりはなかった。ただ、市場事業者向けの説明会で言われた、「構造上危険な状態にある」という言葉が頭から離れず、営業を続けてよいものかと思い悩んだ。

「最初はもう、怖くて仕方なかったんですよ。いつ倒壊するかもわからないし、天井が落ちてくるかもしれない。でも、制服を作るには、どうしてもこの場所に来てもらわないといけないんですよ。採寸中に天井が落ちてきて、怪我をさせてしまったら――。役場が治療費を払ってくれるとしても、危険な状態にあるとわかっている場所にお客さんを呼んだ私が悪いんじゃないかと思ったら、もう私はここにいられないと思ったんです。天井が落ちてきた瞬間に誰もいなかったとしても、ここにあるミシンはすべて高額なので、壊れて使い物にならなくなったらどうしようって不安もありますよね。とにかく怖くて、どこかに貸してもらえる場所はないかって、この近所はあちこち聞いてまわりました。でも、どこにも貸してもらえる場所はなくて。空き物件の情報があるにはあるんですけど、それは不動産屋を通しているので、敷金、礼金、保証金、保険代、それに改装費もかかるって考えると、いやいやいや、それではやっていけないだろう、と。だからもう、起きている間はずっとこのことを考えているような状態でした」

本部町が取り壊しの方針を発表した段階では、解体後に跡地をどうするか、計画は白紙の状態だった。もしも市場が再整備されないのであれば、どこか別の場所に物件を借りるほかない。ただ、別で物件を借りたあとに、市場の再整備プランが発表されたら――。そう考えると、身動きが取れない日々が続いた。ただ、いずれにしても、この近隣から移転するつもりはなかったのだと弥生さんは語る。

「もちろん、市場はお家賃が安いのが魅力的ではあるんですけど、市場に制服店がなかったら駄目だろうって気持ちがあるんですよ。ここで店を始めたときから、よそに移ることはまったく考えなかったですね。中学校もすぐ近くだし、高校もすぐそこだし、この場所で続けていきたいなと思ってます」

現在の本部町営市場を整備したのは、昭和37（1962）年から昭和45（1970）年にかけて町長を務めた渡久地政仁だ。市場の建て替え工事と同時期に渡久地が取り組んだのは、本部町に高校を開くことだった。高校誘致は選挙の公約にも掲げられており、町長に就任すると「高等学校誘致期成会」を結成し、会長として誘致運動に取り組んだ。だが、琉球政府に要請に行くと、「名護町からも工業高校の設置要請があり、2校同時にはつくれないから、北部振興会で決めるように」と告げられた。この時代、高校をどこに設置するかの決定権は、北部地区の各町村長・各町村議会の議長、農協長による「北部振興会」が持っていたのだ。渡久地町長はそれぞれの家を訪ねてまわり、すでに普通科の高校がある名護町ではなく、本部町に高校を誘致できるように説得してまわった。どうにか北部振興会の賛成を取りつけて、昭和41（1966）年6月17日、渡久地町長は町議や中央教育委員らと一緒に行政府を訪ね、要請決議書を手渡している。念願が叶って、高校開設が決まると、急ピッチで工事が進められた。高校建設予定地は「ヤビク原」と呼ばれる岩山であり、整地のために数万発のダイナマイトが使用され、昼夜を問わず突貫工事が進められた。どうにか校舎がひとつだけ完成し、昭和42（1967）年の春に開校式が執り行われた際には、第1期の入学生たちは市場の前でパレードをおこなっている。

市場の近くには、学校が密集している。だから今でも、市場にはこどもたちの姿がある。学校帰りのこどもたちが、カップ麺を啜っていることもあれば、スマートフォンでゲームに興じていることもあるし、宿題をしていることもある。両親が共働きなのだろう、こどもたちが親の迎えを待っている姿もよく見かける。ここは市場だから、常に大人の目がある。だから安心して過ごせるのだろう。

市場は、単に大人たちが買い物をする場所ではなく、こどもたちの思い出が詰まっている場所でもある。放課後をここで過ごしているこどもたちは、いつかきっと、この場所で過ごした日々のことを思い返すだろう。

では、この場所でかつて過ごしていたこどもたち――本部高校第1期生として入学したこどもたちにとって、市場はどんなふうに記憶に刻まれているのだろう？

一期生の思い出

知念正昭
（元・本部高校校長）

僕の母親は浜元という集落の出身で、僕もそこで生まれてるんだけど、母親が市場で商売するということで、渡久地に引っ越してきてるんですね。だから、小さい頃から市場によくきてました。あの時代は伊平屋、伊是名、伊江島から船が入ってきますから、相当賑わってました。学校から帰ってくると、小遣いがほしくて、母親のところを訪ねるんだけど、「今日はあんまり売れてないから駄目」と言われて、1セントももらえずに帰ったりしてね。

母親たちは模合をやっていて、わずか50セントとか、それぐらいのお金を積み立てていて、僕はよく集金にまわされていたんですよ。市場にあるお店をまわって、わずかな金を徴収して歩く。あれは嫌だったですね。今の市場を建てる前は、木造の市場で、もう少し港寄りにあったと思うんだけどね。柱が立っていて、だだっ広い市場に、生活雑貨や食料品を売るお店がずらーっと並んでました。

ただ、小学生や中学生の頃は、市場という場所に関心を持っていなかったんですよ。うちの母親がここで働いているから、当たり前にこの場所と繋がっているという感じでね。こどもたち同士で、おもちゃ屋さんや駄菓子屋さんに来ることもありましたよ。くじ引きみたいになってる飴玉――大きいのを狙って紐を引いたりしてね。そんな思い出もあるんだけど、基本的には生活ですよね。

この建物がオープンした当初は、今のようにシャッターではなくて、板戸だったんですよ。これを閉めるのは大変だから、夜になると手伝いに行って、僕が戸を閉める。それから、盆正月の書き入れ時には手伝いに行く。生活の中に市場があったという感じでしたね。

うちの母親は、古着屋をしていたんです。そんな話をしたら、孫たちは「格好良い!」と言うんだけど、ファッションの古着屋じゃないんですよ。本当に貧しい時代の古着屋だからね。那覇あたりで、「梱包」というのを仕入れてくる。米軍の払い下げの服が、大きな袋にぎっしり入ってる。きっと家庭で使った服だと思いますよ。それを持って帰ってきて、あっちの芋市(野菜市場)のところで広げるわけですよ。ぎっしり詰まってるもんだから、開封するとバーンと広がる。そこに下着から何から、いろんなのが入っている。これを叩き売りして、客が奪い合いをして買っていくわけです。

学校から帰ってくると、皆でうわーっとやってるもんだから、同級生が「あれ、正昭のお母さんだよな?」と言うんですよね。ちょっと恥ずかしくてね、うちに帰ってから、「もう叩き売りはやめたほうがいいんじゃないか」と言ったこともありました。すると母親は怒ってですね、「お前は恥ずかしいと思っているのか！」と叱られました。あれはいまだにおぼえてますね。僕の父親は若くして亡くなってるから、母親は女手ひとつで育ててくれたわけですからね。今でいうシングルマザーというのは、その当時の市場にたくさん働いてました。

今の市場が完成した翌年、すぐそこに本部高校が開校したんです。それまで本部町内に高校というのはなかった。ただ、すぐ近くに北山高校（今帰仁村）があるし、名護にも高校はいくつかあるから、そっちに通うんだろうなと思ってました。それは別に、離島の人たちのように、「自分の島を出る」というほどの感覚ではなかったと思うんだけど、ちょうど自分が高校生になるタイミングで、本部高校が新設されることになったんですね。それはもう、「僕らのために新しい学校ができるんだ！」という感覚でしたね。僕らの代は、普通科に進学する同級生は、ほとんど皆、本部高校を選びました。

高校受験はね、まだ校舎が完成してなかったから、市場の2階にある町営ホールでやったんですよ。合格発表も町営ホールの前に貼り出されたし、開校式が終わったあとは、学校からこっちに降りてきて、「1年1組」と書かれたプラカードを掲げながら、制服姿で市場の前をパレードしたんです。それだけ町の期待も大きかったんでしょうね。

自分たちが卒業式をやったのも町営ホールでした。成人式も町営ホールでやったし、町の行事にも、トゥシビーのお祝いや結婚式にも使われてましたよ。僕がまだ大学卒業したばかりの頃に、同級生の結婚式が町営ホールであったんだけど、頼んでいた司会者が急に来られなく

一期生の合格発表。市場の２階、町営ホールの入り口に合格者が張り出された。

本部高校の開校記念パレード。写真右手にあるのが本部町営市場だという。

なって、「お前がやってくれ」とお願いされて、頭が真っ白になりながら司会をやったこともありました。それまではね、名護まで行かないとホールがなかったんですよね。町営ホールができたおかげで、行事があると2階に集まって、帰りは1階で買い物をして帰るようになった。行政はよく考えたなと思いますね。

自分たちは本部高校の1期生だという気持ちがあるもんですから、地元に対する愛着もそれだけ強かったと思います。今でも学校に関わっている同級生は何名かいますよ。先生たちも一生懸命教えてくれた。「どうにか国公立に行かそう」と、最初の頃は1時間プラスして、7時間授業をやってましたからね。そうしないと、他の進学校の子たちに勝てないだろう、と。

入学したときはね、自分たちが入る校舎が1棟あるだけだったんです。僕らが入学してから、2階を建てたり、他にも校舎を建てたり、運動場を整備したり、ちょっとずつ学校らしくなっていった。それを見てるもんだから、愛着も強くなって、その挙げ句に最後は校長になって戻ってきたわけですからね。

ただ——私が本部高校の校長になる頃には、県立高校編成整備計画というのが策定されて、本部高校は北山高校と統廃合するという話が出てました。しかも、北山高校には寮があるから、向こうに統合するという話だった。2005年に学区制が拡大されて、遠くの公立高校にも進学できるようになって、本部高校は定員割れが続いてはいたんです。でも、新しくゴルフ部が立ち上がって、そこで練習を重ねた比嘉真美子さんがプロゴルファーになって、盛り上がり始めていたところだったんですよ。そんなタイミングで、「本部高校は統廃合になる」という話が新聞記事に出てしまったもんだから、僕は頭にきて、すぐ本庁（沖縄県教育庁）に行った。「単なる数合わせで統廃合するなんて、誰でもできるだろう」と。「まちづくりのために、新しい取り組みを進めているところなのに、こんなやりかたがあるか」と。地元でも「本部高校の存続を支援する町民の会」が結成されて、町行政も大きな支援をしてくれた。だから、本庁としても「町独自の取り組みを見守る」という話になって、統廃合の話は棚上げになっているんですけどね。２０２０年には21世紀枠で野球部が春のセンバツ最終候補になったり、最近はウェイトリフティングのチャンピオンを出したりして、また盛り上がってきてますよ。

野球部といえば――僕の友人が野球部の初代キャプテンだったんですよ。公式試合では１勝もできなかったけど、元気だけはあった。グラウンドで大きな声を出しながら練習をしていて、それが市場まで聞こえていたという話でした。最初の頃はグラウンドにネットもかかっていなかったけど、米軍からネットを寄贈してもらったという話を聞いたこともありますね。

僕らがこどもの頃はね、アメリカが身近だったんですよ。八重岳に通信所があって、そこの米兵たちが学校に乗り込んでくることもありました。まったくのやりたい放題。ヤンキーたちがね、上半身裸で、ジープで中学校に乗り込んできて、校庭で野球を始めたんですよ。僕らは窓から乗り出して、「ええ、何かね!?」と教室が騒然となってね。先生方がきっと「出て行きなさい」と対応したんじゃないかと思うけど、今ならもう、そんなことがあればすぐ通報されますよね。運動場に米軍のヘリコプターが降りてきたこともありましたよ。だけど、ときどきグローブを贈呈してくれたり、そういうことがあるわけですよね。小学生の頃はギブミー族といってね、米兵からチョコレートやなんかをよくもらってました。渡久地十字路から少し先にある「赤松屋《アカマチャー》」には、米兵たちがよく集まってました。そこには足の長い椅子があって、そこに座っておしゃべりしながら、コカ・コーラを飲んでましたね。

八重岳の兵隊さんたちは、どこにでも顔を出すから、市場のあたりもよくうろうろしてました。ヴェトナム戦争の頃までは、アメリカ兵たちも景気が良さそうだったけど、段々とお金がない感じになっていって、あんまりお金を使わなくなっていったんですよね。だから、うちのおふくろなんかは、年少の兵隊なんかを見ると、「カリフォルニアかどこかから、こんな遠い沖縄まで来て、肝苦《チムグリ》さん（可哀想）だね」と言うんですよね。それで、「あんた、刺身食べるか？」と手振りで声をかけたら、彼らは首を縦に振るわけ。隣のさしみ屋から買ってきて渡すと、ガツガツ食べるんだよね。それを別のおばぁが見て、また別の食べ物を差し出す。どっちが統治されている側なのかわからないような感じで、沖縄のアンマーたちはすごいなと思いました。

昔の市場は相当賑やかだったんだけど、陸路が発達して、大型店舗が入ってくると、市場がだんだん寂しくなってきた。昔は日用雑貨や食料品を買う場所だったけど、若い人たちは車で遠くまで買い物に行くようになって、「観光客にどう訴えかけるか」とか、「旧市街地の魅力」といったことを押し出さなきゃいけなくなってきたんでしょうね。

ここは町営市場で、町の予算を使って運営している場所だから、私的な感情だけで物を言うわけにはいきませんけど、まだまだポテンシャルはある場所だと思うんです。ひとつには、昔ながらの地域のコミュニケーションの場として魅力がある。観光客からしても、全国各地に同じようなものがたくさんあるなかで、何に魅力を感じるかといったら、この土地ならではのものだと思うんですね。渡久地区にはまだコミュニティが残っていて、豊年祭を含めた芸能も受け継がれている。そば屋もあれば、さしみ屋もあって、若い世代が新しい特産品を作り始めている。ゆくい処はこどもたちの居場所にもなっているし、コミュニティとしての役割は担っていると思います。

今日、こうして話していて気づかされたのは、「ああ、まちというのはこういうものだったんだな」と。僕なんかはもう、小さい頃からこの市場で育っているから、これは当たり前のものだったんですよ。だから、取り立てて気にかけることもなく、呼吸をするようにしてこの場所があった。でも、母親たちがここで暮らしを作って、それで僕らは今日まで生きてきたわけですよね。今まで当たり前だと思ってきたものは、誰かが作り上げて、今日まで守ってきたものなんです。それをしっかり意識して、次の時代に受け継いでいくことは必要なんじゃないかと思います。

２０２４年12月12日
本部町営市場「ゆくい処」にて収録

知念正昭（ちねん・まさあき）１９５１年本部町生まれ、渡久地区育ち。琉球大学法文学部卒。１９８０年に中学校教諭に採用され、２００８年に本部高校校長として着任。２０２０年から２０２３年にかけて、本部町教育長を務める。「自家焙煎珈琲みちくさ」の知念正作さんの父。

玉城商店　玉城淳

「この市場は、商売人たちが自分たちで作り上げてきた場所なんですよ。とにかくもう、商売やりやすいように、自分たちで改造してきたんです」

野菜市場の壁に、懐かしい看板がある。日本専売公社時代につくられた、「たばこ」と書かれたホーロー看板だ。それはレトロなグッズとして飾られているのではなく、かつてここにタバコ屋があった名残りである。その隣には、かつて豆腐屋があった名残りなのだろう、沖縄県豆腐油揚商工組合のシールも貼られている。その区画は今、うむがー焼きの「玉城商店」になっている。

うむがー焼きとは、昔ながらの焼き菓子だ。ふかした紅芋を潰し、砂糖などと合わせて作る「芋煮《ウムニー》」を、小麦粉の生地で包んで焼くから、「芋《ウム》」と「皮《カー》」でうむがー焼きになったという説もあれば、「今川焼き」が訛ったという説もあるけれど、いずれにしても、沖縄では定番のおやつだった。

「昔はね、各家庭にうむがー焼きの焼き器があったんですよ」。店主の玉城淳さんはそう語る。「家庭で焼くだけじゃなくて、うむがー焼きを売っているお店も、沖縄中にあったんです。でも、ある時期からパタッとなくなって、本部町に1軒だけ、うむがー焼きを売ってる店が残ってたんですよ。そこは僕らが小さい頃からありました。ただ、そこのおばあちゃんが亡くなって、ついに閉店してしまった。このままうむがー焼きの店がなくなるのは惜しいなと思って、こどもの頃に食べた味を思い出しながらレシピを研究して、ここで商売を始めたんです」

淳さんは昭和32（1957）年本部町生まれ。祖母と母、ふたりがそれぞれ市場に店を構えていたから、小さい頃から市場が遊び場だった。

「僕はもう、市場で生まれ育ったようなもんです。ここで遊んでいて、転んでたんこぶを作るとしますよね。当時のおばぁたちは、たんこぶができると、カミソリを持って追いかけてくるんですよ（笑）。『これでつついて血を出せばすぐ治るから』と。当時は多少の傷じゃ医者にかからなかったから、おばぁがカミソリを持って追いかけてくる姿を鮮明におぼえてます。あの時代は、四畳半ぐらいのお店が数えきれないほどありましたね。そこでおばぁたちが、基地から流れてきたタバコとか、そういったものをたくさん売ってました。小学校低学年のとき、中学生から『タバコ買ってこい』とつかいっぱしりにされて、25銭（セント）持たされて、『おばぁ、タバコちょうだい』と買いにきてました。タバコは白と赤、この2種類だけ。ケントは白、ウィンストンは赤。マチグヮーのおばぁたちは、わかりやすいタバコを2種類だけ、新聞紙に包んで売っているんですね。市場の中だけじゃなくて、まわりにもお店がたくさんありましたよ」

淳さんの祖母は、現在は「自家焙煎珈琲みちくさ」が入居する区画で雑貨屋を営んでいた。母・初江さんは、「コスメティックさくら」の区画で洋裁店を開いていたという。

「母は昭和7（1932）年生まれで、戦争中は熊本に疎開して、戦後になって本部に引き揚げてきたんです。ただ、こっちにいても仕事がないということで、那覇で洋裁を学んで帰ってきて、商売を始めたらしいです。作ったものがどんどん売れる時代だったから、女性の職人さんも2、3名雇ってましたよ。その時代の本部のおばぁたちのパンツは、ほとんどうちの母親がミシンで縫っていたはず。それから、うちの母親は学校の制服も作っていたんですよ。中学校も今よりたくさんあったから、制服だけでも生計が成り立つぐらい儲かっていたと思います」

当時はまだ、買い物はすべて市場で事足りる時代だった。淳さんが10代を過ごした頃だと、本部を出て何かを買いに行く機会はほとんどなかったという。それに、こどもだけだと関所を越えられなかったのだと、淳さんは聞かせてくれた。

「あの時代はね、シマごとに境界線があったんですよ。『谷茶』とか『渡久地』とか、字がありますよね。字の境界線を越えると、向こうのシマの中学生に『ちょっと来い！』と連れて行かれて殴られる（笑）。だからもう、よそには遊びに行かなかった。渡久地の子は渡久地だけで遊んで、隣の谷茶にも滅多に行かなかったですよ。だから——自分たちの世代は、昔の本部を知るには幼過ぎたんですね。渡久地港のあたり、あそこが一番、昔と今とで違っている場所なんです。終戦直後に、PTと呼ばれた米軍の部隊が谷茶に駐屯して、そこに船を修理したりする造船所があったんですよ。そこに船大工を集めて、戦後いち早く現金を渡して働かせていた。だから、この土地には現金が飛び交っていて、港の周辺にはずらっとバーが並んでいたんですよ。スナックじゃなくて、バー。その時代はまだこどもだったから、関所はなかなか越えられないし、越えたとしても未成年だからバーには入れなくてね。沖縄の人たちが皆、ウィスキーを一生懸命飲んでいた時代です」

昔の港周辺のことは、『ナツコ』にも出てきますよね、と淳さんは言った。終戦直後の密貿易の時代に、「女親分」として名を馳せた女性を追った、奥野修司によるノンフィクション『ナツコ 沖縄密貿易の女王』（文藝春秋）である。

この本に、渡久地港を拠点に活動した「本部十人組」が登場する。ナツコとともに密貿易をおこなって、本部から薬莢や真鍮、銅線を積んで香港に運び、それを食料品と交換して内地に運んで、自転車や日用雑貨、材木、ミシンなどに交換して持ち帰る。本部十人組は、そんな三角貿易を繰り返していたのだという。

「あそこに出てくる人たちに、僕は何度も会ってるんですよ。でも、自分はこどもだったから、その人たちが昔どんな仕事をしてたかなんて、わからないじゃないですか。僕がこどもだった頃には、遊郭もあったんですけど、その意味もわからなかった。『あそこの子はあっちから売られてきたらしい』とかって大人たちが話していることもあって、その会話をちらちら聞いていた記憶があります。表は料亭で、裏はお姉さんたちが住む長屋になっている。こんな建物が並んでたんですよね。昔は現金がバンバン飛び交っていたし、八重岳に米軍基地もあったから、米兵が遊びにくる店もあった。本部町はサトウキビ農家が多かったから、現金収入がある時期は限られているけど、港周辺では年がら年中現金が飛び交っているという、すごいところだったんですね」

あまり渡久地から出ずに育った淳さんだったが、高校卒業後は上京する道を選んだ。東京でやりたいことがあったわけでもなく、「なんとなく、ぷらぷらっと」都会で過ごしてみたけれど、「東京のことを何も知らなかったから、全然魅力を感じなかった」と淳さんは笑う。

「今思うと、もったいない過ごし方ですよね。この年齢になってみると、また東京に住んでみたいって気持ちになるんですけど。結局、二十歳で本部に帰ってくるんですけど、あるとき友達に誘われてコザに遊びに行ったんですよ。それまではコザに遊びに行ったことはありませんでした。高校生になると夜遊びのひとつでもやってみたくなるけど、よそのシマの人と会うと喧嘩になるし、高校生だと移動手段がバスしかなかったから、行ったことがなかったんですね。だから、二十歳のときに初めてコザに遊びに行って、コザのロックバンドを観て——脳みそは大興奮でした。あまりにも衝撃的でした。紫も、コンディション・グリーンも、沖縄ロック全盛時代を支えたバンドがコザにいたんです。ライブハウスに入ると、お客さんの90パーセントはアメリカ人でした。その当時、『誰かの隣に立ってトイレをするときは、殺されるかもしれないから気をつけろ』って、そんな話がまことしやかに囁かれてましたね。自分たちは（よしだ）たくろう世代だったので——もう、コザのロックは狂気ですよね。目の前にこんなでかいスピーカーがあって、衝撃波を感じる距離で音を聴く。ステージは全部英語で進行するし、とにかく新鮮で面白かった。こっちでちょこちょこ仕事をしながら、しばらくコザに通ってましたね」

淳さんが選んだ仕事は内装屋だった。工事を請け負うだけなら、倉庫つきの事務所があれば事足りた。ただ、カーテンの販売もおこなっていたから、せっかくなら店舗を構えて、人と相対しながら働きたかった。そこで淳さんは、32歳の頃、街の中心だった市場に「タマキインテリア」をオープンする。

「母親から聞いた話だと、昔は買取が自由だったらしいんですよ」と、淳さん。「役場に話を通す前に、横だけのやりとりで店を引き継ぐ。ある時代までは、市場のお店は全部こうやって入れ替わってきたそうです。役場の預かり知らないところでね。あるお店の人が、『そろそろ店を畳もうと思ってる』と誰かに話すとしますよね。その話がすぐに広まるわけですよ。『誰々さんが店を閉めるつもりと言っていたから、行ってみたら?』と。市場に出店したい人は、その店を訪ねて行って、『じゃあ、いくらで譲ろうね』と値段を決める。全部決まったところで、『私は店を畳むから、代わりにこの人が入ります』と役場に伝える。審査とか公募とか、そういうのは全然ない時代もあったそうです。この市場は、『町営』ということにはなってるけど、商売人たちが自分たちで作り上げてきた場所なんですよ。今はどこの店もシャッターがついてますけど、これは昔、全部鎧戸だった。それの付け替え工事も、それぞれのお店が勝手にやったんです。とにかくもう、商売やりやすいように、自分たちで改造してきたんですね」

淳さんの話を聞いているうちに、本部町営市場に惹かれる理由がわかったような気がした。今の市場の佇まいは、行政の計画でトップダウン式に生み出されたものではなく、ここで暮らしてきたひとりひとりの商売人が勝手に作り上げてきたものなのだ。

かつては活気を呈していた市場も、時代が下るにつれて、シャッター通りになってゆく。かつては路線バスの始点も市場の前だったから、始発のバスが動き出す時間に合わせて、かまぼこ屋さんや惣菜屋さんが仕事を始めていた。でも、あるときからバスの始点が別の場所になって、市場近くのバス停は通過点となり、そのサイクルも絶たれてゆく。

「自分が40歳ぐらいのとき——だから90年代の後半あたりから、空き店舗が増えてきたんですよ。それ以前の時代は、空いたままの店舗があるなんて考えられなかった。普通の感覚だったら、今日閉店した店があれば、翌日には空き店舗の貼り紙が出るのが当たり前だと思うんですよ。で、その次の日には誰かが契約してる。でも、理由はわからないけれど、次の入居者が決まるまで1年かかるんですよ。そのあいだ、空き店舗はずっとシャッターが下りたままになる。どうしてどんどん人を入れないのかって、役場に掛け合ったこともあるんだけど、『この市場にも、いつか耐用年数が来るんですよ』って、変なことを言い出したんです。もちろんいつかは耐用年数が来るだろうけど、まだ20年も先の話だろう、と。それまでどんどん新しいお店を入れればいいのに、なかなか入れようとしなかった。そうすると、ここはシャッター通りだというイメージになっていきますよね。それで、ますますお客さんが来なくなる。僕なんかからすると、町営市場を持っていると維持費がかかるから、ここを早く更地にしたかったとしか思えないんですよ」

ただ、２００６年に「もとぶ手作り市」が立ち上がり、再び市場にお客さんが集まり始めたことで、状況は一変する。市場に店を構える店主たちは、本部町の商工会とも連携し、「市場が活性化してくれないと困る」と役場に交渉し、新規出店ができるようになったのだ。

「今から10年くらい前に、役場に提案したことがあるんですよ。ここは町営市場だから、『入居できるのは本部町民だけ』というルールになっているけど、全国公募をかけたらどうか、って。本部の人口もどんどん少なくなってきてるから、たとえば1年間は家賃をタダにして、この町に移り住んで暮らしていけるかどうか、様子を見てもらったどうか――と。でも、役場の人たちには全然伝わらなかった。ちょうど震災が起きたばかりだったから、本部町にも50名、60名ぐらい、関東方面から移住してきた人たちがいたんですね。でも、この市場に入居するには、最低でも1年は本部に住んでないと駄目だというルールがあったから、すぐには市場で商売を始められなかったんですよ。だから結局、今帰仁あたりは移住して定着した人たちがたくさんいるのに、本部町は住みづらいと思われたのか、そんなに定着しなかった。自分たちは、移住の相談を受けることもたくさんあるんですけど、『このあたりはとても住みづらいと思う』と最近は答えてます。やっぱり、移住するにしても、仕事が限られますよね。引っ越してきても、ホテルの仕事しかないんです。もしも市場にすぐ出店できるんだったら、その人が得意なものを作って、パッと商売が始められたかもしれない。そうやって移住者が定着してくれたら、街が活性化するチャンスだったのに、その芽を自分たちで潰してしまった」

本部町営市場を取り壊す方針が報じられたのは、２０２４年の夏のことだ。

でも、市場に入居する店主たちは、10年前からずっと、これから先の未来を話し合おうと役場に掛け合ってきた。

「老朽化が進んでいる中で、これからどうしていくのか、話し合いをしようと役場の担当者には伝えていたんですよ。でも、補修も何もしようとせずに、後がない段階になって耐震強度の調査をする。調査が入ると聞かされたときは、『あっ、やられた』というのが正直な気持ちでした。ここまで手を加えずにいたら、調査をすればアウトに決まってますよね。しかも、『立ち退きにあたって、一切補償はしない』という話になった。これは、新規出店が再開されて、正作君たちが入居できるようになったとき、商工会にも間に入ってもらって、役場と話をしたはずなんですよ。そのときは『新規に入る人たちに関しては、建物が老朽化して取り壊すことになっても、あとの補償はしませんよ』という話だった。つまり、それ以前から店をやってきた人たちは別だったはずなんです。それを約束したはずなのに、ある時期から全部の店舗の契約書に、『老朽化に伴って退去することになっても、補償は求めません』という言葉が入っていた。これがまた、本部の人間の気のいいところで、『こんなふうに書いてあるけど、いきなり出て行けと言われるわけじゃないだろう』って、皆サインしてきてしまった。ただ、僕らはずっと、『お願いだから話し合いの場を設けてくれ』とお願いしてきたんですよ。老朽化が進んでいるけど、市場は今後どうするのか。建て替えるとしたら、仮設の店舗はどうするのか。そういう話し合いがなければ、『解体することにしたから、明日出て行ってくれ』と言われても応じられませんよ、と。それなのに、突然耐震強度の調査を入れて、これを錦の御旗のようにして、解体の方針が発表されたんです」

役場の市場担当者は、数年ごとに入れ替わってゆく。

市場の店主たちの陳情が引き継がれているのかどうかもわからず、市場の未来に向けた話し合いは一向に前に進まなかった。

もしも私が淳さんの立場だったら——と想像する。陳情を重ねても、状況が改善される気配が感じられないのだとしたら、市場にはもう見切りをつけて、別の場所に移転するかもしれない。でも、淳さんは移転を選ぶどころか、野菜市場の空き店舗を新たに借り受けて、うむがー焼きの店もオープンしたのだ。

「もう、こんなに面白い場所は他にないと思うんですよ」。淳さんは顔をほころばせる。「すぐそこの『きしもと食堂』も、『新垣ぜんざい』も、とにかくここは何でも美味しかったんですよ。那覇に行ってそばを食べても、全然美味しくない。刺身なんか食った日にはもう、『これ、何？』と。ここには美味しいものがたくさん揃っているし、映画館もふたつありました。映画館としては閉館しても、年に何回も沖縄芝居の一座がまわってきて、客席が一杯になる。ここは常に人の往来がある場所なんですよ。コロナ前に、中国人が大挙してやってきたときには、『ああ、これが観光地というものか』と面白かったですね。夕方5時ぐらいになるとカツオが揚がってくるから、刺身を買ってきて、テーブルで飲み始めるわけですよ。そこに中国人とか台湾人とか、いろんな国の人が通りかかるから、『一緒に飲んでって』と声をかける。お金の計算は面倒くさいから、自分で飲むビールは『仲宗根ストアー』で買ってきて、好きに刺身を食べて行って、と。こんなふうにして、ずうっと遊んでたんですよ。アジアだけじゃなくて、最近はヨーロッパからも旅行客がやってくる。この場所に店を構えているだけで、世界中の人と会話できるんですよ。そんな面白いこと、他じゃ体験できませんよね」

「太陽と海と緑—観光文化のまち」。

これは本部町が掲げるスローガンだ。昭和59（1984）年、本部町総合計画基本構想が策定された際に、まちづくりの将来像をあらわすために、この言葉が生み出された。

玉城商店

戦後の沖縄では、兵器を加工したジュラルミン製の生活用品が使われていた。
「玉城商店」のうむが一焼きの型は、現在もジュラルミン製のものが使われている。

「観光とは、土地の演技である」。

２０１７年に亡くなった演出家の危口統之はそう喝破した。

観光客は、訪れる土地に対するイメージを抱えて旅に出る。観光地は、そのイメージに応えようと演技をする。沖縄という土地は、「海――その望ましい未来」をメインテーマに掲げた海洋博以降、青い海が広がるリゾート地というイメージを押し付けられることになった。観光客の期待に応えるように、沖縄本島の西海岸沿いには、びっしりとリゾートホテルが建設されてきた。同じく西海岸沿いにある本部町にもまた、リゾートホテルが建ち並んでいる。

太陽と海と緑。

リゾートは都会の暮らしに疲れた旅行客を癒してくれる。ただ、リゾートに慊《あきた》りない旅行客も少なからずいる。本部町営市場には今、国内だけでなく、アジアやヨーロッパからも観光客が訪れている。市場で長年働いてきたベテラン店主たちは、言葉が通じないはずなのに、どういうわけだか海外からの観光客ともコミュニケーションを取りながら、商売をしている。

かつて向田邦子は、『父の詫び状』に収録された「薩摩揚」という随筆の中で、市場についてこう書き綴っている。


初めての土地に行くと、必ず市場を覗く。どこかで見たような名所旧跡よりも、ゴミゴミした横丁を、あっちの魚屋こっちの八百屋と首を突っ込み、お国訛りのやりとりを聞きながら、やはり金沢の魚は顔つきが違うなあと感心するほうが、遥かに面白いからである。

観光とは、ひかりをみると書く。

そのひかりには、太陽や海、緑だけでなく、その土地で営まれてきた人々の暮らしも含まれているはずだ。観光とは、その土地の暮らしに触れることだと、私は言いたい。

戦後の闇市から立ち上がり、商売人たちが勝手に商いを続けてきたこの市場は、まさに観光文化の拠点である。

いちばキッチン　小野菜那

「こどもがちっちゃい頃だと、こどもを背中に背負いながら、ここで仕事をしてたんですよ。もう、『昭和か！』って言いたくなるような感じですよね」

明け方の市場に、美味しそうな匂いが漂っている。

お弁当の店「いちばキッチン」は、朝7時半にオープンする。店主の小野菜那さんは、朝5時に厨房に立ち、お弁当を作り始める。注文が重なる日には3時起きなんてこともあるけれど、「今はもう、この生活リズムに慣れました」と菜那さんは聞かせてくれた。

菜那さんは昭和57（1982）年東京生まれ。

沖縄に移り住んだのは昭和61（1986）年、3歳のときだ。今でこそ内地から沖縄に移住する人はたくさんいるけれど、その当時の本部町ではまだ移住者は珍しかった。

「父は青森、母は北海道出身なんですけど、寒いところは苦手だったみたいなんです。それに、ふたりとも旅行が好きで、あちこち旅行するなかで、今帰仁に友達もいるからって、沖縄に引っ越してきたんです。私の旧姓は鈴木なんですけど、いかにも内地の苗字ですよね。当時はすごく珍しがられて、会う人、会う人に『あんた、ナイチャーでしょ』って言われてました。でも、東京に住んでた頃の記憶はなくて、物心ついたときにはもう本部に引っ越してきてたんですよね。私が中学生の頃だと、今は『にしき屋』さんが入っている場所にCD屋さんがあったんですよ。そこにはよくCDを買いに来てましたね」

菜那さんが生まれた昭和57（1982）年は、CD（コンパクトディスク）が発売された年だ。10月1日、ソニーはCD再生1号機となる「CDP-101」を発売し、CBSソニーから世界初のCDソフト50タイトルが発売された。レコードに代わり、CDはシェアを広げてゆく。バブルが崩壊し、景気が冷え込んだ時代にもCDのセールスは好調だった。菜那さんが高校に入学した1998年には、年間CD売り上げ枚数が総計4億5717万枚に達している。CDシングルの年間ランキングを見ると、1位はGLAYの「誘惑」(161万枚)、2位はSMAPの「夜空ノムコウ」(157万枚)、3位はSPEEDの「my graduation」(147万枚)。ミリオンセラーのシングルが14枚、アルバムが25枚と、CDがよく売れた時代だった。

本部でCDを買うなら、市場のCDショップだった。

ただ、CDショップは路面店だった。だから、市場の中にまで入ってみる機会は少なかったし、両親が買い物に出かけるのもスーパーマーケットだったから、CDショップ以外のことはあまり記憶に残っていないのだと菜那さんは聞かせてくれた。市場にはあまり馴染みのなかった菜那さんが、この場所にお店を開くきっかけとなったのは、もとぶ手作り市だった。

「高校を卒業したあとは内地で暮らしてたんですけど、26歳のときに本部に戻ってきたんですね。その頃にはもう、もとぶ手作り市は始まっていて、『最近、市場でこんなイベントやってるよ』と教えてもらって、遊びに行くようになったんです。フリーマーケットみたいな感じかと勘違いしてたんですけど、行ってみたら手作りの物だけを販売するイベントだったんですよね。すごく個性的な作品を売ってる人もいるし、那覇とかからもお客さんが買い物にきていて、すごく盛り上がってました。私の親も木で家具を作る仕事をしていて、そういう友達が多かったので、行ってみたら知り合いがたくさんいるイベントっていう感じでしたね。それで入りやすい雰囲気もありましたし、出店料もすごく安くて参加しやすかったから、友達に『なにかやってみたら？』と誘われて、ちんすこうとかクッキーとか、焼き菓子を作って出店するようになりました」

手作り市に参加していたものの、菜那さんは「いつか自分の店を開きたいと思っていたわけでもなかった」のだと、当時を振り返る。ただ、本部町が「チャレンジショップ」として市場の新規出店希望者を募っていることを知った菜那さんは、迷わず申し込んだ。

「何だろう、そんなにすごく大きな夢や志を持って申し込んだわけじゃなかったんです。ただ、こどもがまだ小さかったんですけど、自分が希望する時間帯や日程で働ける仕事が見つからなかったんですよね。もちろん、自分でお店をやってみること自体には興味があったんですけど、普通に物件を借りるとなったら、すごく大変じゃないですか。でも、町営市場だから家賃も安いですし、広さ的にも手軽に始められる感じだったので、『ちょっと一回やってみたいな』と。手作り市はすごく盛り上がっていたし、これからもっと市場が盛り上がってくるという感じだったから、不安は全然なかったですね」

菜那さんの事業計画書は無事採用され、市場に出店できる運びとなった。こうして２００９

年、「よんなーｃａｆｅ」をオープンする。当初はお弁当屋さんではなく、カフェとしてスタートを切った。

「メインで出してたのはかき氷とアイスクリームだったんですけど、アイスなら狭いお店でもできるし、気軽に買ってもらえるっていうので、そんなに深く考えずに始めました。最初に出店したのは、『島しまかいしゃ』があるところ――あそこの半分のスペースで始めました。厨房施設をつくらなきゃいけなかったから、最初はちょっとバタバタしましたけど、まわりの人が応援してくれて。その当時、若い人がお店をされているのは『Ｒｉｂｂｏｎ』さんくらいで、あとは元気なおばあちゃんたちがお店をやってました。まだ内装工事をしてる頃から、『いつオープンね？』って様子を見にきてくれて、温かく見守ってもらってました。隣には荻堂さんっておばあちゃんがやってる洋服屋さんがあって、すごく気にかけてくれてましたね。それまで市場にカフェがなかったから、荻堂さんがよくコーヒーを注文してくれたんですよ。『お友達がきたから、コーヒー2杯持ってきて』とか、『孫が遊びにきてるから、アイス持ってきて』とか、いつも気にかけてくれてました。すごく優しい人だったから、お店をやめられたときは寂しかったですね」

高齢の店主が切り盛りするお店には、買い物をしにくるお客さんだけではなく、ゆんたくしようと足を運ぶ人も少なくなかった。そんなときに、市場の店主たちはよくコーヒーを注文してくれた。だが、そんなベテラン店主の店も、1軒、また1軒と閉店してゆく。当時はまだ市場に活気が戻り切っておらず、菜那さんと同時期にオープンした新しいお店も、何軒かは閉店し、空き店舗になってしまった。

そんな折に、ホテルで料理人として働いていた夫から、「自分も独立して商売を始めたい」と相談があった。最初に「よんな-cafe」をオープンした区画は、夫婦ふたりで切り盛りするには手狭だった。そこで菜那さんは、当時空き店舗になっていた現在の区画に移り、夫婦で「いちばキッチン」という食堂をオープンする。それが2011年のことだ。

「その食堂を始めてすぐ、私が妊娠してしまって。ちょっと入院したり、大変だったんですね。その間、主人ひとりでは食堂をまわせないので、お弁当を作って並べるスタイルに変えたんです。最初のうちは地元の人が店まで買いにきて来てくれてたんですけど、『運動会のときに何十個』とか、『修学旅行のお弁当をお願いしたい』とか、しばらくすると注文がたくさん入るようになって。もしかしたら、『若い世代がお店を始めてるから』って、商工会や観光協会の人たちが、旅行会社に勧めてくれたのかもしれないですね。修学旅行となると、100個以上まとめて注文が入ることもあったので、何人かに手伝いを頼んだり、誰かに配達を頼んだりするようになって——そうすると、ここだと手狭になってきたんですよね。それで、ここからすぐ近く、本部中学校に渡る橋のすぐ手前のあたりの物件を借りて、そこに移転することにしたんです」

市場を出てからも、注文は右肩上がりに増え続けた。店頭で販売する余裕はなくなって、注文を受けたぶんだけお弁当を作るようになった。小さいこどもを育てながら、毎日午前3時から弁当を作る。従業員を雇っても対応しきれず、一日に作るお弁当の数に上限を設けるようになったけれど、それでも目の回るような忙しさだった。だが、コロナ禍により、修学旅行客は途絶えた。弁当の需要が大幅に落ち込んだこともあり、2021年、菜那さんは規模を縮小し、市場に戻る道を選んだ。

「旅行に出かけたり、皆で集まったりできなくなったことで、お弁当の注文はかなり少なくなったんです。だったらもう、いつ来るかわからない注文を待ち続けるより、前のようにお弁当を並べて販売していったほうがいいのかなと思ったんですよね。それに、向こうでお弁当を作っていた頃は、誰ともしゃべらず働いているような感じで、ちょっと工場みたいな環境だったんです。対面販売もやめていたから、誰ともしゃべらず働いているような状況だったんですよね。でも、市場でお弁当を並べていると、誰かと話す機会が自然と増える。それはありがたかったです。どこかで独立した店をやっていたら、自分の店のことしかわからないですけど、ここにいたらまわりのお店を見ながら商売できる。市場にあるのはそれぞれ別のお店だから、ひとつの会社の同僚とかではないんだけど、皆顔見知りだから、ちょこちょこおしゃべりして、情報交換しながら商売が続けられるんですよね」

コロナ禍によって、誰かと顔を合わせて、他愛のない話をする機会も少なくなった。

そんな日々に、市場の店主たちと毎日顔を合わせてゆんたくする機会があるのは心強かった。だからこそ、市場が解体される方針が発表されたとき、「もう、とにかく『最悪だ』と思いましたね」と菜那さんは振り返る。

「まわりのお店の人ともよく話すんですけど、市場を取り壊すって聞いてから、眠れなくなったんですよ。『じゃあ、私たちはこれから、どうしたらいいんだろう？』って。個人的には、今の建物をそのまま残してほしいです。補強工事をすればこのまま商売を続けられるんだったら、それが一番ですよね。説明会のときに『補強は難しい』と言われたんですけど、だったら新しい市場を建ててほしいです。壊すだけ壊して、あとは更地のままっていうのは、ちょっと嫌ですよね。ここが更地のまんま、真っ白だったらどうなるんだろう？」

手作り市に遊びにくるまで、菜那さんはあまり市場と縁がなかった。

でも、２０２４年の今、菜那さんは「ここが更地になってしまうのは嫌だ」と感じている。そこにはきっと、「よんなーｃａｆｅ」を開業してから15年ぶんの思い入れが詰まっているのだろう。

公設市場が全国各地に誕生したのは、今から１００年近く前のことだ。

大正3（1914）年に第1次世界大戦が勃発すると、日本は戦時景気に沸いた。だが、その反動で恐慌が発生し、大正7（1918）年には米騒動も起こっている。物価が乱高下するなか、安定した価格で間断なく物資を供給できるようにと、全国各地で公設市場が設置されてゆく（このあたりの経緯は、光文社新書の新雅史『商店街はなぜ滅びるのか』に詳述されている）。その時代には、行政が公設市場を設置する社会的な意義があった。あるいは、戦後の物資がない時代にも、公設市場は人々の暮らしを支えてきた。

「もはや戦後ではない」。文学者の中野好夫が、そんなタイトルの評論を『文藝春秋』に寄稿したのは、昭和31（1956）年のことだった。この言葉は、同じ年の経済白書にも用いられ、流行語にもなった。

沖縄の戦後は、いつまでだろう。

那覇にある第一牧志公設市場組合長の粟國智光さんは、「このあたりは、まだ戦後処理が終わっていないんですよ」と話してくれたことがあった。「那覇のマチグヮーは、戦後の闇市から出発して、自然発生的に商店街が広がった場所なんですね。その戦後処理が終わってないから、既存の法体系では解決できない問題が一杯あるんですけど、それが独特の雰囲気にも繋がっている。そして、このマチグヮーを支えてきたのは女性たち――アンマー（母親）たちだった。この場所は、戦後復興を支えたアンマーたちが働いてきた場所だったんです」と。

市場で働いてきた女性たちの中には、「戦争未亡人」と呼ばれた女性も少なからずいた。市場はそんな女性たちがどうにか生きていくために商いをおこなってきた場所でもあったのだ。

終戦から80年を迎えようとする今、戦争の記憶を持ち合わせている人はいなくなろうとしている。それに、県内各地にスーパーマーケットが点在する今では、公設市場がなくても、「安定した価格で間断なく」物資は供給されている。だとしたら、公設市場はもう、歴史的な役割を終えたのだろうか？

「こどもがちっちゃい頃だと、こどもを背中に背負いながら、ここで仕事をしてたんですよ」と、菜那さんは語ってくれた。「もう、『昭和か！』って言いたくなるような感じですよね。もしも市場がなかったら、こどもを育てていくのは大変だったでしょうね。ここは町営市場だから、家賃も安いですし、広さ的にもひとりでどうにかやっていける。もしも普通の店舗を借りてまで商売を始められていたかというと、たぶん難しかっただろうなと思います」

平成という時代も過去となり、今や昭和は遠い昔になりつつある。でも、どんなに時代が変わろうとも、こどもを抱えながら働いている人はいる。本部町営市場は、そんな誰かの拠り所にもなってきたのだ。

「ここでお店を始めたきっかけも、『小さいこどもがいる人でも働きやすいよ』って教えてもらったからなんです。私も調理を手伝ってはいたんですけど、元々は主人が料理して、私は盛り付け担当でした。でも、ちょっと離婚をしてしまいまして、市場に戻ってきてからはひとりでお店をやっているので、今は全部自分で作ってます。7時半オープンにしているのは、自分がここに来れる一番早い時間が7時半だからなんです。朝5時にきて、お弁当を作って並べておく。それから鍵を閉めて、一旦家に帰って、こどもを送り出して戻ってくるんです」

「いちばキッチン」は、毎日50個は弁当を作っている。ハンバーグ、魚フライ、唐揚げ、チキンカツ、豚キムチ、ヤンニョムチキンと、種類が豊富だ。毎日買いに来てくれるお客さんに、飽きずに食べてもらえるようにと、なるべくいろんなお弁当を用意しているのだという。

「この8年近く、お昼は本部高校にもお弁当を売りに行っているんですよ。私は昔、本部幼稚園からお弁当の注文をもらっていたこともあって——当時は本部幼稚園は給食がなかったから、私がお弁当を届けていたんですけど——その子たちが今、高校生になっていて。だから、お弁当を売りに行くと、知ってる子がいっぱいいるんですよ。『ああ、あのときの子だ』って、いつも感動してます」

菜那さんのお弁当を食べて育ったこどもたちは、いつか大人になって本部町営市場を訪れたとき、そこに「いちばキッチン」の看板を見つけたら、懐かしさをおぼえるだろう。この市場には、何十年にわたって、こどもたちの記憶が刻まれ続けてきた。世代を超えた、思い出の場所がある。それはきっと、とても幸福なことだ。

建築が語る市場の記憶：本部町営市場

普久原朝充（建築士）

建築的な視点から本部町営市場について観察してみよう。作品鑑賞などについても同様のことが言えるかもしれないが、大まかに3つのアプローチがあるのではないかと考えている。ひとつは、ありのままに見て感じたことを記す主観的な方法だ。2つ目は、属人的な視点、つまりデザインの本質が人に属するものとして設計者や関係者がどのように考えて作ったのかに注目する。最後は、設計者の思惑よりもさらに上流にある制約部分からの影響を考える。制度や技術などの歴史的な側面、あるいは当時の社会背景を考慮して対象を見る方法だ。

●市場を歩く：建築探偵になってみる

まず始めに、本部町営市場に訪れて私がありのままに感じたことを記したいのだが、出だしで非常に苦慮してしまっている。出身も在住も那覇市である私は、今回の執筆依頼を受けて初めて本部町営市場を意識させられた側面があるからだ。そんな内実を知らない人物の語りは、どこか無責任なものとなってしまいかねない。だから、独りよがりになりがちな評価を下すような言葉をできるだけ避けている。どんなところに注目したかという部分に重心を置いて読んでいただきたい。

本部町営市場を訪れて建築的に気になった部分は次の点だ。不整形な敷地に合わせて目いっぱいに建築面積を確保しようとしていること。市場内の通路が真っすぐ通り抜けられるようになっていること。市場の2階に講演や式宴の可能なホールがあること。1階の柱割りが独特で、2階のホールも1階の柱割りの影響を受けた外形となっているところだろう。

市場とは古くから人が集まる場所にできるものだ。有限な土地を多くの人々同士諍いなく活用しようと思うと、不整形な敷地でもなるべく最大限利用したいであろうことは想像に難くない。交差点の隅切り部にも沿うようになるべく敷地いっぱいに建築空間を確保した上に、さらに庇を延ばすことで雨に濡れないアマハジ（雨端）空間をつくっている。

縦横に抜けた通路の両端は開け放たれているので、屋内でありながら屋外のような開放感がある曖昧な空間だ。明確な敷居を跨ぐのは緊張感があるのに対して内外が曖昧だと多少気軽に入りやすい。通路は幅も1・8～1・4mほどなので、戦後の那覇の裏路地であるスージグヮーのような雰囲気だ。自動車交通が一般化する以前の人の往来から導かれた生活路の通路幅と言えるだろう。

また、用途についても興味深い。市場併設のホールという複合用途は現在であれば違和感なく感じるが、当時としては目新しかったのではなかろうか。近年における海外のショッピングモールでは地域コミュニティ機能を持ったイベント広場や集会場を併設した「ライフスタイルセンター」の事例も多いと聞く。その意味では、本部町営市場は他の市場にはなかった先駆的な事例であろう。現在、2階のホールは利用できなくなっているようだが、市場の通路を抜けた中心部には「ゆくい広場」があり、地域の子どもたちにも利用されている。商業機能だけではない、地域の核となる可能性を感じる場所だ。

柱割りも独特で、柱型が通路を邪魔しないよう店舗の内部に極力納まるようになっている。市場内部は整然と柱が均等に並んでいるのに対して、外側は不整形な敷地境界に合わせて桂馬のように飛び飛びで柱が並んでいる。2階は1階の柱からの通し柱で考えなければならないから、不整形な配置の柱も取り込んだ平面形になっている。要は、敷地の隅切り部分に合わせた柱によって2階のホールも角が隅切りされている。

本部町渡久地を訪れ交差点に立つと、隅切りされた2階ホールの壁面と目が合う。このような場所を建築学などでアイストップと称する。自然と目が止まり印象に残りやすい場所ということは地元民にも把握されているようだ。「本部町営市場」の銘板だけでなく、懸垂幕や電光掲示板が設けられていてメッセージボードのような使われ方をしている。この壁面は、外部から訪れた私たちも見上げてしまう地域の貌となっているのだ。

次に、属人的な視点で確認したいのだが、こちらはありのままに見ること以上に苦労した。先に結果を記すと、設計者にお会いして話を伺うことはできなかった。どのようなことを考えて設計されたか知りたかったので残念だ。

設計者は島　武三さん。後述するように情報不足で悩ましい部分があったので、控えるべきかどうかで考えさせられた。とはいえ、本部町の町制25周年記念の式典では、市場建設の感謝状が贈られている立派な功労者だ。胸を張れる功績なのだから知ってもらうべきだろうと思いなおした。懸念点というのも私の憶測なので、至らない部分があったとしたら私の調査と文章の方である。

まず、設計者名を探すのにすごく苦労した。私たち建築関係者の間でも話題になったことがないし、本部町史などを探してもほとんど言及されていない。さまざまな資料にあたり、行き着いたのは沖縄県公文書館だ。沖縄が復帰する前の琉球政府時代の書類や米国民政府の史料が収蔵されている。

当時の本部町は、市場兼ホールの建設にあたって自前で建築予算を捻出することができなかった。そのため起債する旨の申請書を琉球政府に届け出ていた。また、竣工後はホール内部のカーテンや音響設備機器などの費用確保のために米国民政府の高等弁務官宛てに補助金交付を願い出ていた。これらの史料が公文書館に残されていたのだ。

公文書館史料に市場の基本図面も添付されていたことから、設計者の名前が島　武三さんであることや事務所所在地を知ることができた。所在地はコザ市と記されていた。ここで、私室の本棚に仕舞っていたコザに関係した有用な書誌『沖縄市史 第九巻：戦後新聞編』が活きた。このDVDのなかにコザにまつわる新聞紙面の見出しや人名などが収められており、検索することができるのだ。そこで見つかった掲載可能性のある新聞の日付を書き留めて、沖縄県立図書館で当時の新聞紙面を探すという地味な作業を続けた。

史料調査で見つかった内容をもとに時系列で記したところ、次のようなことが分かった。本部町営市場建築時は丸山設計事務所という名義になっていたが、翌年には同所在地で島建築設計事務所という屋号で独立して事務所広告を出していること、そしてコザ市役所で都市計画課主事や建築技師を歴任する同姓同名の方がいることだ。とりあえず、市場を設計した島さんを島Aさんとして、同一人物かどうかわからないコザ市役所の島さんを島Bさんとしよう。

1967年、コザ市中央公園が竣工している。現在の沖縄こどもの国園内の高台の公園のことで、かつてはトゥイシジ森と呼ばれていた場所だ。泡瀬を見渡すことのできる展望台前には公園の竣工記念碑が立っており、設計者として島Bさんの名を確認することができる。

ここで、私はおやおやと唸ってしまった。本部町営市場が竣工したのは1966年だ。市役所職員の島Bさんが島Aさんと同一人物だとすると、公務員のまま本部町営市場の設計も行ったことになる。現在の基準に照らし合わせるとあまり望ましいことではない。

1950〜1960年代の建築士は、民間から行政職員になったり、行政職員を辞めて独立事務所を立ち上げたりすることが多かった。戦後の沖縄の著名建築家のほとんどが行政で建築関係の職に就いた経歴を持っている。ちょっとした公共建築物なら行政の建設部内で設計していた。そういうこともあってか、民間の住宅設計などを副業として請け負う公務員も多かったという。

沖縄建設新聞 編『新聞が見た建設業』によれば、1961年の沖縄県建築士事務所協会の定期総会では公務員の「設計アルバイト取締り」についての決議を行い琉球政府工務交通局長に陳情したという。たとえば極端なケースを考えると建築確認申請窓口の審査担当職員が知人から住宅設計を請け負って、自身で建築確認済証を交付していたりすると公正性の観点からすると問題であろう。当時は需要に対して建築士の絶対数が少ないこともあったからであろうか、現在の基準にはそぐわないものの大きな問題になることなく容認されていたようだ。

とはいえ、1960年代初頭には公務員の設計アルバイトが議論になり始めていたわけだから、本部町営市場の設計者名をなかなか探し出せずに大変だったのはコザ市役所職員のまま本部町営市場の設計をしていたことを知られたくなかったからではないか。丸山設計事務所という名義だったのも直接設計を請け負うことに支障があったから第三者の設計事務所を通したのではないか。憶測が憶測を呼んでしまい、悩んでしまった。

本稿の締め切り間際、まだまだ調査は続いていた。島Aさんの島建築設計事務所は2005年頃まで続いていたようなので、連絡先を見つけることができた。ダメ元で電話してみたところ、つながった。島設計事務所の所員だった方が独立されて、電話番号が引き継がれていたのだ。残念なことに、島 武三さんは2006年に亡くなられたという。町営市場の件を尋ねると、その時代の現場には立ち会っていないのでわからないが、島さんが本部町出身だったことも関係しているのではないかと教えていただいた。はたして島Bさんは同一人物だろうか。尋ねてみたところ、「独立される前はコザ市の嘱託職員として設計していたみたいですね」と回答をいただいた。なんと島Bさん同一人物説は正しかったらしい。でも、嘱託なら民間の仕事を請け負っても大丈夫だったということなのであろうか。当時の嘱託の契約内容によって異なりそうだ。時代の雰囲気はなんとなくわかったが、このアプローチでの私の調査はまだまだ不十分のようだ。結局、島武三さんがどのような想いで本部町営市場の設計をされたのか知ることはできなかった。

●闇市から近代へ：戦後沖縄の市場とインフラ整備

設計者の意図を直接尋ねる機会が得られないのであれば、他の観点から検討するしかない。そういう訳で最後のアプローチは、社会背景などから当時の課題を読み解く方法だ。建築物は何かしらの課題解決を目的として建築されるものだと考えて歴史を遡ってみよう。

■待望の全島電化：本部に灯がともる

1966年に建てられた現在の鉄筋コンクリート造の本部町営市場は建替えによってできた建物だ。『本部町史』を読むと戦後の露店整理として1957年に木造平屋の11棟が現在の敷地内に建てられていたらしい。そう聞くと、奇妙に感じられるのではなかろうか。たった9年で建替えに至ったのはなぜだろうか。

　前節で説明した起債許可申請書には建替えに至った理由書も添えられており、次のように書かれていた。

「市場店舗は木造建築なるため毎年腐朽しつつあり尚、瓦の破損等による雨漏りもあり本町町制25周年記念事業の一つとして恒久的建物（ブロック積2階建スラブ葺（※）、2階はホール）に改築致したいと思いますがその改築には莫大な費用が入りますので本町1《ママ》般財源の現状よりその財源捻出は困難であるため起債により施行致したい」

　さらに「暴風雨の際は商品を自宅に持ち運びする等多くの不便を感じて居り更にマーケット内には飲食店経営者もあり火災予防の面よりも早急にその改築が要望されて居ります」とも記されている。

『本部町史』掲載の写真などを見るに、おそらく建替え前の本部町営市場は、1953年に建てられ2017年まで残っていた那覇の農連市場のような感じだったと思われる。柱と大屋根だけの開放性の高い造りだから、横殴りの暴風雨には敵わなかったのではなかろうか。しかも、農連市場と異なって風の強い海沿いに立っている。老朽化というのは、一見すると納得しやすい説明だ。

　私は別の要因も大きかったと思っている。私の直観ではインフラ整備だ。沖縄において人口増加への対応とそれを支える上下水道などのインフラ整備が1960年代の社会課題だったからだ。電化というと、現在では炊事や給湯含めて電気製品で賄うオール電化を思い浮かべる人が多いのかもしれない。当時の沖縄で電化といえば、発電所から配電されるようになり、終夜あかりが得られることを指していた。

　戦後の沖縄では米軍払い下げのディーゼル発電機などを利用して夜間点灯用として発電事業が始まった。1952年に公布された電気事業法にもとづいて「準電気事業者」として認可された数だけでも134社あったという。発電機を増設し産業用として昼間配電も行うようになるが、需要を満たすほどの安定供給ができない状態が続いた。同年、ガリオア資金により牧港発電所が竣工し、1954年に米国民政府（USCAR）により琉球電力公社が設立された。発電事業は米国民政府が統括する琉球電力公社によって運営され、配電は民間で行うこととなった。沖縄島では主に5つの配電事業者によって担われた。実は1961年末に名護変電所が完成するまで、名護市でさえ琉球電力公社からの電気は届いていなかった。北部電化の中間目標である本部半島を一周する供給地域への工事に着手されたのは1965年だった。

　つまり、本部町営市場が建築された1966年は、本部の変電所が完成した年でもあり、待ち望んだ電化を目前とした年だったのだ。市場の設計図を見ると分電盤の配置も記されており、刺身屋や肉屋を予定した場所には冷蔵庫も描かれていた。電化を前提とした設計内容だった。

　こうして島の電化は着々と進んだ。1970年7月22日、東村、大宜味村、国頭村まで電気が届くようになったことを受けて北部完全電化完成の祝賀会が催され、街灯の終夜点灯も実施されたという。ところが、公式記録における全島電化の完了年はもっと後だった。沖縄島で最後に電化が済んだ地域は、名護市源河大湿帯だという。集落入口には電気・通信開通記念石碑があり、次のように記されている。「この地に電灯がともり　電話が通じる　1982年1月　オーシッタイ自治会　8世帯23名」

尺貫法の謎：建替え前の店舗を再現

電化以外にも図面からは別の課題も読み取ることができる。先日訪れたという修士課程の学生の論文を市場で見せていただいたが、鋭い指摘がされていた。写真などから推察される11棟あったという建替え前の木造平屋の市場の平面と、建替え後の市場の店舗の割付けや通路の構成が似ているのだという。建替えの前後で入居している店舗それぞれの面積が変わらないようにしているものと思われる。当初、訪れたときにスージグヮー（路地）のような幅の通路だと思ったが、本当に11棟の建物間を抜けるスージグヮーの構成を残した設計だったのだ。

私もこの主張を裏付ける証拠を見つけることができた。図面が尺貫法のスケールで描かれていたのだ。日本本土では、1951年に制定された「計量法」により1958年末をもって尺貫法を用いることは禁止されている。土地と建物の計量については1965年の年度末までだった。これに対して沖縄では琉球政府が計量法を制定したのは1953年で、メートル法の専用が始まったのは1959年からだった。つまり、すでに制度上はメートル法で図面を描かなければならなかった時代だったにも関わらず、尺貫法を採用していたということだ。なぜなら、建替え前後に続けて入居する店舗との諍いに発展しないようにするため、建替え前の市場の構成をできるだけ残し、忠実に面積を再現したかったからだということになる。

■変わりゆく公設市場の役割：地域の核として

最後に、初心に立ち返って公設市場の役割について考えてみたい。公設市場はその時代ごとの社会的役割を果たしてきた。その経緯を確認してみよう。

公設市場は、大正時代の米騒動に端を発している。経済学的には第一次世界大戦で一時的に停止していた金本位制を復活させるなどの政策によって起こったインフレが原因と考えられている。物価上昇により日々の糧すら満足に得られない状況への対応策として、1918年に実験的に開設された「大阪市設小売市場」が日本最初の公設市場とされている。同年に米騒動が起こるのだが、大阪市設小売市場近隣では損害が軽微だったことから、小売価格安定を目的として全国的に公設市場が設置されるようになる。このように、当初は社会福祉的な目的を持っていた。

ちなみに戦前の沖縄でも那覇の東町に公設市場が設置されているが、仁昌寺正一『那覇の公設市場について』によれば公設市場ではなかったという。通常の相対取引で価格が決まっており、食料品の価格統制のための「公定価格」が設定されていなかったようだ。戦前の本部町市場も、現在とほぼ同じ場所にあったという。琉球王府時代から続くような取引風景だったと推察される。

戦後の公設市場は主に闇市や露店整理のためにつくられていることが多い。戦後直後というのは多くの河川が暗渠化されたり埋め立てられた時代である。行政が戦争による瓦礫で川を埋

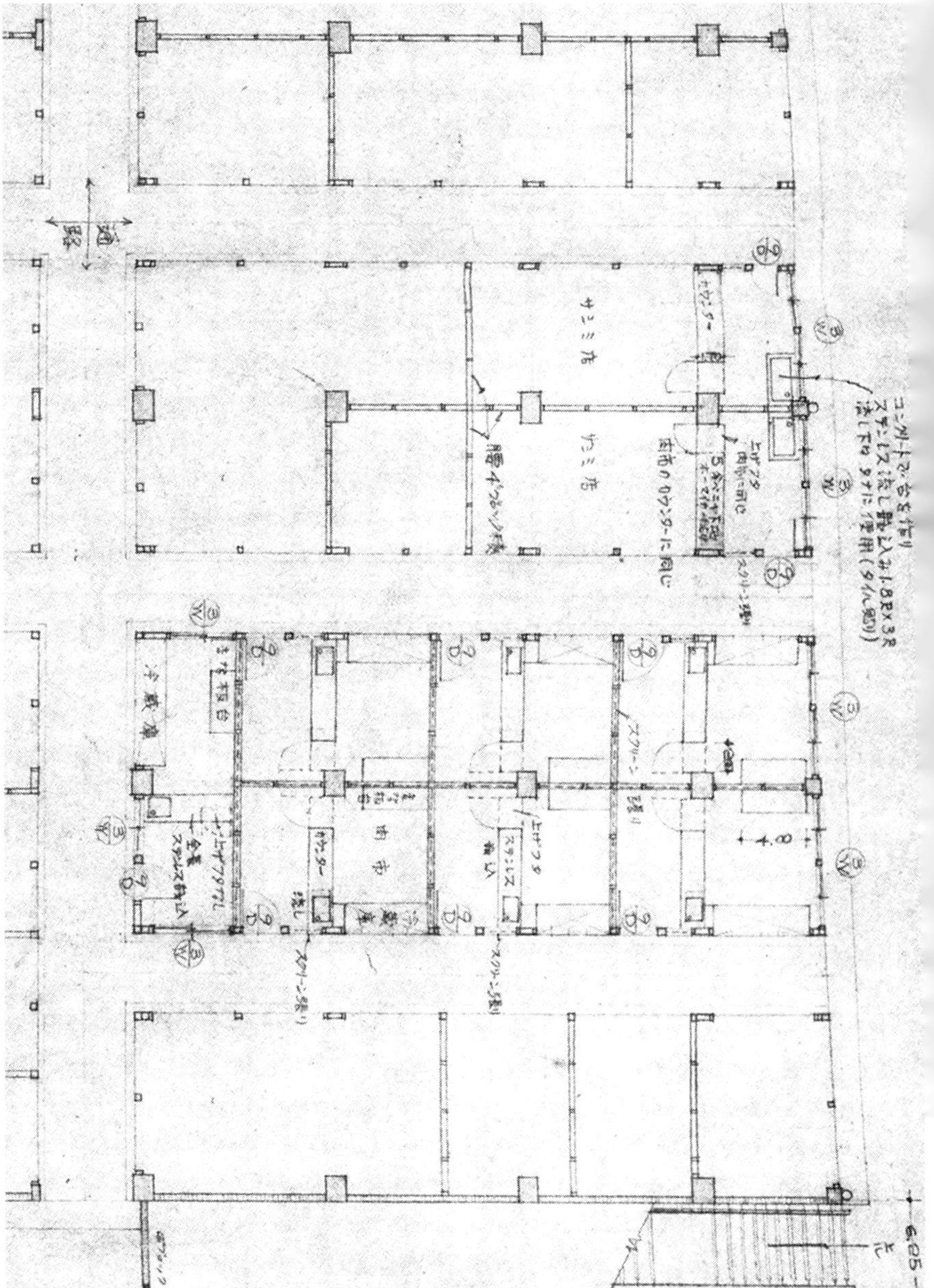

現在の本部町営市場の設計図（一部）。0000139374 琉球政府文教局指導部社会教育課
『本部町町制 25 周年記念会館建設に伴う弁務官資金交付要請陳情書　1966 年』1966 より抜粋

め立てて新たに捻出した土地を売却し、公設市場をつくって露店の人々を誘致するなどして解決していた。１９５３年に那覇の都市計画のために招聘された都市計画家・石川栄耀の戦後の東京での主な仕事が、不用河川埋立事業と露店整理事業だった。彼が那覇に訪れたときに、その手法も伝わったのであろう。その後のガーブ川沿いの露店整理において、川が暗渠化されてその上に牧志水上店舗が建造されたのは象徴的である。

戦後の本部町営市場もまた食料が乏しい状況の価格統制に抗った闇市から始まって、露店整理のために１９５７年に建設されており、海側を埋め立てるなど拡張されてきた経緯がある。

60年代後半の沖縄の公設市場は、主に団地に併設される形で建てられた。ソ連との冷戦関係下にあった米国にとって、公営団地は共産主義的な住居形式だった。米国民政府も団地建設よりは住宅建築融資を優遇したため、沖縄の団地建設が本格化するのは本土より遅れた。マンモス団地は商業地から離れて建てられるので、日々の生活雑貨の購入などでの往来が増えると近隣住民にも支障をきたすと考えられたのかもしれない。那覇市宇栄原団地の中央部には公設市場が設置され、二階には集会場があった。すでに取り壊されてしまった若松団地も一階には公設市場があり、中に入ると本部町営市場と同じような路地沿いに店舗が並ぶような構成だった記憶がある。

このように変遷を確認していくと、その時代ごとの課題に応えるように公設市場も目的を変化させて役割を果たしてきたことがわかる。

●継承と刷新：本部町営市場の価値再考

以上、3つのアプローチで本部町営市場を検討した。ありのままに見るアプローチで感じた市場の通路は、その背景を探るアプローチで旧市場の構成を残したものだったということが発覚した。あえて尺貫法で図面が描かれたことからも正しいように思われる。設計者の意図を探るアプローチでは、結局、設計者から話を伺うことは叶わなかったが、本部町出身だったという証言を得ることができた。戦後の本部町の市場や人々の姿を設計者は知っていたのではなかろうか。それまでの市場の構成を残しながら、これからの本部町に必要とされたホール機能を無理なくあてがうように設計されている。時代の変化に応じながらも継承と刷新を図った建物が現在の本部町営市場である。

現在の本部町営市場は解体の方針が立てられ、今後について検討されている最中である。これまでの本部町営市場が果たしてくれた役割を再認識し、共有される必要があるだろう。そして何を課題と定めるか。また市場の持つ特色や価値がどういう部分にあり、どう継承し、どう刷新していくか。そんなさまざまに検討されるであろう議論の参考としてわずかでも本稿が寄与できれば幸いである。

（※）起債理由書には「ブロック積2階建スラブ葺」と記されているが、柱梁はコンクリート打設されているので、鉄筋コンクリート造が正しい。当時までコンクリート打設工事はコンクリートを型枠に行き届かせるための圧送車（コンクリートポンプ車）がなく、人力で行っていたため大変な作業だった。1963年頃にアメリカで車載式のコンクリートポンプが開発され、1965年には日本でも石川島播磨重工がコンクリートポンプ車を開発した。1967年頃から工事現場の導入事例が登場している。沖縄も少し遅れて現場に導入されているであろうと考えると、本部町営市場建設では人力で打設していたと考えられる。そういうこともあって、コンクリート打設の省力化のために、50～60年代の沖縄では柱梁は鉄筋コンクリート造だが、壁はコンクリートブロックという形式の建物が多い。鉄筋コンクリート造を示す「RC造」とコンクリートブロック造を示す「CB造」を掛け合わせた造語で「RCB造」と呼ばれることも多い。沖縄独自の表現で不動産広告などで現在でも使われている。

参考文献

本部町史編集委員会 編『本部町史 通史編 上』1994

本部町史編集委員会 編『本部町史 資料編 3(新聞集成 大正～昭和戦前・戦中期の本部)』2001

本部町史編集委員会 編『本部町史 資料編 4(新聞集成 戦後米軍統治下の本部)』2002

沖縄建設新聞 編『新聞が見た建設業――沖縄の建設業とその歴史(建設叢書7)』2001

仁昌寺正一「那覇の公設市場について」『東北学院大学論集経済学 144号』2000

古堅哲『うるまの灯―沖縄の電力事業史』(社団法人 日本電気協会)1980

中島直人、西成典久、初田香成、佐野浩祥、津々見崇 共著『都市計画家 石川栄耀――都市探求の軌跡』(鹿島出版会)2009

日本産業機械工業会 編『産業機械工業戦後20年史』1968

R00002954B 琉球政府総務局行政部地方課『起債許可申請書 1966年度 北大東村庁舎建築工事 屋我地村庁舎建築費 本部町営市場店舗およびホール新築費 石垣市市場建築費 平良市庁舎増築工事費』

１９６５
R000002953B 琉球政府総務局行政部地方課『起債許可申請書　１９６６年度　豊見城村貸付土地購入　本部町営店舗及びホール新築費　宜野湾市庁舎建築費』１９６５
0000139374 琉球政府文教局指導部社会教育課『本部町町制25周年記念会館建設に伴う弁務官資金交付要請陳情書　１９６６年』１９６６

普久原朝充（ふくはら・ときみつ）昭和54（１９７９）年那覇市生まれ。琉球大学環境建設工学科卒。アトリエNOA勤務の一級建築士。仲村清司、藤井誠二との共著作に『沖縄 オトナの社会見学R18』（亜紀書房）、『肉の王国 沖縄で愉しむ肉グルメ』（双葉社）がある。建築監修作『沖縄島建築 建物と暮らしの記憶と記録』（トゥーヴァージンズ）。２０２０年11月〜２０２３年2月タイムス住宅新聞にて『フクハラ君、沖縄建築を学びなおしなさい』を連載。たまに桜坂市民大学で「沖縄歴史散策のための地図の読み方・探し方」という講座を開いています。

島しまかいしゃ　奥野美和

「一言で言えば『レトロ』になるのかもしれないんですけど、ここには人の手垢がたくさんついている感じがする。その歴史が、今の雰囲気をつくり上げているんだと思います」

アカショウビン、ヤンバルクイナ、ハイビスカス、ヤールー(ヤモリ)、ジュゴン……。羊毛フェルトで作られた可愛らしいハンドメイド作品が、所狭しと並んでいる。羊毛フェルトの作品だけでなく、オリジナルデザインの手拭いやTシャツ、マスキングテープにメモ帳がずらりと並んでいる。

ここは「島しまかいしゃ」というお店だ。

店主の奥野美和さんは、昭和53(1978)年大阪生まれ。

初めて沖縄を訪れたのは、21歳のときだった。自分から「沖縄に行こう!」と思い立ったわけでもなく、友人にくっついて沖縄に出かけることになった。その旅が、美和さんが沖縄に移住する入り口になったのだった。

「そのときはしばらく沖縄で過ごしてたんですけど、沖縄には誰も知り合いがいないはずだったのに、偶然の出会いがいくつかあったんですよ。あるとき、離島に行こうと思い立って『とまりん』(泊港旅客ターミナルビル)に行ってみたら、一緒に旅をしていた友達の先輩とバッタリ会って。その人は沖縄出身で、『これから阿嘉島にキャンプに行く』というから、そこに同行させてもらったんですよね。それから、また別の先輩にも会ったんですよ。その人は大学を出たあと、沖縄県立芸術大学の大学院に進んで、国際通りの近くに住んでたんですね。その先輩の家にしばらく泊まらせてもらって——当時は国際通りで道売りしてる人たちがたくさんいて、結構ナチュラルな感じの人が多かったんですけど、その人たちに話しかけて、仲良くなったりして。こうやって話してみると、あの頃は若かったなって感じがしますね」

美和さんは当時、京都精華大学の芸術学部に通っていた。

小さい頃から、絵を描くのは好きだった。

周りから絵を褒められることも多かったし、美術の成績も良かった。高校卒業後にすぐに就職する気にもなれず、普通の大学に進学することには興味が持てなかったから、芸術系の学部に進学する道を選んだ。学生時代には、暇を見つけては旅に出ていた。きっかけとなったのはあるＣＭだった。

「たしか小学生ぐらいの頃に、『なるほど！ザ・ワールド』を観てたら、椎名誠さんが出てるコマーシャルが流れたんですよ。椎名さんが馬に乗ってモンゴルの大草原を走ってて、『こんなところがあるんだ！』と驚きました。まわりに何もなくて、ただ大草原が広がってる。自分もそんなところに行きたいと思って、大学生のときにモンゴルに行きました。台湾からの留学生の子が、中国から内モンゴルに行くツアーを企画してて、それに参加したんですよ。それが最初の海外で、観光客用のものではあるんですけど、草原の中のゲルに泊まりました。そうやってあちこち出かけてる頃に、初めて沖縄に来たんです」

道売りが並んだ国際通りの雰囲気も、阿嘉島の海の美しさも印象的だったけれど、美和さんが何より感銘を受けたのは石垣島だった。

「初めて石垣島に行ったとき、すごく解放された感じがあったんですよね。当時の自分は、芸術を追い求めるというか、もっと表現しなければと追い込まれてるところがあって、かなり苦しかったんですよ。でも、石垣島の自然を前にしたら、『ああ、この自然は超えられない』と思ったんです。その瞬間に、無理に表現しようとしなくていいんだと思えて、すごく解放された感はありました。そこから自然暮らしのほうにシフトしていったんです」

美和さんの郷里・岸和田も、家のまわりには田畑が広がっていて、小学生の頃はザリガニやオタマジャクシをつかまえて遊んでいた。暖かくて自然に囲まれて暮らしたいと、大学を卒業するとすぐに石垣島に移り住んだ。

「私が住んでたのは、石垣の川平《かびら》地区というところだったんです。川平と言っても、川平湾のあたりじゃなくて、山の中に住んでました。その当時は、土と近い生活にあこがれがあって、自給自足に近い暮らしをしながら、自然の中で子育てできたらなと思っていたんです。ただ、実際は生活費を稼ぐためにアルバイトをしてたんですけど、こどもが生まれてからはアルバイトを続けるのが難しくなったんですね。待機児童が多くて、なかなか保育園にも預けられなくて。なにか生活費を稼ぐ方法はないかと考えていたときに、石垣にある『中村ざっか』さんが『なにか作ったら、うちで置くよ』と言ってくれて、ちょっとした副業になればと思って作り始めたんです」

最初に作ったのはポストカードだった。せっかくなら沖縄らしい絵柄にしようと、手踊りする女性の姿を消しゴムハンコに彫り、ポストカードに押した(このカチャーシー柄は現在も販売中)。石垣を訪れるまでは「表現しなければ」と追い詰められていた美和さんだったが、沖縄ならではのモチーフを描くのは楽しかった。

「やっぱり、なにかを作るのが好きだったんだと思います。それに、自分が作ったものが売れていくのは、この上なく嬉しいです。どうして消しゴムハンコでやってみようと思ったのかはもうおぼえてないんですけど、これだと彫りやすいですし、押してみたら良い味が出る。当時は作業場があるわけでもなかったので、こどもを図書館に連れていって、こどもが絵本を読んでるあいだに、私はハンコを彫る。あるいは、こどもを寝かしつけたあとに、24時間営業のマクドに行って、作品をつくる。しばらく続けているうちに、ホテルの売店だとか、置いてもらえるところも増えていって。買っていただけるお客さんがいたから続けてこれたっていうのが一番ですね」

「島しまかいしゃ」は、2007年にオリジナル商品の制作を始めたときから名乗っている屋号だ。この屋号は、戦後の沖縄を代表する作曲家・普久原恒勇《つねお》が手がけたヒット曲「島々清《かい》しゃ」に由来する。「清しゃ」とは「美しい」を意味する八重山の言葉で、石垣の美しい光景が歌に描かれている。

観光客として眺めるぶんには、石垣の自然はただ美しいものとして目に映る。だが、沖縄の中でも最南端に位置する八重山諸島は台風の通り道であり、時に自然は猛威を振るう。美和さんが自然のおそろしさを痛感したのは、２００６年９月に台風13号が襲来したときだった。石垣では最大瞬間風速67メートル毎秒を記録し、石垣市で16棟が全壊、電柱の倒壊・折損は２５０本を超え、全世帯の約８割が停電した。

「こどもたちはまだ小さかったから、台風のことを気にせず寝てたんですけど、電柱もバキバキ倒れて、家が吹き飛ばされるんじゃないかって怖さを感じたんです。あの台風はちょっと、ほんとに死ぬかもしれないと思いましたね。自然に囲まれて暮らすのはすごく楽しいんですけど、かなり過酷でした。それに、沖縄本島に比べると、石垣はどうしても不便なところもあるし、物価がちょっと高くなるんですよ。でも、アルバイトの時給は安いし、こどもを保育園に預けるのも大変で。石垣には８年住んだんですけど、この暮らしを続けるのは大変なんじゃないか、あんまりストイックに考え過ぎないほうが暮らしやすいんじゃないかと考えるようになって、沖縄本島に引っ越すことにしたんです」

こうして美和さんは、家族揃って沖縄本島に移り住むことに決めた。山も海もあり、住みやすそうな雰囲気に惹かれ、引っ越し先に本部町を選んだ。それまで川平の山の中に暮らしていたこともあり、「車線もたくさんあるし、コンビニもたくさんあって都会だな」というのが最初の印象だった。

「本部に引っ越して、市場で手作り市が開催されてると聞いて、出店してみることにしたんです。石垣にも手作り市みたいなイベントはあって、向こうでも出店してたんですけど、そんなに売れなかったんですよね。でも、もとぶ手作り市だと結構たくさん売れて、すごく嬉しかったのをおぼえてます。だから、出店できるときは毎回参加したり、名護のまんまる市に出店したりしているうちに、『市場に空き店舗の募集が出てるよ』と教えてもらって。すぐに申し込みをしたら、無事審査に通って、ここで店をやれることになりました」

石垣に暮らしていた頃から、いつか自分の店を持ちたいという夢はあったけれど、家賃のことを考えると現実的ではなかった。でも、本部町営市場なら家賃も安く、どうにか続けていけそうだった。２０１１年冬、美和さんは「島しまかいしゃ」をオープンする。

「私が借りる前は、『いちばキッチン』の菜那ちゃんがここで『よんなーｃａｆｅ』をやっていて、その前はずっと靴屋さんだったらしいです。隣の区画は、当時『農家の店』というかき氷屋さんだったんですけど、コロナの頃にやめられたので、そっちも借りることにして、壁を取り払って拡張しました。それまではエアコン取り付け不可の区画だったので、夏はほんとにサウナみたいな感じだったんですよ。お客さんも汗だくになってて、すごく申し訳なかったんですけど、拡張してからはエアコンを取り付けられるようになったので、それからは涼しい夏を――クーラーをマックスでつけても、真夏だとあんまり効かない日もあるんですけど――前に比べたらだいぶ涼しくなりました」

美和さんが市場にお店を構えた頃は、ベテラン世代がまだまだ現役だった。「島しまかいしゃ」の向かいは、現在空き店舗になっているけれど、２０２４年3月までは「松田商店」という老舗の商店が入居していた。

「向かいの松田さんは、長くお店をされてたんです。でも、少し前に亡くなられて、そのあとは奥さんがしばらく続けてたんですけど、今年の3月に閉店されたんです。日用雑貨を扱うお店で、小麦粉とか麩とかがかかってて、業者さんぽい人が買いに来たり、クロネコヤマトの集荷が一日に何回か来たりしてました。一日中テレビをつけていて、うちの息子は小さい頃によく遊びに行って、一緒にテレビを観てましたね。いつも穏やかで、怒りそうな感じが全然しない、優しい人でした。今は『シーサーや』さんになってるところは、昔は荻堂さんっておばあさんが洋服屋をされていたんですよ。すごく優しい雰囲気の方で、よく近所のマダムたちが集まってました。皆さんによくしてもらって、すごく居心地が良かったですね」

ただ、美和さんがお店を構えた２０１１年は、市場から活気が消えかけていた頃だった。毎月開催される「もとぶ手作り市」は大勢のお客さんで賑わっていたけれど、平日に市場を訪れる買い物客は少なく、観光客もあまり見かけなかった。最初のうちは「島しまかいしゃ」の売上では生計が立てられず、早朝にホテルでアルバイトをして、そのまま市場のお店を開ける日々が続いた。「もうお店を閉じたほうがいいのか」と迷うこともあったけれど、1年、2年と続けるうちに雑誌やガイドブックに掲載され、「島しまかいしゃ」を目指して本部にやってきてくれる人も増えていった。次第に空き店舗も減り、市場にも活気が戻ってきたところに、市場を解体する方針が伝えられた。この重大な時期に、「本部町営マーケット通り会」の会長を任されていたのが美和さんだった。

「通り会の会長は1年ごとに変わるんですけど、今年度の会長を決めるとき、あみだくじで当たりを引いてしまって、私が会長をやることになったんです。役場からの連絡を皆に伝達したり、市場の皆の意見を役場に伝えに行ったり、年度末の収支報告会で読み上げをしたり――会長の仕事って、普段だとそれぐらいなんですよ。市場が解体されることになって、やらなきゃいけないことが一気に増えたんですけど、私が力不足過ぎて……。交渉ごとも苦手だし、メッセージを発信するのもすごく苦手で、通り会長の重みを改めて感じています。でも、それをきっかけに多種多様な人たちと話す機会が生まれて、沢山の人が市場のことを思っていただいてることを知れたり、色んな人に支えられてることが実感できたりしているので、ものすごく感謝しています」

解体の方針が伝えられた際、役場の担当者は、補強によって現在の建物を存続させることは「不可能」だと語っていた。でも、美和さんの中にはずっと、「どうにか今の建物を残せるんじゃないか？」という疑問があった。

「ここに来てくれるお客さんの中には、建築関係の方もいらっしゃるんですけど、『ここ、全然残せるよ』と話してくれたんですよ。去年、工学院大学の初田香成先生が、学生さんたちと一緒に、市場の調査をしにきたんです。その初田先生が調査結果の報告書を届けに来てくれたときに、『古いRC造の市場や商店街の建築を保存して使い続けている例はたくさんあって、その雰囲気にひかれて若い人が新たに入ってくるようなところも増えてきています。助成金を探したりして残せる方法はいろいろありますよ』と教えてくださったんですよ。それと、瀬底に住んでる一級建築士の藤野敬史さんが『現代の建築技術にできないことはない』と言ってくれて、この市場を補強して残せるようにと、市場協議会のメンバーに加わってくれたんです。役場は『補強は不可能』と言っているから、それを鵜呑みにしてましたけど、残すことができるんだとしたら、ちょっと話が変わってきますよね。どうにか今の雰囲気を残す形で補強して、空き店舗になっているところに20代、30代の若い人たちに入ってもらって、昔ながらの店と新しい店が混ざっていくと、もっと面白くなると思うんですよね」

市場協議会とは、市場の今後を話し合うために、市場の店主6名と、町営市場で毎月開催されている「いちば市」というフリーマーケットに携わっている上村直子さん、それに藤野敬史さんと妻の藤野菜々恵さんが9月25日に会合を開いたところから立ち上がったものだ。

本部町営市場は、2024年で築58年を迎えた。

古い建物は、人を惹きつける。初めて訪れる場所だったとしても、年季の入った建物を前にすると、どこか懐かしさをおぼえる。それが解体されると聞くと、寂しくなる。それは一体なぜだろう？

「一言で言えば『レトロ』ということになるのかもしれないんですけど、ここには人の手垢がたくさんついている感じがするんですよね。本部の市場自体は明治の頃からあったらしいんですけど、その頃から脈々と受け継がれてきた流れがあって、いろんな人たちが入れ替わりながらここで過ごしてきて、その歴史が今の雰囲気をつくり上げているんだと思うんです。建物は段々古くなっていきますけど、この雰囲気が残せるんだとしたら、それに越したことはないですよね。私自身も、制作もここでやっているので、家よりこっちにいる時間のほうが長いんですよ。だから、ここをなくされたら困ります」

美和さんは本部出身でもなければ、この市場の風景を見ながら育ったわけでもなかった。でも、13年過ごしているうちに、ここはかけがえのない居場所になった。現在の市場の建物を存続させたいと願いながら、美和さんは通り会の会長として奔走している。

Half Time Cafe　岡田奈津記

「昔に比べると、喫茶店がすごく減っていて、皆が集まってお茶する場所がなくなっていた。それもあって、地元でカフェをやりたいなと思うようになったんです」

市場を歩いていると、鮮やかな赤色が目に留まった。2023年9月にオープンした「Half Time Cafe」の店頭には、本部町産のアセローラを使ったフローズンの写真が掲げられている。お店の入り口も、赤く縁取られている。その色に誘われるようにお店に入り、もとぶ産生アセローラジュースを注文した。

「アセローラは、本部町の特産品なんですよ」。オーナーバリスタの岡田奈津記さんはそう教えてくれた。看板に掲げられていたアセローラフローズンには、「アセローラフレッシュ」という地元の企業がつくるピューレが使われている。

アセローラが沖縄に持ち込まれたのは、昭和33（1958）年のことだった。地上戦で荒廃した沖縄を復興させるべく、「沖縄熱帯果樹の父」と呼ばれるハワイ大学教授・ヘンリー仲宗根がアセローラの挿し木を持ち込んだのがはじまりだった。だが、アセローラ栽培はすぐには定着せず、しばらく取り残されたままになっていた。アセローラが脚光を浴びるのは、干支がふたまわりした昭和57（1982）年のことだ。

当時の本部町は、農業ではサトウキビが主な生産物だった。サトウキビ栽培は重労働で、高齢の農家には負担が重くなる。琉球大学でアセローラ栽培の研究をしていた並里康文は、郷里である本部町にサトウキビに代わる基幹産業を作ろうと、農家を訪ね歩き、アセローラを栽培しないかと持ちかけた。ほとんどの農家から門前払いをされる中、8戸の農家が賛同してくれた。平成元（１９８９）年にはアセローラの加工・販売を行うために「アセローラフレッシュ」が設立され、平成２（１９９０）年にアセロラピューレが誕生したことをきっかけに、本部町のアセローラは少しずつ知られるようになってゆく。当時の沖縄県知事・仲井眞弘多が本部町を「アセローラ拠点産地」に認定したのは、２００８年のことだった。

アセローラだけでなく、この土地ならではのメニューが「Half Time Cafe」には並んでいる。ブルーシールが本部町とコラボして誕生した、アセローラとカーブチーを使った「やんばるダブルシャワー」というフレーバーのアイスクリーム。市場の近くにある、昭和46（１９７１）年創業の「西平黒糖」の黒糖——釜炊きと濾過を7回繰り返し、時間をかけて煮詰める、昔ながらの薪釜製糖でつくられた黒糖——を使った黒糖ラテなど、本部町ならではの味が堪能できる。メニューを眺めながらアセローラジュースを飲んでいると、観光で本部町を訪れたのだろう、小さなこどもがやってきた。

「バナナジュースください」

「バナナ？　ごめんね、バナナはないんだ」

「バナナジュースが飲みたい」

「そっか。マンゴーならあるんだけどね。アセローラも、ちょっと甘酸っぱいけど、飲みやすいと思うよ」

「バナナがいい！」

「うん、バナナが好きなんだね」

「あとね、スパゲッティーも好き」

「スパゲッティー？　スパゲッティーならあるよ。たぶんきっと、いつも食べてるのとはちょっと麺が違うんだけどね。ここはね、おそばの麺を使ってるんだ」

最初のうちは「バナナがいい！」と言っていたこどもは、奈津記さんとやりとりするうちに「マンゴーがいい！」と言い出して、マンゴーフロートを手に、満足げにお店を出てゆく。入れ替わるように、女性のお客さんがひとりでやってくる。アイスカフェラテを差し出しながら、「お疲れ様」と奈津記さんが声をかけると、「表情だけで疲れてるのがバレちゃった？」と女性客は笑った。聞けば、奈津記さんとのその女性は同級生なのだという。

「私の実家も、この渡久地にあるんです」と奈津記さん。「小学校も歩いて通学してたので、このあたりは小さい頃からよく来てました。私は昭和52（1977）年生まれなんですけど、当時の市場はすごく賑わっていて、おもちゃ屋さんもあったり、CDショップもあったりして、ここに来れば一通り揃う場所でした。詳しいことはわからないんですけど、母から聞いた話だと、うちのおばあちゃんも昔、この市場で商売をしていたらしいんですね。だから、市場には昔から親しみがありましたね」

奈津記さんが「Half Time Cafe」を営んでいる場所には、数年前まで「福地鮮魚店」があった。そのさしみ屋さんは、奈津記さんが小さい頃からよくおつかいに訪れていた場所だった。

「そこはおじちゃんとおばちゃんがご夫婦で切り盛りされている鮮魚店だったんですけど、カツオのたたきが美味しくて、カツオの時期になるとよくおつかいにきてました。うちの親は刺身が好きだったので、週に2、3回は刺身が出てましたね。マグロとか他の刺身だと、親の同級生がやってるお店とか、知り合いのおばちゃんがやっているお店もあるので、普段はいろんな鮮魚店で買い物してましたけど、カツオのたたきは絶対ここで買ってました」

高校卒業後、奈津記さんは県内で就職する。3年ほど働いたのち、「若気の至りじゃないですけど、若いうちじゃないと色々挑戦できないだろうから」と、東京に移り住んだ。

奈津記さんが上京した1999年は、ひとつの節目となる年だった。

1999年の国会では、労働者派遣法の改正が審議され、可決されている。昭和61（1986）年に施行された労働者派遣法は当初、派遣労働が可能な業務を、専門的な知識を必要とする13業務に限って認めるものだった。つまり、派遣労働が可能な業務を明示する「ポジティブリスト方式」だった。だが、不況が長引くにつれ、規制緩和を求める声が高まってゆく。これを受けて、1999年に労働者派遣法が改正され、労働者派遣が禁止する業務を明示する「ネガティブリスト方式」に切り替わった。この改正によって、禁止された業務以外は労働者派遣が原則自由化されたのだった。

「都会で生活するのは大変だったので、昼は普通に派遣のデスクワークをして、夕方からはカフェでアルバイトをしてたんですね。20代の最初の頃だと、お酒にもちょっとずつ興味が出てきて、バーテンダーのスクールに通ったこともありました。接客のアルバイトをしてるうちに、接客業って楽しいなと思うようになったんです。やっぱり、お客さんが喜ぶ顔を見るのはモチベーション上がりますよね。私はホールで配膳する側ですけど、帰るときに『美味しかったよ、ありがとう』と言ってもらえるのも嬉しくて。直接言葉を交わさなくても、すごく些細な心配り――たとえば、『このお客さんはこういうことがしたいのかな?』とか、『もしかしたら、こういうことで困ってるかな?』というのを感じ取って、それにスムーズに対応できたときも嬉しいんですよね。もし違う仕事を選んでいたら、もしかしたら福祉関係の現場でそれを感じていたのかもしれないですけど、私はたまたま飲食店で働く上でのコミュニケーションが楽しいと思えたんですよね」

カフェで働く中で、奈津記さんが興味を抱いたのはエスプレッソだった。1990年代後半は、1996年に「スターバックスコーヒー」が銀座に日本1号店をオープンしたのを皮切りに、1997年に「タリーズコーヒー」が、1999年には「シアトルズベスト」がオープンし、シアトル系コーヒーチェーンが続々と日本に上陸した時期だった。

「もともとカフェ巡りが好きで、いろんなお店に出かけてたんですけど、それがちょうどエスプレッソがブームになる時期だったので、自然とエスプレッソにも興味を持ったという感じでしたね」

エスプレッソに興味を持ち、カフェを巡りながらも、頭の片隅には郷里のことがあった。東京にいても、郷里の様子は風の噂で伝わってきた。かつて賑わっていた本部町営市場がシャッター街になりかけていると知り、地元のために何かできることはないだろうかと考えるようになった。4名きょうだいの長女で、女の子は自分ひとりだったこともあり、年齢を重ねるにつれ「両親の近くにいたほうがいいんじゃないか」という思いも膨らんでゆく。

都会にいると、刺激も多ければ、勉強になることも多かった。でも、この先ずっと満員電車に揺られて生活していくことは考えづらかった。そこで奈津記さんは、2010年、本部に戻ってくる道を選んだ。

「直接的なきっかけは、うちの叔父が飲食店を立ち上げることになって、『人手が足りないから、帰ってきて手伝ってくれないか?』と誘われたことだったんです。ただ、その仕事が落ち着いたら、いずれは自分でカフェをやりたいなと思ってました。私がこっちにいた頃は、市場のまわりに喫茶店がたくさんあったんですよ。でも、喫茶店がすごく減っていて、皆が集まってお茶する場所がなくなっていたんです。それもあって、地元でカフェをやりたいなと思うようになったんです」

お店を始めるにあたり、小さい頃から馴染みのある本部町営市場でも物件を探したものの、当時は空きがなかった。奈津記さんは市場の近くで物件を探し、いつも行列の途絶えない沖縄そばの名店「きしもと食堂」（本店）の隣にカフェをオープンする。それが2011年のことだ。皆の憩いの場所になればと、「Half Time Cafe」と看板に掲げることにした。

「その頃はまだカフェがそんなに多くなかったですし、地元のおばちゃんたちは『エスプレッソってなあに？』からのスタートでした」と、奈津記さんは振り返る。沖縄に帰ってカフェを始めるにしても、那覇やコザ、北谷といったエリアであれば、エスプレッソを求めるお客さんは多かったはずだ。それでも本部町でお店をオープンさせたというところに、奈津記さんの思い入れを感じる。

「カフェをオープンしたら、すぐに地元のおばちゃんたちが飲みにきてくれたんですよ。値段だけを見て、『この一番安いやつちょうだい』って、エスプレッソを注文される方も結構いたんです。エスプレッソは量が少ないから、値段も一番安いんですよね。最初のうちは、注文が入るたび、『これはね、苦味を楽しむコーヒーだから、濃くて苦くて、こんな小さいカップで出すんですよ』と毎回説明してました。それでもエスプレッソを注文される方もいましたし、『ミルクで割ったカフェラテっていうのもありますよ』と伝えると、そっちを注文してくれる方もいましたね。ちょっとしたラテアートを描いて渡したら、すごく喜んでくださったりして。味が気に入って、ずっと同じものを注文してくれる方もたくさんいましたね」

地元のお客さんたちのゆんたくの場として愛されてきた「Half Time Cafe」だったが、入居する建物の老朽化が進んだことで、２０２３年8月31日をもって閉店を余儀なくされた。慌てて移転先を探し始めたところ、市場の空き店舗が入居者を募っていることを知り、期限ギリギリに滑り込みで申し込みをした。無事入居できることが決まると、奈津記さんは急いで内装工事に取り掛かった。以前の店舗には12年の思い出が詰まっている上に、ここ数年は建築資材が高騰していることもあり、棚や調度品だけでなく、壁板も前の店舗のものを剥がして再利用することにした。オープンに向けて慌ただしく内装工事を進めているところに、市場に耐震強度の調査が入るという話を知らされた。

「最初はもう、頭が真っ白になりました。築60年近い建物なんだから、そんな専門的な調査が入れば、問題が出てくるのでは、と。それに、『なんでそんな状態なのに貸したんだろう？』って、ショックは大きかったです。耐震強度の調査って、結構な金額の予算を組んでやるものだと思うので、結構早い段階でそういう話は出ていたんだと思うんですよね。そういう調査が全部終わってから募集をかけてくれたんだったら納得がいくんですけど、私の立場からすると、『順番が逆なのでは？』と。でも、もう内装工事は進めてしまってるし、今さら『やっぱり店はやりません』と言うわけにもいかなくて、どうにか3月にオープンしたんです」

「きしもと食堂」の隣で営業していた頃は、奈津記さんはオーナーバリスタ、夫の導昌《みちあき》さんは料理担当として、夫婦ふたりで切り盛りしていた。移転先は旧店舗の6分の1ほどのスペースしかなく、食事メニューを減らし、奈津記さんひとりで営業している。以前に比べると席数が少なく、テイクアウトがメインになっているけれど、馴染みのお客さんは今でも顔を覗かせてくれる。だが、オープンから半年と経たないうちに、市場を解体する針が発表されたのだった。

「正直なところ、今は全然頭が追いついていないんですよ」と奈津記さん。「私のこどもは、すぐそこの本部小学校に通っているんですけど、今5年生なんですね。たぶんきっと、そのまま本部中学校に進むと思うんですけど、ここだったら学校からすぐ帰って来れるんですよね。そういう立地的なものもあって、こどもが中学を卒業するまで——最低でもあと5年は続けたいと思って、ここに移ってきたんですよ。ここはもう、子育てするのに一番良い場所なんですね。やっぱり、こうやって地元の人と触れ合える場所があるのは大きいと思います。スーパーだと一方通行で終わっちゃいますけど、市場だとコミュニケーションがとれる。ここに来れば、いつもの顔ぶれがあって、日常の会話がある。ただの仕事場っていうより、ひとつのコミュニティだから、ここに来ると会話が生まれる。仕事の話だけじゃなくて、子育てについてとか、いろんな話ができる場所なんですよね」

市場にいると、いつも誰かの声が聴こえてくる。

店主同士が廊下で顔を合わせて、その場でゆんたくする。しばらく市場で過ごしていると、笑い声だけでも、それが誰の声かわかるようになってくる。

「もしも私が、ぽつんとひとりで店をやっていたら、行き詰まっていたと思います」と、奈津記さんは言う。突然浮上した市場の解体という事態にも、店主たちはゆんたくを重ねながら、今後の動きを考えている。わたしたちの暮らしには、誰かと顔を合わせ、言葉を交わす場所が必要なのだ。

まちづくりはひとづくり

宮島真一（シアタードーナツ代表）

本部に行った記憶というと、やっぱり海洋博ですよね。僕は１９７３年生まれだから、当時２歳とか３歳だったんだけど、すごい人混みの中を歩いたのはうっすら記憶に残ってます。アクアポリスの写真とかね、残ってますよ。それ以降も、小さい頃から家族でドライブに行ってましたね。きしもと食堂のそば、皆大好きだからね。僕は名桜大学に通っていて、名護に住んでいたから、よく友達と一緒にドライブに行きましたよ。ドライブインレストランも結構あったし、ドライブコースというイメージが強いかな。僕が生まれ育ったコザと違って、海がすぐそばにあって、リゾート地という感じもありましたね。29歳の頃、『風音』（原作・脚本＝目取真俊、監督＝東陽一、２００４年公開）の裏方スタッフをやっていたんだけど、本部や今帰仁がロケ地になっていたから、お世話になりましたね。

印象に残っているのは、まさに市場のあたり。角にレコード屋さんがあった記憶がありますね。ただ、ちょっとずつ建物が古くなって、人通りが少なくなってきてるなって印象もありました。でも、空き店舗になっているところに、小さなカフェができたり、雑貨屋さんがオープンしたりして、少しずつ新しい風が吹いてきてるのは感じてました。SNSでも、「本部町営市場でイベントを開催します！」だとか、「映画の上映会をやります！」という話は、よく目にしてました。

僕は2015年、コザでシアタードーナツという映画館を立ち上げて、地域の人たちにどうやってアプローチしたらいいんだろうってことをずっと考えてきたんですね。そういう意味ではきっと、本部の市場の皆さんと同じようなことを考えてきた気がします。

シアタードーナツは、胡屋のバス停の前にあるんです。ここから半径4、5キロに住んでいる人たちに対して、どんな映画を提供したらコミュニケーションを取れるか。商売を始めて2年ぐらい経った頃から、そんなことを考えるようになったんです。そうすると、映画が持っているテーマを通じて、地域の人たちがみるみる繋がって、「シアタードーナツに映画を観に行こう！」って流れが加速していったところがあるんですね。

ここ最近は、まちづくりということについて、よく考えるんですよ。ただ、まちをつくるのは人なので、まずはひとづくりもやっていかないといけないなと感じてます。そこに対して、シアタードーナツは何ができるのか、と。

映画にはいろんなテーマがあって、教育系の映画もあれば、医療・福祉がテーマのものもあれば、歴史、文化、政治経済と色々あるんですよね。ひとづくりというテーマで考えると、たとえばシアタードーナツでずっと上映を続けている『人生フルーツ』（監督＝伏原健之、2016年公開）は、「同じ地域に暮らしている人たちに、どうやって自分の仕事を理解してもらいながら生きていくのか？」が大きなテーマになっているので、この映画を共有していくことは意味があるんじゃないかと思って、定番の映画にしているんです。

この映画を、ひとづくりのために、いろんな人に観てもらう。そのために、行政や企業の新人研修や社員研修として映画を観てもらうってメニューを思いついて、コツコツ進めているところなんです。映画を観たあとに、皆で感想をシェアし合う。この商店街のどこかで、食事をする。近くでやっているイベントにも行ってみる。あるいは、「ちょっと、今度はコザに泊まってみよう」と。そうやっていろんな網が重なっていくと、ひとづくりと並行して、街の活性化も進められるんじゃないかと思って、色々実践しているところですね。

僕はもう、役所にどんどん映画のチラシを持っていくし、メールも飛ばす。ただイベントを打つだけじゃなくて、「一緒に考えましょうよ」と、「一緒に時間を過ごしましょうよ」と声をかけて、人と人とを具体的に繋げていく。SNSで漠然と拡散するだけじゃなくて、「誰にこのイベントを味わってもらったら、次にどんな動きが生まれてくるか？」と、次の物語をイメージしながら商売していくと、ひとづくりとまちづくりが同時に進められる気がします。

シアタードーナツが入居している建物は、僕がここで商売を始める時点で、道路の拡幅工事のために解体されることが決まっていたんです。だから、いつか立ち退かなきゃいけないとわかっていたんだけど、胡屋のバス停の目の前で商売をすることにやりがいを感じたんですね。こんなにわかりやすい場所で、映画館をやる。拡幅工事で立ち退きをする9回裏ギリギリのところまで、ここで踏ん張って、どんな表現を伝えられるか——かなりスリリングなことをやっているんだけど、ここでギリギリまで踏ん張れたら、胸を張って次の場所で新しいことを始められるんじゃないかと思ってます。

この10年間で、新しいスタイルのコミュニケーションがとれる場所としての映画館というのは、それなりに表現できたなと思っているんですね。だから、近いうちに引越しせざるを得ない状況に対しては、わくわくしてる部分もあるんです。店舗を借りて営業している立場としては、いつまでも同じ場所で営業し続けるのは難しいところもあるんですけど、シアタードーナツで過ごしたお客さんの中には思い出が刻まれてると思うんですよね。その思い出が、また別の何かに繋がっていく。それがまた次のステップを生み出していくこともあると思うんですよね。ここから次の場所に移ったときに、それを表現していきたいなと思ってます。

コザでは今、バスターミナルを整備するプロジェクトが進んでいます。行政主導の大きなプロジェクトに対しては、不信感とまでは言わないですけど、「ユーザー目線を置いてけぼりにしてないか?」という気持ちは常にあるんですよ。そこで商売をしている人たちや、そこに住んでいる人たちの目線を無視して、どんどん勝手に進めているんではなかろうか、と。

なにか大きなプロジェクトが立ち上げられたときに、「そのプロジェクトが進んだ先に、この土地はどんな物語を描いていけるのか？」というディスカッションは、もっと積極的にやってほしいし、その土地に暮らしている人たちを巻き込んだ会議はもっともっと必要だなと思いますね。つまり、「これをつくったら、誰が喜ぶの？」と。「これができたら、誰がどんなふうな楽しみかたをするの？」と。「とりあえず、新しいものをつくるだけつくって、使いかたは後から考えよう」っていうのでは駄目ですよね。

コザにはいくつか商店街があって、そこにはいろんな業種の人たちがいて、それぞれ独立してるけど、「束になって一緒に遊ぼうぜ」って感じがあるんですよね。そうやって、誰かのよりどころになれるような場所を、皆で意図的につくろうとする人が集まれることが理想なんじゃないかな。

知らない街に出かけたときに、「なんか知らんけど、居心地がいいな」と感じることってありますよね。そこにはきっと、意図的なものがあると思うんです。それは、ただなんとなく居心地がいいわけじゃなくて、居心地がいい場所をつくろうと思っている人たちがいるから、そう感じるんだと思います。

コザの街には、元気な企業がいて、元気な観光協会がいて、元気な教育関係者がいて、元気な行政マンがいる。その人たちが一緒になって飲んだり食べたりしながら、何かを考えようとしている。シアタードーナツを10年続けてきて、それが見えてきたんですよね。こういう人の結びつきがあれば、街はきっと面白くなる。これはね、「古いものを壊して、新しいものを建てれば街は盛り上がるんだ」っていうこととは、全然違うことなんですよね。

もちろん、建物はどんどん老朽化が進んでいくし、高齢化が進むことで場所を維持していける人も少なくなっていくから、古い建物を取り壊して新しく建て直すっていうのは仕方ないことだと思うんです。そういう流れの中で、どうやって街の面白さを維持していくのかっていうと、やっぱり人が放つエネルギーを育んでいくしかないと思うんですよね。そうすれば、「街並みは変わったけど、コザの人となりはそのまま残ってるね」と思ってもらえる。どうすればそれを育んでいくのかっていうのは、非常に難しいところではあるんだけど、そこに暮らしている人と、大きなプロジェクトに関わる行政や企業がイメージを共有していくことができたら、どうにか引き継いでいけるんじゃないかと思っていますね。こどもも、おじいちゃんやおばあちゃんも、笑顔で散歩できる場所。それが理想の街だと思います。

2024年10月15日
「シアタードーナツ」にて収録

宮島真一（みやじま・しんいち）1973年生まれ。沖縄市出身。大学卒業後、ライブハウス経営、会社員、映画製作スタッフ等を経て、テレビ番組『コザの裏側』メインMCや、ラジオDJとして活動。2015年4月、沖縄市内にカフェシアターと称した「シアタードーナツ」をオープン。地域に根ざしたその取組みは、全国放送テレビ番組「日本のチカラ」で取り上げられた。コラム執筆、ロケ街歩きガイド、職業講話・講演等、映画を届けるコミュニケーションをライフワークにしている。

シーサーや　加藤可奈子

「どこに移り住んだら、シングルマザーとしてこどもたちを育てながら前向きに生きていけるだろうって考えたとき、思い浮かんだのが沖縄だったんです」

シーサーは沖縄の守り神だ。

現存する最古のシーサーは、沖縄本島南部の八重瀬町にある「富盛のシーサー」である。琉球王国の正史として編纂された『球陽』には、1689年、当時火災が相次いでいた富盛で、火災を防ぐためにシーサーが設置されたと記録に残されている。当初は集落の入り口や御嶽、城門や王陵に飾られていたシーサーは、明治になって庶民も瓦葺きの屋敷を持てるようになると、民家の屋根や玄関にも魔除けとして飾られるようになった。シーサーは、わたしたちの暮らしを守ってくれる。

そんなシーサーが、市場にずらりと並んでいる。いかめしい顔をしたものから、ふにゃりと笑みを浮かべたものまで、大小何十対のシーサーが並べられている。その名もずばり、「シーサーや」（もとぶ町営市場店）。オーナーの加藤可奈子さんは昭和58（1983）年埼玉県生まれで、2014年に沖縄に移り住んだ。

可奈子さんは移住者のひとりだ。

ひとくちに「移住者」と言っても、百人百様の人生があり、移り住んだきっかけも人それぞれ違っている。可奈子さんの話を伺っていると、そんな当たり前のことに気づかされた。

「私が沖縄に引っ越してきたのは、元・夫の不倫が原因だったんです。夫は4年間も不倫をしてて、相手の女性がうちに乗り込んできた。それをきっかけに、夫と私が喧嘩になって、夫が物を壊したり、こどもや私に暴力であたるようになって、警察沙汰になったんです。不倫相手が怒って、夫に暴力をふるい、救急車で運ばれたこともありました。そのときは矛先が夫に向かったんですけど、このまま埼玉に暮らしていたら、こどもたちに矛先が向かってしまうかもしれない。親戚は埼玉県内にしかいなかったんですけど、埼玉県内で引っ越しても跡を辿れるかもしれないから、『なるべく遠くに引っ越したほうがいいと思う』と警察からアドバイスされたんです。私は当時専業主婦で、こどもを3人抱えていて、どうにかお金をかき集めたとしても、1回しか引っ越しできないだろうな、と。どこに移り住んだら、シングルマザーとしてこどもたちを育てながら前向きに生きていけるだろうって考えたとき、思い浮かんだのが沖縄だったんです」

沖縄への移住を決めると、警察とも相談しながら、引っ越し先を探し始めた。すぐに住民票を移してしまうと、離婚調停中の夫に所在地が伝わってしまう。当面の間は住民票を移さずに住める物件を探すと、条件に適うのは沖縄に3件しかなかった。そのひとつが、本部町にある瀬底島の物件だった。

「瀬底はね、奇しくも新婚旅行で来たことがあったんです。美ら海水族館に行った帰りに、たまたまぷらっと渡ってみたんですよ。水族館に向けて国道449号線を走ってるとき、あの白い橋が見えて、印象的だったんですよね。あのとき、伊江島や水納島には行っていないので、橋で渡れる離島じゃなかったら、ぷらっと行くことはなかったと思います。渡ってみると、海が綺麗で、サトウキビ畑が広がっていて、すごくのどかな雰囲気だったんですね。瀬底ビーチを目指したんですけど、ヒルトンもまだオープンしてない頃で、道路も整備されてなかったから、途中で迷っちゃったんですね。そうしたら、近所のおじぃちゃんやおばあちゃんが『こっちだよ』と道を教えてくれて、どうにかビーチに辿り着けて。そこでなんとなく、人の関わり合いが残っている温かい島だなってイメージが残っていた。あの島だったら、近所の人たちに助けてもらいながら、どうにかこどもたちを育てていけるんじゃないか、って」

可奈子さんのこどもは当時、当時8歳、3歳、1歳だった。小さいこどもを抱えての暮らしは慌ただしかった。本部町内にあるゴルフ場でアルバイトを始めたものの、こどもが熱を出したり、喧嘩をしたりと、保育園や学校から呼び出しが頻繁にかかってきた。それが重なると心苦しくなり、どうにか自営業で生きていけないかと考え始めた。

「だから、私の場合、夢があったとかってわけじゃないんですよ」と、可奈子さん。「沖縄に移住して起業する人たちは、『調理師免許を持っているから、飲食店を始める』とか、『洋服が好きだから、洋服屋さんを始める』とかってことが多いと思うんですけど、私の場合は生活だった。何度呼び出しがこようと、こどもたちを責めることもなく、心穏やかに暮らせるか。逆に言うと、穏やかに暮らせればなんでもよかったんです。当時、これだったらやっていけるんじゃないかという業種がふたつあって、ひとつはケーキ屋さんでした。ケーキ作りの経験があったわけじゃないんですけど、本部町にはケーキ屋さんがゼロだったんですよ。シフォンケーキを売っているお店や、あとは『Half Time Cafe』さんで特注のチーズケーキを注文することはできたんですけど、生菓子を買うには名護に行くしかなかった。本部町の人口は1万3000人、それにプラスして観光客にケーキを買ってもらえたら、需要と供給を考えれば十分仕事になるだろうなと思ったんです」

そんなふうに可奈子さんが構想を練っていたところに、瀬底島に「りんごカフェ」がオープンする。2016年3月まで、塩釜で人気フランス菓子店を営んでいた夫婦が瀬底島に移り住み、お店をオープンしたのだ。パティシエのドロメール・ヴァンソンさんは、パリにあるマカロンの名店「ラデュレ」で修業した経歴の持ち主だから、すぐに人気店になって、ケーキの需要は満たされるだろう。だとしたら——と、可奈子さんはもうひとつのプランを実行に移すことに決めた。それがシーサー作り体験の店だった。

「当時すでに、シーサー作り体験ができる工房はいくつかあったんですよ。私の師匠がやっている『工房ちゅらうみ家』や、名護には200人ぐらい受け入れられる『琉球窯』の大きな工房があったんですけど（現在は今帰仁に移転）、どこも大手ばかりで、個人店はほとんどなかったんですね。大手と違って、個人店なら融通を利かせられる。それに、観光客が求めてるのは素敵な思い出なんですよ。商品を持ち帰りたいわけじゃなくて、思い出を持って帰りたいんです。そう考えたら、スタッフとの会話や、工房の雰囲気がすごく重要になってきますよね。観光客の気持ちに寄り添った工房を作れば、どうにか食べていけるんじゃないかと思ったんです」

ひとりで3人のこどもを育てながら、商売を立ち上げる。後がない状況だからこそ、可奈子さんは冷静だった。「自分がやりたいことは何か？」ではなく、「世の中に求められているものは何か？」を考えて、2016年の夏、シーサー作り体験の店「まいまいシーサー」を瀬底島にオープンする。口コミで評判は広がり、2年後に店舗を美ら海水族館の近くに移すと、さらに客足は伸びてゆく。経営が軌道に乗るなか、2020年9月、可奈子さんは本部町営市場に「シーサーや」をオープンした。

「移住したとはいえ、やっぱり最初の数年は観光客なんですよ。だから、最初のうちはいろんなところに行ってみたんですけど、この市場はすごく雰囲気が良かったんですね。観光客目線で、市場のローカルな雰囲気が気に入ったんです。何度か通ううちに、『BLM COFFEE』の愛ちゃんや、『島しまかいしゃ』の美和さん、『自家焙煎珈琲みちくさ』のご夫婦、『いちばキッチン』、それに『Half Time Cafe』と、応援したい人が増えていったんですよね。特に『Half Time Cafe』は、本部では3本の指に入るくらい、お世話になりました。こども同士も仲良かったし、ご夫婦はふたりとも柔軟な考え方で、家族ぐるみで味方になってくれた。応援したい人が増えると、『せっかくだからあそこでコーヒー買って行こう』って気持ちになりますよね。そこで市場が段々シャッター街になっていく様子を見ているうちに、自分にも何かできることがないかって考えるようになったんです。私は本部町でいろんな人に助けてもらって、シーサー作り体験のお店を開くことができた。その恩返しとして何ができるかと考えたときに、ここに住み続けることも大きな貢献になると思うんですけど、しっかり毎日営業して、お客さんに喜ばれるお店を本部町に残して、雇用を生み出すことも貢献になるんじゃないかと思ったんです」

「シーサーや」をオープンする頃には、移住して6年が経とうとしていた。

移住した当初、顔を合わせるのは温かい人ばかりで、のどかな雰囲気が居心地よく感じれられた。「ここで駄目なら、他のどこでもうまく行かないだろう」と、覚悟を決めての移住だったこともあり、近隣の人たちに支えられながら、無我夢中で働いていた。でも、月日が流れるにつれて、しがらみを感じるようになったのだと可奈子さんは話してくれた。

「ここで経営者として仕事をしていると、アンコンシャス・バイアスを感じることが多いんですよ。お父さんが一生懸命仕事するぶんには何も言われないのに、お母さんが一生懸命仕事してると、『え、こどもはどうしてるの?』とか、『家事はどうしてるの?』とか言われる。それに、どうしてもナイチャーとシマンチュの区別はありますよね。ただ、一番大変だったのは、移住者同士の足の引っ張り合いでした。移住者の中には、島のボスみたいな人に取り入ろうとするあまり、他の移住者にえげつない意地悪をする人もいるんですよ。そうすると、ますますナイチャーのイメージが悪くなる。『移住したけど、生活するのが大変で、3年で内地に戻った』という話もよく聞きますけど、私もお店が軌道に乗ってなかったら、もっと早く引っ越していたと思います」

2年ほど前に、可奈子さんは本部町から別の町に引っ越した。「まいまいシーサー」も「シーサーや」も、接客は従業員に任せているから、経営者である可奈子さんはどこに住んでいても支障はなかった。ただ、町営市場に店を持ち続けるには、本部町に居住しているか、会社として法人化し、本社の所在地を本部町で登記する必要があった。

家賃が安いとはいえ、従業員に給与を支払うと、市場のお店で得られる利益は微々たる額にしかならなかった。だから、単純に売上だけで判断すれば、「シーサーや」は閉店し、「まいまいシーサー」だけで勝負する道もあっただろう。だが、可奈子さんは法人化し、「シーサーや」を存続させることを選んだ。空き店舗の目立つ市場に店を構え続けることで、少しでも活性化に繫がればと、恩返しのつもりで店を続けているのだと可奈子さんは聞かせてくれた。

「やっぱり、この雰囲気は宝だと思うんですよ。おじいちゃんやおばあちゃんがいて、肉屋も魚屋もあって、昔ながらのローカルな市場の雰囲気があるから、無料でテレビに紹介されるし、雑誌で特集される。それに、私が生活できるようになったのは、本部町に移り住んだからだし、もっと言えば瀬底じゃなければ生きてこれなかった。瀬底のおじぃやおばぁが、私が仕事してる間、こどもたちを預かってくれたりしたんですよ。お店を立ち上げたばかりの頃は、ほんとに寝てる暇がなくて、昼間は店に出て、こどもたちにごはんを食べさせて、夜中にシーサー作って、朝になってこどもたちを学校に送り出して、また店に出る。もう、2日に1回寝るぐらいの生活でした。そのときは必死だから、大変だなんて全然思わなかった。最初は車も持ってなかったんだけど、そんなふうに働いている私を見て、女の子が車を譲ってくれたり、隣に住んでるおじいちゃんがごはんを作ってこどもたちに食べさせてくれたり、お風呂を入れといてくれたり——そういう瀬底時代があったから、どうにかやってこれた。その恩を仇で返すことはできないと思っているので、引っ越したとしてもお店は本部に残して、しっかり本部に納税しようと思ったんです」

本部町は、可奈子さんを守ってくれた場所だった。

そんな町に、少しでも恩返しがしたい。そんな思いで、可奈子さんは数年前から中小企業経営者の会員制商談会「守成クラブ」に通い始めた。全国270会場の中でも、23年の歴史がある沖縄会場に通ううちに、沖縄北部やんばる会場の代表を務めることになり、最近は沖縄県内だけでなく、海外にもよく足を運んでいる。「やんばるの宝となる素敵な事業を繋ぎ、お互いが発展できるように」と、可奈子さんは慌ただしく世界中を飛び回っている。

いっぷく家

高橋美貴子

「これから先のことも、まだ考えられてないんですよね。今日・明日では決められないですし――どうしましょう（笑）。ちょっと私は、まだぼやっとしてる」

県道84号名護本部線の工事が始まって、市場のすぐ近くにある渡久地橋は架け替え工事中だ。満名川の上には、現在仮の橋が掛けられている。夕方になると交通量が増えて、渡久地十字路から橋の上まで、信号待ちの車列が続く。

「もとの橋はまっすぐかかっていたから、昔は信号待ちをしてる皆さんの横顔を見てたんですよ」。渡久地橋の向かい側で「いっぷく家」というパーラーを営む高橋美貴子さんはそう教えてくれた。「でも、仮橋は斜めに架けられて、今は信号待ちをしている皆さんと向かい合う感じになるんですよ。だからね、ちょっと照れくさいんですけど、心の中で『お帰りなさい』って言ってます」

美貴子さんが「いっぷく家」をオープンしたのは、2017年。その当時はまだ、渡久地橋の工事は始まっていなかった。県道84号線を挟んだ向かい側では、今と同じく鮮魚店が4軒並んでいた。その4軒だけでなく、当時は「いっぷく家」の隣も鮮魚店だった。

「私は内地出身なので、この光景は衝撃的でした。なんで同じ魚屋さんが仲良く並んでるんだろう、って。仲良く並んで商売をされているから、『ライバルとかじゃないんだ？』と。皆さんそれぞれ顧客を持ってらして、今日はこっち、明日はあっちじゃなくて、『この家はここで魚を買う！』って決まってるんですよね。ああ、ゆいまーる的な感じなのかって、徐々にわかるようになりましたけど、最初はびっくりしました」

美貴子さんは昭和47(1972)年愛知県生まれ。この年に生まれた沖縄のこどもたちは「復帰っ子」と呼ばれる。美貴子さんは5月15日生まれだから、日付までぴったり「復帰っ子」で、沖縄に縁を感じていた。ただ、沖縄に移り住んで、地元の人に「私、復帰の日に生まれたんですよ」と話してみたところ、ふうんと興味なさげに返されてしまったから、今ではその話をしないようにしている。でも、心の中では、こっそり自慢に思っている。

「最初に沖縄に来たのは、二十歳ぐらいのときでした。きっかけは、学生時代に友達と海外旅行に行って、体験ダイビングをしたんですよ。今考えると、そのとき潜った海は緑っぽくて、全然綺麗じゃなかったんですけど、そのときの私は感動したんですね。海の世界は綺麗だな、って。もっとダイビングをやってみたい、じゃあ沖縄に行っちゃえ!と(笑)。今思うと、ほんと馬鹿だなと思います。地元のダイビングショップを探す頭がなくて、沖縄に行けばダイビングができるだろうと思ったんですね。当時はインターネットなんてなかったから、雑誌で情報を探してね。今は介護の仕事を『ヘルパー』と呼んでますけど、あの頃は離島の民宿のアルバイトのことを『ヘルパー』と呼んでいて、雑誌にちっちゃく載ってる『民宿ヘルパー募集』って情報を見つけて、慶良間の民宿で住み込みのアルバイトをしました。ちょうど喜納昌吉さんが紅白に出たり、THE BOOMの『島唄』が大ヒットしたり、段々沖縄がブームになってる頃でしたね」

離島のダイビングショップや民宿には、美貴子さんと同じように、住み込みで季節限定のアルバイトをしている若者がたくさんいた。そこで出会った男性と結婚し、夫の就職先がある山形県に移り住んだ。こどもも生まれ、家族３人で東北に暮らしていたけれど、美貴子さんの頭の中にはずっと「夢の沖縄」があった。

「東北の日本海側だと、冬になると太陽があんまり出なくて、ちょっと内向的な性格になってきたんですよ。私は太平洋側の出身なので、気候がちょっと合わなかった（笑）。かといって、実家に帰りたいとも思ってなかったので、『もう、沖縄だよね』と。今はきっと、住むところと仕事を一通り揃えてから移住される方が多いと思うんですけど、私たちはもう、深く考えずに――でも、家庭を持ってきてるから、深くは考えていたんだよね、きっと。うちの旦那の弟も、沖縄で住み込みのアルバイトをした経験がある子だったので、『いつか皆で行きたいね』って話はしてたんですよ。義理の弟は当時独身だったので、『俺がひと足先に行っておくね』と先に乗り込んでくれて。そこでなにかの縁があって、平安座《へんざ》島で知り合ったおじさんが場所を貸してくれることになって、義理の弟はひとりでカフェを始めてたんですよね。そこを一緒に手伝おうと、私たち家族は沖縄市の泡瀬に一軒家を借りて、沖縄に移住してきました。そのときはもう、あんまり帰る気がしてなかったですね」

こうして美貴子さんは、２００８年、36歳のとき家族揃って沖縄に移住した。泡瀬は海辺の町だ。ただ、いざ移り住んでみると、東海岸にある泡瀬の海より、西海岸の海のほうが美しく見えた。それに、「ちょっと緑があるほうが落ち着くタイプ」だということもあって、1年ほどで本部町に移り住んだ。

「私たちが沖縄に移り住んだ頃には、今ほどではなかったですけど、移住者の方がもう結構いたんですよね。ただ、移住者が長く住むのって、やっぱり大変なんですよ。最初は自分たちでカフェをやってたけど、そんなのうまくいくわけもなくて、皆それぞれ副業をしながら店を切り盛りしてたんですね。正社員の仕事は見つからないから、契約社員だったり、アルバイトだったり、共働きでどうにか暮らしてきました。沖縄にあこがれて移住してきたけど、やっぱり地元に帰るって人も多かったですよ。でもね、私は帰るって選択肢がなかった。今さら帰っても、何もできないよね、って。それに、時間の流れが違うっていうのは思いますよね。こっちに住んじゃうと、たまに里帰りしても、スピードの違いについていけなくなったんです。東北も、沖縄とはちょっと違う穏やかさがあったので、東北でちょっとゆっくりになって、沖縄に来てさらにゆっくりになって。そうするともう、名古屋のスピードについていけなくなりました」

最初に暮らした泡瀬に比べると、本部町は隣近所との距離も近く感じられた。「でも、うちの夫婦はふたりとも田舎出身だから、近所付き合いは苦にならなかったんです」と美貴子さんは振り返る。彼女が市場で働き始めるきっかけも、近所付き合いの中で生まれたのだった。

「この場所には当時、ハンバーガー屋さんがあったんですよ。あるとき、『あそこがアルバイトで入れる人がいないかって探してるらしいよ』って友達が教えてくれて、ちょっと申し込んでみよっかな――そんな感じでした。貼り紙を見たわけでも、求人情報誌を見たわけでもなくて、『アルバイトを探してるって聞いたんですけど』って電話をかけて、『ああ、ちょっと来てください』って、そういう感じ（笑）。今思うと、かなり緩いですよね。そこはね、モツを使ったハンバーガーのお店だったんです。沖縄だと、モツは中味汁にして食べますけど、イタリアの郷土料理でもモツを使うらしくて、イタリア風モツ煮込みをハンバーガーにしよう、と。すごく美味しかったんですけど、沖縄だと中味はにおいが全部消えるまで綺麗に洗って食べるんですね。でも、イタリア風だとモツの風味を残した味付けだから、地元の人たちにはちょっと合わなかったのかもしれないですね。今だったら観光客も増えてるから、お客さんで賑わったんじゃないかと思うんですけど、ちょっと早過ぎたんでしょうね。結局、1年半ぐらいで閉店されてしまったんです」

ハンバーガー屋さんが入居していた区画は、かつてお弁当やタバコ、日用雑貨を扱う商店があった。女性がひとりで、何十年に渡って切り盛りしてきたお店だ。その雑貨屋さんが閉店したあと、2012年にはベトナム風サンドイッチのお店がオープンしたけれど、1年数ヶ月で閉店している。そのあとに入居したハンバーガー屋さんも1年半ほどで閉店し、その区画は比較的入れ替わりが早い区画になっていた。そこで自分の店を始めようと考えたのは、「地域の人たちがのんびり過ごせる場所を作りたい」という思いがあったのだろうか――？

「いやいや、そんな思いは全然ないですよ」と、美貴子さんは笑う。「ここは町営市場だから、店子代は良心的なんですよ。平安座島で自分たちのカフェをやっていたこともあるし、うまく行かなかったらアルバイトしながら続ければいいんだからっていう、軽い気持ちで手を挙げました。やっぱりね、コミュニティに食い込むって、そんな簡単にできることじゃないと思っているんですよね。それは山形に住んでたときにも感じましたし、東京だって同じだと思うんです。地域に入り込むだなんて、狙ってできることじゃないですよね。『自分がこの街を変える！』だなんて、おこがましいじゃないですか。私はもう、住ませてもらっているという気持ちなので、そんな大義はないんですよ。ただ、募集がかかってるから手を挙げて、入居できることになったってだけなんです」

「いっぷく家」では、コーヒー、ココア、チャイの他に、シークヮーサーや梅、パイナップルなど自家製シロップを使ったジュースや、植物性素材の焼き菓子を提供している。地元のお客さんは買い物ついでにコーヒーで一服して、旅行客はぐるりと市場をめぐったあとにシロップジュースを飲んで行くことが多いという。

「私はこっちで子育てしてるから、移住者だけじゃなくて、地元の人とも面識があるんですよね。だから、普段から買ってもらいやすい値段にしてます。そうすると、『近くまで来たから、おやつ買いにきた』と立ち寄ってくれる。そうやって、皆さんに日々生かされてます。大勝ちはできないけど、細々と暮らしてます。ここで商売してると、すぐそこが通学路だから、ひたすらこどもたちの成長が見れるんですよ。自分のこどもは中学生と高校生なんですけど、その子たちは小さいときからランドセルを背負ってここに来て、駄菓子屋に行って、このあたりで遊んで——こどもたちの成長は面白いですよ。市場に出入りする人たちも、こどもたちを見かけると、声をかけてくれる。ここで子育てできてよかったなと思います。知り合いがうちのこどもと遊んでくれたり、ついでに送ってくれたり、『仲宗根ストアー』でシャーベット買ってくれたり、損得抜きで可愛がってもらえたんですよね。私自身も、隣近所と付き合いが深い土地で育ったので、こどもたちにそれを経験させられたのはよかったなと思ってます」

軽い気持ちで始めたお店も、7年目を迎えた。小学生だったこどもたちも、すっかり大きくなった。このまま市場でこどもたちの成長を見守っていけるものだと思っていたところに、市場を解体する方針が発表された。

「市場内のお店には、天井が落ちたり雨漏りしたりするところが以前からあったので、耐震強度の調査をしたら、そりゃ引っかかるよなとは思ってました。でも、説明会があったときも、すぐに『どうしよう！』とはならなかったんですよね。今すぐ追い出されるわけじゃなくて、しばらくは猶予があるって話だったから、ピンと来てなかったのかもしれないです。これから先のことも、まだ考えられてないんですよね。今日・明日では決められないですし――どうしましょう（笑）。ちょっとまだ、わがごとと思えてないのかもしれないですね。市場でお店をされている方の中には、強い憤りを持っている方もいますし、悲しんでる方もいるんですけど、ちょっと私は、まだぼやっとしてる」

美貴子さんはまだ52歳だ。こどもも学校に通っている途中だから、市場が取り壊されるとなれば、移転先を探さなければならなくなる。それなのに「ぼやっとしてる」のは、単に美貴子さんがおっとりした性格だというより、移住者として沖縄に暮らす中で身についた立ち振る舞いなのだろう。

「移住した立場からすると、ネイティブの人たちまで踏み込めないし、かといって旅行客ともまたちょっと立ち位置が違うから、物事を性急に考えないようにしてるところもあって。それでのんびりになってるのかもしれないですね。それは結構、コロナの影響も大きかった気がします。あの時期は、市場のお店も結構閉まってたんですけど、お肉屋さんと魚屋さんは営業してたんですよ。その状態で、うちの店を開けるかどうか、毎日迷ってたんです。地元のお客さんばっかりのお店だったら違ったと思うんですけど、うちは観光客もくる店だから、開けたら地元の人に嫌がられるかな、って。そんなときに、お肉屋さんと顔を合わせて話したら、『市場が全部閉まってたら、活気がなくなるから、開けたらいいよ』と言ってもらって、開けることにしたんです。めっちゃ暇でしたけど、それでも地元の人がちらほら『ああ、開いてるお店があった』と立ち寄ってくれたんですよね。あのとき思ったんですよ。焦って考えてもどうしようもないことはあるんだな、って。自分の意志だけではどうにもならないこともたくさんあるし、自分ひとりが皆と大きく違うことをやっても仕方がないし、焦って考えてもしょうがないんだなと思ったんです。煮え切らない話で申し訳ないんですけど、だから今はまだ、ぼやっとしてます」

ただ、市場がどうなろうとも、本部で暮らし続けていくつもりだと、美貴子さんは聞かせてくれた。そして、「誰かに使われて働いたり、きちっと働いたりするのも難しいから、できれば今の感じのまま店を続けていけたらいいですけどね」と。

市場で働く店主たちは、それぞれが個人事業主だ。その大半が店主ひとりで切り盛りするお店だから、営業時間通りにきっちりお店を開けられないこともあれば、急な用事が入って出かけなければならないこともある。各店舗にトイレがあるわけでもないから、店が無人になるときもある。そんなときは、隣近所の店主が助け合って、どうにかお店を切り盛りしている。市場とは、誰かに雇われなくとも、自分ひとりでどうにか生計を立てていける場所でもあるのだ。

現在、コーヒーを出すお店は市場に5軒ある。

店主同士が廊下で顔を合わせると、立ち話が始まって、笑い声が市場に響き渡ることもある。普通に考えれば、お互いに商売敵なのだから、いがみ合っていてもおかしくないはずだ。でも、店主たちは皆、楽しそうにゆんたくしている。そんなことってあるのだろうかと、いつも不思議に思う。でも、それが奇跡的に成立するのが、沖縄の——そして本部の市場なのだ。

迷子になる

山本ぽてと（ライター・編集）

18歳まで沖縄県の名護市で生まれ育った。住んでいた屋部地域は、市内の西部に位置し、本部町と隣り合っている。我が家のすぐ前を通る国道449号線は、採石場やセメント工場を行き来するトラックがひっきりなしで、騒音も臭いも粉塵もひどいものだったが、私にとっては愛着のある道だ。この道を海沿いにずっと行くと、本部町に辿り着くことは、物心ついた時にはもう知っていた。

本部は私にとって身近な町だった。父方の祖母の生まれ故郷である瀬底島もあったし、海洋博公園には何度も遊びに行った。訪れた回数は数えられない。本部に行った時によく寄るのが、本部町営市場のすぐ近くにある、きしもと食堂だった。

今でもそうだが、私が幼い頃から、きしもと食堂は人気の高い沖縄そば屋だった。メニューは「大」と「小」だけで潔く、北部らしい太麺の上に、三枚肉とかまぼこが載っている。少し黒っぽいカツオ出汁が特徴的だ。だいぶ歴史がありそうな趣のある外観をしていて、お世辞にもピカピカとは言えない。

「こういう古い店であればあるほど、そばは美味しいわけよ」ときしもと食堂に行くたびに父はよく言っていて、私は今でもそれを信じている。だってきしもと食堂のそばは、とっても美味しいから。

3歳の頃、私はきしもと食堂の帰り道に父とはぐれ、本部町営市場に迷い込んだことがある。

父に電話をかけ、当時のことを覚えているか、と聞いてみた。父の話によると、父と私は二人できしもと食堂に行った。いつものように食べ終わり、会計を済ませた父は、私があとをついてきていると思い駐車場に向かい、振り返ると私はいなかった。慌てていろんなところを探し回り、どこだか忘れたけれども、市場の中で見つけた気がする。数十分の話だったように思う。見つけた時に私が泣いていたかどうかは覚えていない。そう父は話した。

そんなことよりも、と父は続ける。同時期に、家でひよこを飼っていて、少し飛ぶようになったので、庭に出してみたら、猫がひよこをくわえて逃げ去っていった。あの時の、私の目を丸くした顔を忘れられない、と楽しそうに話し出したので、私は電話を早々に切り上げた。

この日のことを私は覚えている。

いつものように、きしもと食堂でそばを食べたあと、私は父を一瞬見失った。しかし外に出ると、その日父が履いていたのと同じ、緑色のズボンを見つけた。私は安心して緑色のズボンのあとをついていった。

しばらく歩いたあと、男性が振り返った。その人は緑色のズボンを履いているが、父ではなかった。はっと周囲を見渡すと、父はどこにもおらず、見覚えのない道で、3歳の私には、どう戻っていいのか、見当もつかなかった。

目に入ったのは、すぐそばにある本部町営市場だった。私は市場に行けば父が買い物しているかもしれないと思い、恐る恐る立ち入った。見渡しても父はいない。たまたま目に入った八百屋で、店番をしていた中年の女性に、父とはぐれてしまったのだと話した。

「じゃあ、ここでお父さん待っておくね」

と中年の女性は優しく言った。店の壁には縦長の鏡と、銀行からもらったカレンダーが飾られていた。店の奥には茶色いテーブルとイスがあり、祖母くらいの年齢の女性が座っていて、新聞紙の上に山盛りのもやしを広げてヒゲを取り、チラシで折られたゴミ箱に投げ込んでいた。もやしの青臭い匂いがする。

私は奥の椅子に座るように促された。祖母くらいの年齢の女性は、もやしのヒゲを取る手をとめ、机の上に置いてあった個包装の洋菓子とヤクルトをすすめてくれた。私は椅子に大人しく座り、それを食べたり飲んだりしながら、緑色のズボンの父があらわれるのを待つことにした。女性たちは私に大げさにかまうことなく、それぞれの仕事に戻り、手を動かし始めた。店内は薄暗く、中から見ると外が眩しく感じる。初めて入る知らない店だったが、ずっと前から私はこうしてもやしの匂いをかぎながら、この椅子に座ってこの景色を眺めていたような気がしてくる。

途中で、常連らしき中年の男性が店にやってきて、私に興味を持ち、女性たちは私が迷子であることを話した。

「じゃあ、警察に言った方がいいかもね」

と相談を始めたところに、緑色のズボンを着た父が飛び込んできたのだった。

家に帰り、私が迷子になったことを知った母は、父に対して怒り狂った。

「なんで、会計の時に目を離すの?」

から始まり、日頃の父の育児参加の不十分さを嘆き、それでも怒りの収まらなかった母は、

「なんで、緑色のズボンにしたの?」

とまで言い出し、子どもながらにそれは理不尽ではないかと思った。

これが私の覚えているすべてである。とはいえ3歳のことであるし、ぼんやりとした子どもだったので、記憶はかなり曖昧で、虚実入り混じっている可能性が高い。八百屋ではなく、さしみ屋だった気も、洋服屋だった気もするし、食べたのはタンカンだった気も、飲んだのはサイダーだった気もする。ただあの時、市場で過ごした時間は少しも不安なものではなかったことだけは確かに覚えている。だから怒る母と怒られる父を、私は意外な気持ちで眺めていた。

国道449号線を海沿いにずっと行けばたどり着く隣町の、ゆかりもない市場で、幼い私は、見知らぬ誰かが当然助けてくれると信じて疑わなかった。そして実際に助けてもらった。だから私は大人になった今でも、人間の他人に対する親切さを、素朴に信じ続けている。それは幸運なことだ。お礼を言おうにも、もう女性たちの顔も忘れてしまった。あのお店にも、二度とたどり着くことができないだろう。

山本ぽてと(やまもと・ぽてと)1991年沖縄県名護市生まれ。早稲田大学卒業後、株式会社シノドスに入社。退社後、フリーライターとして活動中。著書に『踊れないガール』。

A Gallery

津田亮

「たぶんきっと、頭のどこかで『一か所だけだと生き延びていくのが難しいんじゃないか』と思っているんでしょうね。ひとつの場所にい過ぎてはいけない、と」

夜明け前の本部町営市場に、青い炎が揺らめいている。ガスバーナーから出る炎が、ガラスを溶かしてゆく。ここはガラス作家・津田亮さんの工房「Ａ Ｇａｌｌｅｒｙ」だ。普通のガラスではなく、耐熱ガラスを使って作品を作るために、ＬＰガスのボンベの他に、酸素ガスのボンベも置かれている。そうすることで、耐熱ガラスを溶かす２０００度近い温度を出せるのだそうだ。

亮さんは昭和54（１９７９）年京都生まれ。小さい頃に大阪に引っ越し、吹田市に暮らしていた。今でこそガラス作家として活動しているけれど、小さい頃から工芸品に興味があったわけではなかったのだと教えてくれた。

「僕はもともと体育会系で、小中高とバスケットボールやっていて、アートには全然興味がなかったんです。でも、21歳ぐらいの頃にちょっと失恋して、たまたま美術館に行ったんですよ。それがニューヨークのマンハッタンにある美術館で、アール・ヌーヴォーやバウハウスの時代を含めて、ガラスの歴史を展示する企画展をやっていたんですよね。それまでは正直、工芸品なんてただの飾り物だと思っていたんですけど、初めてモノの価値がわかった。美術館を出る頃には感動して、『ガラスやろう』と思ったんです。日本に帰ってすぐ、ガラス工芸の体験教室を探して、リサイクルガラスを使ったガラス工房に行ってみたんですよ。そこの工房は、『失敗しないように』とあんまり触らせてもらえなかったんですけど、そこでガラス吹きを初めて体験したんです」

20代の頃、亮さんは風に吹かれるまま、世界中を旅してきた。昭和61（1986）年に刊行された沢木耕太郎の『深夜特急』は、バックパッカーのバイブルとなり、若者は世界各地を旅するようになった。亮さんが高校1年生になった平成7（1995）年には、小林紀晴の『アジアン・ジャパニーズ』が出版され、翌年には猿岩石がユーラシア大陸横断ヒッチハイクの旅に出ている。アジアを目指す若者が増えるなか、亮さんはヨーロッパやアメリカに渡った。

「ちょっと上の世代から、バックパックが流行り出して、ちょうど海外に行く人が増えてきた時代だったんですよね。まさに『アジアン・ジャパニーズ』の世代で、僕も影響は受けてると思います。それに、就職氷河期世代だったのも大きかった。お金はなかったけど、大学のフランス語の授業で成績が良かったから、交換留学で安くフランスに行けたんです。最初はジャンヌ・ダルクが解放したオルレアンって街で1年間過ごして、『次はパリに住みたい』と思って、ワーホリでパリに行きました」

パリで過ごしている間も、ガラス工芸への思いは膨らんでいた。ある日、亮さんはパリのホームセンターに出掛け、ガスバーナーを買い求めた。そして、大阪・和泉市にある老舗ガラス製造所「佐竹ガラス」からガラスを取り寄せ、アクセサリーを作り始めた。

「パリにいた頃、すごく高級でおしゃれな店に、自分が作ったアクセサリーを置いてくれませんかって売り込みに行ったんですよ。『あなたのアクセサリーはうちの雰囲気には合わない』と言われたんだけど、店主はすごく優しい人で、『もっと似合う店を知ってるから、私が紹介してあげる』と電話をかけてくれたんですよ。そこはマレ地区にある、ちょっとストリート・カルチャーのにおいがするお店で、そこで実際にアクセサリーを扱ってもらってました」

自分なりにガラス工芸に挑戦していた亮さんだったが、しっかり専門的に学んでみようと、27歳のときに富山にある富山ガラス造形研究所に入学する。平成3（1991）年に創立された、全国初の公立ガラスアート専門教育機関だ。2008年に研究所を卒業すると、亮さんはふたたび海を渡る。向かった先はハワイだ。

「富山ガラス造形研究所には、いろんな先生がいたんですけど、アメリカ人の先生もいたんですよ。その先生から『お前はアメリカに行け』と、マウイ島に派遣されたんです。その当時、僕はヒッピー・カルチャーにあこがれている頃だったんですけど、先生はそのにおいに気づいてくれたんでしょうね。『自分の友達で、マウイ島でガラス作家をしてるやつがいて、アシスタントを探してるみたいだから、ちょっと行ってこい』と。その工房に行ってみたら、まわりは皆デッド・ヘッズなんですよ。流れている音楽はずっとグレイトフル・デッド。そこで過ごした影響は、今も残ってると思います」

グレイトフル・デッドは、１９６５年にカリフォルニア州で結成されたロックバンドだ。この時代、カリフォルニア州のサンフランシスコでは、先行するビート・ジェネレーションの価値観を引き継ぎ、ヒッピー・ムーヴメントが巻き起こり始めていた。ヒッピー・ムーヴメントを象徴するバンドがグレイトフル・デッドであり、彼らの熱狂的なファンは「デッド・ヘッズ」と呼ばれた。かつてグレイトフル・デッドのマネジャーを務めたジョン・マッキンタイアは、ヒッピー文化の大きな貢献は「喜びの投影」だったと語っている。社会の制約から解放され、自分自身の道を選び、人生に新しい意味を見出そうと試みたのがヒッピー・ムーヴメントだった。

「ガラス工芸自体が、ヒッピー・カルチャーと関わりが深い工芸なんです」と、亮さんは教えてくれた。１９６０年代のアメリカでは、「スタジオグラス運動」が巻き起こっている。ガラスを芸術の素材として捉え、ガラスで作品を生み出し、自己表現することの重要性を提唱する運動である。

「マウイ島の工房にいると、ヒッピー・カルチャーの真ん中に送り込まれた感じだったんですよ。その感触は、アメリカの美術館で最初にガラス工芸と出会ったときに感じた何かにすごく近かった。でも、その工房はリーマン・ショックの影響で閉じることになって、これからどうしようかなと思っていたら、『お前はドイツに行け』と言われて、向こうで1年間アシスタントとして働いて――。そんなふうに、風に吹かれるようにして、言われるままに世界各地に飛ばされてきたんですよ。たぶんきっと、頭のどこかで『一か所だけだと生き延びていくのが難しいんじゃないか』と思っているんでしょうね。一か所で何かをしようとすることには限度がある。ひとつの場所にい過ぎてはいけない。遊牧民みたいな感じですね」

世界各地を渡り歩いてきた亮さんが、沖縄に移り住んだのも、風に吹かれるようにして偶然たどり着いたのだった。

「日本に帰ってきてから、どこに自分の工房を構えようかと、全国を転々とまわっていたんです。山小屋だったり、農家さんだったり、それぞれの土地で季節労働をしながら、全国をまわっていたんですよね。その流れで、2010年に沖永良部島に行ったんですよ。そこでジャガイモ農家さんの手伝いをしながら、ガラスで作品を作ってました。珊瑚礁が隆起してできた島なので、ダイナミックな風景が広がっていて、『自分が生まれたところから、すごく遠いところまできたな』と感じられて、気に入っていたんです。でも、あるとき農家のおばちゃんから、『ここは島民も少ないし、ここで活動しててもたかが知れてるから、沖縄に行きなさい』と言われたんですよね。それまで、沖縄には旅行で来たこともなかったですし、こっちに移住するってイメージは全然なかったんですよ。でも、その農家の息子さんが、『知り合いが那覇でTシャツ屋さんをやってるから、そこの前でガラスの実演販売をやったらどうか』という話を持って

海ぶどうをモチーフにした箸置きは、名刺代わりの作品になっている。

きてくれて、それがきっかけで沖縄に引っ越してきました」

こうして2011年、亮さんは沖縄に移り住んだ。亮さん自身はTシャツ屋さんに軒先を使わせてもらう許可をもらっていたが、その当時の国際通りには路上で雑貨や詩を道売りする人がたくさんいた。

「今は厳しくなって、道売りはできなくなりましたけど、当時はたくさんいたんですよね。僕も彼らに混じって、とりあえず那覇のゲストハウスに泊まりながら、国際通りで売ってました。でも、しばらくやっているうちに、そこのTシャツ屋さんの前でやれなくなって。やっぱりどこかに工房が必要だなと思ったんですよ。最初は牧志公設市場のまわりで物件を探したんですけど、『火を使ってガラス工芸をやる』って言うと、なかなか貸してもらえなかった。どこかに良い場所はないかなと思ってるとき、浮島通りに『じーさーかす』という古道具屋さんがあるんですけど、そこのお店の人と仲良くなったんです。北海道出身の米木さんという方が店主なんですけど、当時お店をオープンしたばかりだったんですよね。米木さんと話しているなかで、『ちょっと、お店の一角を借りてもいいですか?』とお願いして、軒先を工房みたいにして使わせてもらえることになったんですよね。最初のうちは、そこでしばらく作品を作ってました」

その場所は、そば屋さんやパン屋さんの勝手口の目の前で、マンションの入り口も近くにあったから、人の行き来がある場所だった。そんなところで、半ば路上で道売りするように作品をつくるのは面白い経験ではあったけれど、「那覇は他の地方都市とそこまで風景も変わらなくて、物足りなさを感じてました」と亮さんは振り返る。そんな時期に、もとぶ手作り市の存在を知り、出店したのだった。

「最初に来たときは、『ちょっと暗いな』という印象でした。市場だけじゃなくて、本部自体が暗く感じたんですよね。でも、その暗さに、独特の雰囲気があった。アジア感が強くて、たまらないものがありました。何より、昔からバックパッキングに興味があって、自然も好きなので、やんばるの景色は印象的でしたね。僕は海より山派なんですけど、ここだとやんばるの森にもアクセスが良いですよね。それで、しばらく通っているうちに、本部に工房を構えることにしたんです」

２０１５年、亮さんは本部町の伊豆味に「イズミガラスヒュッテ」をオープンし、創作に打ち込んだ。だが、年を重ねるにつれて、もう少し人との出会いがある場所に移動したくなった。そこで最初に思い浮かんだのが、もとぶ手作り市で馴染みのある市場だった。亮さんは本部町の広報誌をこまめにチェックして、募集がかかるのを待った。いちどは落選したものの、諦めずに再度申し込みをして、ようやく店舗を借りられることになった。市場に「Ａ Ｇａｌｌｅｒｙ」をオープンしたのは、２０１９年のことだった。

「市場には地元のおじぃやおばぁもいますし、学校帰りのこどもたちもいますし、人が集まる不思議な場所ですよね。あるとき、やんばるアートフェスティバルで展示する作品を、夜中にここで作ってたことがあるんです。そうしたら、深夜2時頃に、向こうから人が近づいてきたんですよ。それは近所に住んでる子で、よく夜中に徘徊してる子だったんですけど、その子と話をするようになって。その子はゲームが好きで、ゲームに出てくる武器の話をよく聞いていたから、武器の矢だとか魔法の杖をガラスでつくったんですよ。その子だけじゃなくて、僕がここで仕事してる姿を見ながら、酒を飲みにくるおじさんもいます。仕事帰りに、3時間ぐらい酒を飲んで、酔っ払って帰っていくんですけど、そのおじさんは結構天才で、いろんなアイディアをくれる。そういうとき、市場の力を感じるんですよね」

市場に工房を構えていると、作品づくりにも大いに影響を受けた。それに、この場所を通じて、作品に興味を持ってくれる人の輪も大きく広がった。だから、市場を取り壊す方針だと聞かされたときは驚いたけれど、最初に浮かんだのは「次はどこで作ろう?」ということだった。

「市場に工房を構える面白さはありましたし、店がなくなると稼ぐ場もなくなるし、不安は大きいんですけど、僕はこれまでずっと、風に吹かれて動いてきたんですよね。でも、ここに来て、ちょっと行き止まり感もあったんです。昔は1年ごとに街から街へ移動してたから、ちょっとここで停滞してるな、と思ってたんですよ。もっと動かないといけないんじゃないか、って。

だから、ここを退去しなきゃいけなくなったあと、どうするかはまったく考えられていないんですけど、ちょっとわくわくしてるところもありますね」

風に吹かれるように、亮さんは各地を転々としてきた。

今回もまた、「市場の取り壊し」という、自分の意志とは関係ない出来事が、亮さんの前に立ちはだかろうとしている。亮さんはこれからもきっと、転がる石のように、移動を重ねてゆくのだろう。そこにはヒッピー・ムーヴメントの精神が刻まれている。

ヒッピー・ムーヴメントが巻き起こったのは、ちょうど現在の本部町営市場が完成したばかりの頃だ。その文化は日本にも伝わり、60年代後半にはカウンター・カルチャーは盛り上がりを見せた。

それから半世紀以上が経った今、社会の制約はますます強くなったように思える。自分自身の道を選ぶことも、人生に新しい意味を見出そうとすることも、かえって難しくなっているように思える。ただし、世の中をひっくり返すことはできなくたって、社会に対抗する手段は残されているはずだ。津田さんの話を聞いてから、そんなことを考えるようになった。

どんな事態に直面しようと、時にかろやかに、時に強烈に、時にユニークに、時に優しく、状況に抗いながら生きる人たちがいる。その姿はきっと、どこかの誰かの背中を押すだろう。私もまた、本部町営市場に生きる人たちに背中を押されたひとりだ。

施術処 peaceness　松岡弥生

「ここには都会が失っているものがすべてあると思いました。その魅力は、永遠に続くものじゃないのは明らかにわかりますよね。それを今のうちに楽しんでおきたい、と」

शान्ति
Peaceness

市場の一角に、ガネーシャが描かれた看板がある。人間の体にゾウの頭を持つ、ヒンドゥー教の神様だ。あらゆる障害を取り除き、現世利益をもたらす富の神様として、インドでは絶大な信仰を集めている。市場で見かけたガネーシャは、4本の腕に木槌やカッサ、カッピングの吸い玉を携えている。ここは「施術処 peaceness」だ。

オーナーの松岡弥生さんは、昭和54(1979)年生まれ。出身地は沖縄から遠く離れた北海道だが、中学校に上がる頃——つまり、沖縄が復帰20周年を迎え、沖縄ブームが巻き起こり始めた平成4(1992)年頃から——沖縄にあこがれを抱いていたのだと聞かせてくれた。

「最初に惹かれたのは、沖縄の写真だったと思います」と、弥生さん。「赤瓦の屋根に、シーサーが載っている。『じゃらん』とかの表紙に、よくそういう写真が使われてましたよね。北海道にはそもそも瓦屋根の建物がないから、すごくあこがれました。赤瓦の屋根と、海の色と——。あとは沖縄の音楽もよく聴いてました。最初はたぶん、いろんなアーティストの曲が収録されたコンピレーションアルバムが入り口だったと思うんですけど、喜納昌吉とか、ネーネーズとか、そんな歌を聴いて過ごしてましたね」

沖縄に対するあこがれを抱きながら、弥生さんは札幌で看護師として働いていた。やがて夫・和洋さんと結婚し、家も購入した。だが、友人からのふとした一言がきっかけとなり、弥生さんは沖縄に移り住むことになった。

「私のお友達が、名護にあるコーヒー園で、ハーブ園を任されることになったんです。そこに『誰か手伝える人いない?』と声がかかって、『私、行く!』って答えたんです。私はヨガも教えられるし、薬膳茶も教えられるから、って。ちょうどその頃、インドを旅したり、2週間近くかけて関西をぐるっと巡ったり、次の場所を探してた時期でもあったんですよね。そこで沖縄から声がかかって、『そうだ、私は沖縄が好きだったんだ!』と。北海道の良いところでもあり、悪いところでもあるのは、寒いところなんですよね。雪が好きな人には極楽だけど、生きるのにすごくお金がかかるから、蓄えなきゃいけない。寒いと体が窮屈になるし、歩くのも速くなる。沖縄はその真逆ですよね。年中暖かくて、なんて幸せなところだろう、と。それで夫に、『私は沖縄に行くけど、行く?』と尋ねたら、『行く、行く』と言うから、家を売ってもらって、3か月後には沖縄に来てました」

沖縄にはいちどだけ、新婚旅行で訪れたことがあった。移住するにあたり、まずは夫の和洋さんがひとりで沖縄を訪れ、名護に滞在しながら下見をしてまわった。ある程度めぼしをつけたところで、今度は夫婦揃って沖縄を訪れ、各地を巡ることになった。旅を終えて、地図を広げ、どこが気に入ったか「せーの」で指さしたところ、ふたりが揃って指さしたのが本部町の渡久地だった。

「新婚旅行は2泊3日しかなくて、沖縄に降り立ってすぐ帰るぐらいの感じだったから、それまではイメージとしての沖縄しかなかったんです。それから20年近く経って、移住の下見にきたときに、夫が最初に連れて行ってくれたのが本部の市場のあたりだったんですね。ここが夫が一番気に入った場所だったから、まず最初にここに連れてきてくれて。建物の佇まいも含めて、ここには都会が失っているものがすべてあると思いました。その魅力は、永遠に続くものじゃないのは明らかにわかりますよね。それを今のうちに楽しんでおきたい、と。それに、自然ももちろん素晴らしかった。遊泳エリアの網が張られていないような自然ビーチもたくさんあって、そこで自己責任で泳ぐこともできる。そんな場所で生活したいなと思ったんですね。市場の人たちも、『自家焙煎珈琲みちくさ』の正作さんも、『Black Lives Matter Coffee』の愛ちゃんも、『すこやか農場』の静子さんも、皆ウェルカムな感じだった。それはすごくありがたい入り口でしたね」

こうして弥生さんは、夫婦で本部に移り住むことに決めた。下見の際には不動産を訪ねる余裕はなく、札幌に戻って物件情報を頼りに住まいを選んだ。新しい建物には興味がなかったので、築50年近い一軒家が貸しに出ているのを見つけると、内見することもなく入居を決めた。

「こっちに移り住んで、最初の1年は、具志堅にあるハーソー公園で働いてたんです。当時あの公園には食堂があって、簡単なマッサージが受けられるところがあって、私はヨガのインストラクターとして雇ってもらってました。そこに観光バスが入るようになって、急に忙しくなって、食堂のほうも手伝ってたんです。でも、2020年にコロナの状況になって、そこを運営していた会社が撤退することになって、私は無職になったんですね。札幌でずっと看護師をやっていたので、沖縄で看護師として働く道もあったんですけど、どうしても言葉を聞き取りきれなくて、それは申し訳ないなと思ったんですよね。それに、こっちでまた看護師をやるより、沖縄にないものをやろうと思って、カッサやカッピング、トークセンをやろうと思ったんです」

札幌で看護師をしていた頃から、弥生さんは東洋医学を学んでいた。

きっかけは、体に不調を来したとき、ヨガに通ってみると体の調子が良くなったことだった。そこから弥生さんは、休日になるとヨガの教室に通い、「ヨガとは何か？」を学んで、インストラクターの資格も取得した。さらには東洋医学全般にも興味は広がり、薬膳や中医学にも詳しくなってゆく。

「看護師として働いていると、『ああ、この人は病院では治せないだろうな』と感じることがあるんですよ。『たぶんきっと、医者からこう言われて終わりだろうな』と。そこから次第に、東洋医学に興味が湧いていったんです。ただ、施術にはまったく興味がなかったんですよ。カッサとかも、最初は虐待みたいでちょっと怖いと思っていたんだけど、ご縁があってカッサを教えてる先生のもとで学ぶ機会をもらえることになったんです。普通だったら、その先生に教えてもらうには、まずは3年ぐらい勉強しないと駄目だったんですけど、『すぐに教えてあげる』

と声がかかって、じゃあ行ってみようかと思ったのがはじまりです。最初のうちは、なかなか技術が追いつかなかったんですけど、先生への恩返しとして、せめて自分がちゃんとした技術を持てるようになろうと思って、一生懸命勉強しました」

移住した当初から、「本部町営市場に施術処をオープンしたい」という思いが弥生さんの中にはあった。ただし、市場に出店するには、本部町に1年以上住んでいる必要があった。2020年3月下旬にハーソー公園の仕事をやめたあと、弥生さんは中医学の勉強会を立ち上げ、ビーチクリーンの活動とビーチヨガの教室も始めた。そうして2021年、本部町営市場に「施術処 peaaceness」をオープンする。

「やっぱり、最初のうちは大変でしたよ。『カッサって何?』という人がほとんどだったので、ただ話を聞きにきて、びっくりして帰る人も多かったです。だからもう、全部お任せコースにして、『口コミで話を聞いた人が来てください』という形にして、チラシも配らなかったんですよ。東洋医学を知っている人だけに来てもらえたらいいや、と。だから、最近は本部のお客さんも増えてきましたけど、最初のうちは那覇とか北谷から、わざわざ訪ねてこられる方が多かったですね。『沖縄で施術を受けられるところがあったんですね!』と。だけど、最初のうちは大変でした。コロナの状況だったこともあって、近所の人はしばらく誰も寄りつかなかったです」

施術をするには、どうしても接触を伴う。コロナ禍にあって、施術処は敬遠されがちなところもあった。空気清浄機を導入し、施術台となる寝具をふたつ揃えて、お客さんが帰るたびにシーツを交換し、しっかり消毒していても、お客さんが入らない日もあった。そんな日々に、時間を見つけては、木彫りの作品を作り始めた。

「コロナで時間が有り余っていたから、木彫りでいろんなものを作り始めたんです。『メイクマン』(沖縄のホームセンター)で安い木を買ってきて彫っているものだから、仕上げのやすりがけにものすごく時間がかかるんですよ。ここでやすりがけをすると粉が飛んで大変だから、別の場所でやすりがけをやっていたんです。そうすると、店を閉めることになるわけですよね。もっと店の中でできることはないかと思っていたところに、YouTubeの広告でアダン葉帽子のワークショップに出会ったんです」

アダンとは、沖縄の海辺でよく見かける植物だ。このアダンの葉を使って、沖縄ではさまざまな道具が作られてきた。アダン葉帽子もそのひとつだ。偶然目にした広告がきっかけとなり、弥生さんは「アトリエトコイ」代表を務めるデザイナー・比嘉聡子さんが開催するアダン葉帽子制作ワークショップに参加することになった。

「アダン葉の帽子は、沖縄だけじゃなくて、ハワイやフィリピンにもあるんです。それぞれ違う編みかたがあるんですけど、その先生が教えているのは、伊江島に伝わる伝統的なつくりかただったんですね。先生は阿嘉島に住んでいるから、ワークショップが開催されるのも阿嘉島だった。那覇で開催されるワークショップもあったんですけど、慶良間ブルーの海を見てみたくて、半分旅行気分で阿嘉島のワークショップに参加したんです。そこで沖縄式のアダン葉帽子に魅了されたんですね。沖縄式のアダン葉帽子作りは、想像以上に手間と時間がかかる作業の連続です。普通のお帽子を作れるようになるまでの道のりも決して簡単ではなく、編み始めを習い始めたわずか1時間で、その大変さを実感しました。それがたまらなかった。しかも、そのワークショップは4日間の集中講座だったのに、どうしても私は途中で帰らなきゃいけなくて、帽子を完成させられずに帰ってきた。だから余計に、その山を自分の力で登ってみたくなって、アダン葉帽子を作るようになったんです」

それから1年半ほどの間に、弥生さんは70個以上のアダン葉帽子を制作し、2024年10月には「ホテルアンテルーム那覇」でポップアップストアも開催した。施術処にも、アダン葉帽子が飾られている。それぞれまるで違う形をしたユニークな帽子ばかりだ。

「同じ帽子を作るのは、すごく苦しいんです」と、弥生さん。「もちろん、オーダーをいただいたら、同じ帽子をきちんと作ります。でも、それはすごく苦しいことだから、その反動でふたつくらい変な帽子を作ってしまう。アダン葉帽子を作る人の中には、昔のつくりかたを再現しようとする人たちもたくさんいて、それはとてもロマンチックで素晴らしいことだと思うんですけど、私は何もないところから新しい形を生み出すことに没頭するのが面白くて。ひとつの山にも、いろんな道がありますよね。ひとつの山を知るために、いろんな角度から物事を見たいという気持ちがあるんです。ヨガのインストラクターをやっていたときも、いろんな流派を勉強して、自分なりの流派を作りました。いつもそうなんです。興味を持ち始めて、3年くらいは人の何倍もやるんですよ。でも、そのうち『学ぶことがなくなった』と感じるときがくる。ワクワクしなくなる。その瞬間が訪れたら、ピタッとやらなくなる。『これに関しては、技術・知識は身についたな』と思ったら、これで終わり」

弥生さんの話を聞いていると、私はそこまで世界に好奇心を抱き続けられているだろうかと考えさせられた。若い頃なら、世界のありとあらゆることに好奇心を抱くことができる。でも、年齢を重ねるにつれて、好奇心は薄れてゆく。

「命にも寿命があるように、やる気にも寿命があると思うんです」と、弥生さん。「その好奇心は、コントロールできないものだと思うんです。絶えないようにと思ったところで、いつかは消えてしまう。それが寿命というものですよね。無理やり好奇心を絶やさないようにって、そんな気持ちで帽子を編んでたら、それは絶対に帽子に移ってしまう。そこは嘘がつけないところなんですね。だから逆に、『もっと型通り作れ』と言われても、変わったものを作ってしまう。『アダン葉を染めるなんて』と言われても、染めてしまう。自分の好奇心の赴くままに作っていく。

それが面白いんです」

２０２１年に施術処をオープンしてからも、弥生さんは自身の好奇心に突き動かされながら暮らしてきた。中医学の勉強会を開催し、口コミで評判を聞いて通ってくれる人たちに施術をして、アダン葉の帽子を編んできた。それが可能だったのは、ここに昔ながらの市場があるからだった。

「私がここを借りるとき、『いつ取り壊しになるかもわからないですし、壊すとなっても何の補償もできないから、なるべくお金をかけずに始めたほうがいいですよ』って、役場の担当者の方が優しく教えてくれたんですよ。だから、棚も含めて、基本的には自分で作ったんです。まあでも、市場の皆さんも『もうしばらくは大丈夫だろう』と話していたから、今年の夏に解体の話が出て、『出れる人はすぐにでも出てほしい』と聞かされたときは、ちょっと驚きました。私が今楽しいと思えるのはアダン葉帽子なんですけど、求められるのは施術なんですね。ここは町営市場だから、家賃もすごく安いですけど、普通に物件を借りたら10倍はかかる。それに、リフォーム工事を入れたりすると、全部で２００万か３００万はかかってしまう。だったらもう、施術は続けないと思います。近所の大家さんから『空いているおうちを貸しますよ』と言ってくれたり、ホテルさんから『テナントで入りませんか』と言ってもらえたりするんだけど、東洋医学の施術をするには、この市場の雰囲気がいいんです」

もしも今の市場が取り壊されるのだとしたら、別の街に引っ越すことも考えているのだと弥生さんは教えてくれた。「でも、夫は今の場所がすごく居心地いいみたいだから、しばらく本部にいると思います」と。

世界は常に変化している。

わたしたちが目にしている風景も、日々刻々と移り変わっている。どんなにかけがえがないものだと思っていても、永遠に続くものはなく、いつかは姿を消してしまう。

初めて渡久地を訪れた日に、弥生さんはその景色に惚れ込んだ。その魅力は「永遠に続くものではない」と悟った上で、このまちに移り住んだのだった。自分自身の中にある好奇心も、やがて寿命を迎えてしまう。いつか訪れてしまう終わりを見据えながら、弥生さんはアダン葉帽子を編んでいる。

もしも3年後に弥生さんに会ったら、まるで違う人生を生きているかもしれないなと、ふと考えた。わたしたちは、ひとつの場所に留まり続けることもできるし、まるで違う人生を選びとることだってできる。そんなふうに想像することは、私にとって明るい希望だ。

トータルビューティーＭ・ＬＵＮＥ　美和

「狭い町だと、どうしてもコミュニティの目を気にしてしまう。でも、美しさに年齢は関係ありませんよね。皆がもっと自分らしく年齢を重ねてほしい」

市場の中に、すこし照明を落とした空間があった。

扉の向こうに、誰かが施術を受けているのが見えた。ここはどんなお店だろうと気になったけれど、立ち止まるのは憚られるように思えた。そのまま通り過ぎようとしたところ、入り口にチラシが置かれているのが目に留まり、1枚持って帰ることにした。そこはまつげや髪のエクステを受けられる「トータルビューティーM・LUNE」というお店だった。

店主の美和さんは、昭和54（1979）年本部町生まれ。市場でビューティサロンを開業するまで、長年美容師として働いてきた。美容師という仕事にあこがれを抱いたのは、中学生の頃だったという。

「こどもの頃、私は市場の近くにある『遊友美容室《ゆうゆう》』で髪を切ってもらってたんですけど、そこのお姉さんがすごく明るくて、楽しそうに仕事をしてたんですよね。その姿を見て、『ああ、美容師っていいな』と思い始めたんです。それに、小さい頃から、髪の毛を触るのが好きだったんですよ。髪の毛を上手に編み込めるように、ずっと母親の髪の毛を触ってました。触ってるうちにどんどん楽しくて、学校でも髪の長い子がいると、『ちょっと編み込みさせて』とつかまえて、休み時間に髪を編み込んでました」

美和さんの中では、中学を卒業してすぐ美容学校に通うつもりでいたけれど、母親から「高校ぐらいは行っておきなさい」と言われてしまった。シングルマザーとして美和さんを育ててくれている母の気持ちを思うと断りきれなくて、高校に進学する道を選んだ。だが、はっきりとした将来の目標がある美和さんは、高校に通うことに意味を見出せず、次第に休みがちになっていく。美和さんは母親を説得し、高校1年の冬に休学届を出し、16歳で那覇の琉球美容学校に通い始める。晴れて念願の美容師となり、那覇で暮らしていた美和さんは、21歳を迎える頃、結婚を機に本部町に戻ることを選んだ。

「那覇にいれば、ショッピングモールもあれば、遊ぶところもあるから、もうちょっと向こうにいたかった気持ちもあったんですよ。本部にいると、都会に出るまで1時間、2時間かかりますからね。でも、こどもを育てるんだったらと思って、本部に帰ってきたところもありました。やっぱり、心のゆとりが違いますよね。地域的に、のんびりしてるじゃないですか。車の勢いからして、流れがゆっくりなぶん、気持ちが穏やかになるところはありますよね」

本部に戻ってきてからも、美和さんは美容師として働いていた。美容師の世界は厳しく、挫けそうになることもあったけれど、母に苦労をかけたことを思うと、夢を諦めるわけにはいかなかった。こどもを育てながら、「いつか自分の店を持とう」と働いていたところに、まつげのエクステが沖縄で流行り始める。興味を惹かれた美和さんは、なんとなくマツエクを体験しに行ってみることにした。それが美和さんの人生を左右することになった。

「マツエクがどんなものか、一回体験してみようって、施術を受けに行ってみたんですね。

そうしたら、たった1時間で顔の印象がめちゃくちゃ変わったんですよ。人の顔ってまつげでこんなに変わるんだって、びっくりしました。それに感動して、『これを仕事にしたい』とすぐに思いましたね」

まつげのエクステが誕生したのは、1980年代の韓国だと言われている。より人毛に近い人工毛が開発され、技術が進歩したことで、2000年代には日本でも流行し始める。サロンが増えるにつれ、施術者は美容師免許が必要になったが、すでに美和さんは美容師として働いていたから、スクールに通って技術を学べばすぐに開業できる状態にあった。ただ、問題は場所だった。

「しばらくスクールに通ったあと、久しぶりに『遊友美容室』に行ったとき、ちょっとしたエステのスペースが見えたんです。それが目に留まったから、『今、まつげのエクステの練習をしてるんだけど、ここ貸してもらうことってできないですかね?』って、さらっと聞いたんですよ。そうしたら、『ああ、全然いいよ』とすぐに言ってもらえて、美容室の一部を間借りする形で、エクステの仕事を始めたんです。そこで1年ぐらいやっているうちに、市場に空き店舗が出てるよと教えてもらって、市場に自分の店を構えることになりました」

市場には小さい頃からなじみがあった。親戚のおばさんが洋服屋さんを営んでいたから、学校帰りによく立ち寄っていたのだ。

「私の伯父のお嫁さんが、市場にブティックを2軒持ってたんですよ。それと、そのお嫁さんのお母さんも、市場にお店を持ってました。うちに来てくれるお客様で、年配の方からお話を伺っていると、『中学生や高校生の頃は、よくそのブティックに行っていた』という話をよく聞きますね。『とってもきらびやかなお店で、友達と一緒に行って洋服を見るのが楽しかった』と。いつもにこにこしているおばさんで、口数はそんなに多くなかったですけど、優しかったですね。市場で印象に残っているのは、誕生日やクリスマスの日に、おもちゃ屋さんに連れて行ってもらっていたんです。あれは何年生のときだったたか、『オバケのQ太郎』のおえかきボードを買ってもらったのが記憶に残ってますね」

小学生の頃は足繁く通っていた市場だったけれど、中学生や高校生が利用できるお店は少なく、次第に足が遠のいていく。美容師になって本部に戻ってきた頃には、「市場がシャッター街になってきている印象がありました」と美和さんは振り返る。だとすると、そこで商売を始めることに不安はなかったのだろうか――？

「たしかに、地元の人が市場に寄りつかなくなってる感じはあったんですけど、お客さんって別に、『市場に行きたい』と思って足を運ぶわけじゃないと思うんですね。『この場所に行きたい』ということじゃなくて、『このサービスを受けたい』と思うから、そこに行く。市場がシャッター街になっていたとしても、『このお店のものを食べたい』とか、『このお店で施術を受けたい』と思ってもらえたら、お客さんは来てくれる。だから、市場でお店を始めることに不安はなかったです。マツエクはもう流行っていたから、市場にマツエクの店をオープンすることで、ちょっとでも市場を活性化できたらいいなと思ってましたね」

市場と聞くと、最初に浮かぶのは肉屋とさしみ屋だ。ただし、市場は衣・食・住の「食」だけではなく、「衣」も支えてきた。

那覇のマチグヮーにも、かつて新天地市場があり、衣服を扱うお店がひしめき合っていた。牧志公設市場には、2022年までは衣料部と雑貨部があり、衣料部には呉服屋さんが軒を連ね、雑貨部には化粧品店やエステを受けられるお店が並んでいた。本部町営市場の近隣にも、老舗の化粧品店「志良堂商店」があり、美容室も数軒あって、かつては宮城呉服店があった。まつげのエクステという業種は過去に存在しなかったけれど、「遊友美容室」の間借りで手ごたえを感じていたこともあり、2014年1月に「トータルビューティーM・LUNE」をオープンしたのだった。

「やっぱり、市場にお店があると、お客様にも伝えやすいんですよね。地元の人たちからすると、小さい時に親に連れられて買い物にきた記憶がある場所だから、すぐに場所をわかってもらえる。美容室だったらどういう反応だったかはわからないですけど、ちょうどマツエクが流行った時期にお店を出せたから、それはラッキーだったと思います。間借りしていた『遊友美容室』は、ちょっと年配のお客様が多くて、『マツエクってどんな感じか、ずっと気になっていた』と試してみてくれる方が多かったんですね。そこで一度マツエクを体験して、そこからリピーターになってくださる方もたくさんいました。そのお客様が市場にも来てくださって、下は20代から上は80代まで、幅広い年代の方が来てくれるようになりました」

お店を始めるにあたって、美和さんはチラシをつくった。そこには「自分らしく・・・輝く」『美』に年齢制限はありません」という文字が記されている。その言葉には、郷里に対する美和さんの思いが込められていた。

「本部町って、やっぱり田舎だと思うんですよ。だからのんびりしてるし、田舎ならではの良さもあると思うんですけど、その反面、『おしゃれするのは恥ずかしい』と思っている人もたくさんいる。私は那覇に住んでた時期もあるから、まわりの目はまったく気にならないんですけど、『目立つ格好をしたら、なんと言われるか』と不安がるお客様は多いんですよね。私自身、たとえばピンクのズボンを履いてたりすると、『はっさ！　いつも綺麗にしてから！』って、ちょっと嫌味ったらしく言われることもあるんです。私にそれを言うってことは、うちのお客様もきっと、同じようなことを言われてるんだと思うんですよね。間借りをしていた頃にも、『この年齢でまつげをつけたら、友達になんて言われるかね？』と心配している方がいて、私は衝撃を受けたんです。美しさに、年齢なんて関係ないじゃないですか。皆がもっと自分らしく年齢を重ねてほしいという思いを込めて、あの文章を書きました」

小さい頃から、どこか窮屈さを感じていた。

近所は皆顔見知りで、どこに行っても「あんた、あそこの子よね?」と視線を向けられるのは息苦しかった。小学校に通い始めると、まわりの子と意見が合わないことも多かった。皆と一緒が正しいことだとされがちな学校という空間は、美和さんからすると狭苦しい場所に感じられた。「だから、小学校のときの記憶ってほぼないんですよ」と美和さんは笑う。

市場で「自家焙煎珈琲みちくさ」を切り盛りする知念正作さんは、小学校と中学校の同級生だったけれど、小学生の頃はあまり話した記憶がなかった。だから、言葉を交わすようになったのは、市場にお店を構えてからだった。美和さんが「M・LUNE」を開業した頃にはもう、若い世代の店主が新しいお店を市場で立ち上げ始めていた。

「新しいお店が増えることで、市場にまた活気が戻ってきて、地元の人たちも市場に足を運ぶようになってきたんですね。本部だけじゃなくて、まわりの市町村からも人が集まってくる。それはとても素晴らしいことだと思っているんですけど、うちは業種がまったく違うから、ちょっと外側から見ているような感じでした。皆はワイワイ楽しそうに過ごしていて、廊下でおしゃべりしているんだけど、私は『こんにちは』と挨拶しながら、その横を通り過ぎる。これは別に、仲良くしたくないってことでは全然ないんですよ。それに、市場が地域の交流の場所になっているのはすごく大切なことだと思っているんですけど、私自身の性格として、ひとつのコミュニティの中で過ごしているより、誰も知らない人の中で過ごしているほうが落ち着くんです」

美和さんの話に耳を傾けているうちに、教室の光景が思い出された。

クラスの中心には、誰とでもコミュニケーションがとれるこどもたちがいて、賑やかに過ごしている。ただし、教室にいるのは、その輪に加わっているこどもだけではなく、ひとり静かに本を読んでいる子もいれば、窓の外を眺めている子もいる。皆の輪に加わっていなくとも、同じ空間で過ごすことができる。それが風通しのいい教室なのだと思う。それは市場にも共通することだ。

美和さんが切り盛りしているのはビューティサロンだから、店内にこもって施術する時間が長く、まわりの店主と接する時間は限られていた。ただ、皆の輪に加わる時間は限られていても、市場が少しずつ活気を取り戻していくことを、美和さんは嬉しく思っていた。だからこそ、市場を解体する方針が発表されたときには動揺をおぼえた。

「私自身は、『皆で団結！』というタイプではないですし、サロンを続けるだけなら別の場所でもできるとは思うんです。だけど、今の市場を取り壊してほしくないっていう気持ちは、強くあります。この雰囲気っていうのはもう、どこを探しても見つからないものだと思うんですね。できることなら、今の建物をなるべく補修して残してほしいと思います。それに、市場じゃなきゃ買えないものがありますよね。もしも市場がなくなったら、今まで食べてきたものが、同じ味で食卓に並ぶことはないだろうなと思います。沖縄でお祝い事には欠かせない中味汁にしても、スーパーでも中味を買えはするんですけど、やっぱりちょっとスーパーのは臭みがあるんですよね。市場のお肉屋さんで売ってる中味って、何回も洗って湯掻いて、手間をかけてるから、まったく臭みがないんですよ。さしみにしても、さしみ屋さんのは厚さからして違いますよね。だから、市場は今のまま残してほしいと思ってます」

市場を解体する方針が発表されたのは、2024年の夏だった。市場事業者向けに開催された説明会には2回とも参加し、役場からの説明に耳を傾けたけれど、今後の方針は不透明なことばかりだった。「何もわからないうちに動いても、無駄な動きになってしまう」からと、美和さんは粛々と営業を続けている。

「M・LUNE」のマツエクは、「シンプル」(80束)、「ライト」(100束)、「ミディアム」(140束)、「マックス」(付け放題)と、本数を選ぶことができる。本数の少ない「シングル」でも、施術には1時間ほどかかる。お客さんとやりとりする中で、よく言われるのは「なかなか時間がとれない」ということだ。

「予約されるときに、『お父さんの夕飯作らないといけないから、この時間しか受けられない』とおっしゃるお客様がすごく多いんですよ。『お父さんにご飯作らせたらいいじゃないですか?』とか、『そこにお弁当屋さんあるから、お弁当を買って帰ったらいいんじゃないですか?』とかって私は返すんですけど、そういうわけにはいかない、って。まつげにしても、『主人からつけすぎじゃないかって言われた』とか、『ほんとはもっと長くしたいんだけど、まわりのお友達から、ちょっと長過ぎるんじゃないのって言われたから、今回は短くする』っておっしゃる方も多いです。やっぱり、どうしても周りのコミュニティの目を気にしてしまう。それは今でも根強くありますね」

市場の中に構えられたビューティサロンは、この町に暮らす女性たちにとって、シェルターのような場所になっているのだろう。この場所にいれば、外からの目は遮られ、守られている。本部の女性が、自分らしく生きられるように。お客さんの声に耳を傾けながら、美和さんは施術を続けている。

安心な市場

宇田智子（「市場の古本屋ウララ」店主）

本部町営市場にはそう頻繁に出かけているわけではない。ふだん私は那覇の第一牧志公設市場の向かいで古本屋をやっていて、ほとんど那覇から出ずに暮らしている。ただ、本部の市場でそれぞれ店を営む知念さん夫妻に那覇の市場のイベントに出店してもらったり、逆に私が本部のイベントに出店したりしながら、市場について話してきたので、気持ちのうえでは遠くないとひそかに感じている。

去年の十月、ひさしぶりに本部町営市場に行った。知念正作さんの営む「自家焙煎珈琲みちくさ」でアイスコーヒーを飲む。音楽の流れる店内でもうひと組のお客さんたちが話しこみ、知念さんは腰を落として音を立てないように動きまわっている。那覇の市場でこういう動きはあまり見ない。店の中にいても外のざわめきが聞こえてくるので、足音を忍ばせる必要がないからだ。気づかいに包まれて、安らいで過ごした。

「みちくさ」を出て、知念沙織さんが営む「市場豆花店」に行く。豆花と台湾カステラを注文して、すこし話した。議会に陳情すること、協議会を立ち上げることなどを教えられる。

「本部だけじゃなくていろんな人に知ってもらいたい」

その言葉を聞いて、私も那覇でアーケード再整備の活動を始めたころ同じように言っていたのを思いだした。

前日に、RBCのニュースで本部町営市場が特集されていた。市場の鰹節店や精肉店を沙織さんが案内する。最後に「みちくさ」で正作さんが「何も買わなくてもおしゃべりしに来たり、ただ座っていたりする人もいる。もちろん商売のためにやっているけど、まちづくりのためにという気持ちもある」と話すと、沙織さんが「お客さんも自分たちも孤立をしないというところが一番あるかも。自分たちも安心してる」と受ける。

市場は、店を営む人たちにとっても安心できる場所だ。でも、急に取り壊しの話が出て、安心していられなくなってしまった。番組では触れられなかったけれど、本部町営市場は耐震度が基準を大幅に下回ったため、二〜三年をめどに解体することが前月に報じられていた。

本部町営市場は安心できる場所だ、と前にも思ったことがある。市場で定期的に開かれていた「もとぶ手作り市」に出店したとき、初めて子どもを連れていった。子どもを育てるようになってからイベント出店はあきらめてきたけれど、本部の市場なら大丈夫なんじゃないかと思ったのだ。

案の定、子連れで出店している人が大勢いた。子どもたちは自由に歩きまわって本を広げたりほかの子と遊んだりし、大人たちが目のはしで見守っている。店をやりながら子どもを遊ばせることができるなんて。

ふだん保育園のお迎えのために店をあわてて閉めているときなど、「子どもを店に連れてくればいいのに」とまわりの店主たちに何度も言われた。

「私は床に新聞をしいて、その上に子どもを寝かせて店番していたよ。お客さんが来たら隣の店の人が抱っこしてくれて」

「走れるようになれば、店のまえの通路で遊ばせていた。遠くに行っても、市場の人が〈○○ちゃん来てたよ〉って連れてきてくれた。みんな顔を知っていたからね」

市場全体が遊び場で、子どもの居場所だった。いい時代があったんだなと思う。こんなに路地が入り組んでいて、数えきれないほどの店があって、県外からも海外からも人が集まる市場で、子どもから目を離すなんていまは考えられない。店内で宿題をしている子などは見かけるけれど、店から出て遊んでいることはない。

本部なら、いまでも市場で子育てができるのかもしれない。市場の中には、子どもたちが勉強したり、だれでも座ったりできるスペースがある。子どもがいられる市場は、だれにとっても安心な場所だ。

那覇にいる私も、ここ数年は安心できる市場について考えていた。

私は那覇の市場中央通りで古本屋を営んでいる。通りをはさんで向かいに牧志公設市場があり、公設市場の外小間（建物の外側の店）の人たちと顔を見合わせて商売をしてきた。

二〇一一年に店を始めたとき、向かいの外小間には鰹節屋さんが二軒並んでいた。私の店の両隣は漬物屋さんと洋服屋さん。何十年も続いてきた風景は、この先もずっと変わらないように見えた。一九七二年に建てられた公設市場の老朽化について議論されているのを知っても、なんとか補修しながら使うのだろう、こんなに関係者の多い市場を建て替えるなんて無理だろうと勝手に決めつけていた。

二〇一五年九月、那覇市は公設市場を移転する方針であると沖縄タイムスが報じ、市場事業者やまわりの店主たちは激しく抗議した。翌月に移転案は撤回され、一六年九月、現地で建て替えることが発表された。一九年六月十九日、公設市場は一時閉場して、店は近くの仮設市場に移った。市場中央通りは、公設市場の解体に際して撤去されたアーケードの再整備に取り組むことになった。私も通り会の一員として、活動に参加した。

私の店の両隣の漬物屋さんと洋服屋さんは、公設市場の一時移転前後に店をやめた。さらに二〇二〇年から新型コロナウイルスが流行して、公設市場や周辺の商店街の店は長期にわたって休業し、やめてしまう店も出た。建物の老朽化、店主の高齢化に感染症の流行が重なって、みるみるうちに風景が変わっていった。日が暮れて店を閉め、「また明日ね」と言いあって帰る。そんな日々が、あたりまえでなくなった。

そのあいだも公設市場の工事は進み、アーケードの再整備の話し合いもＺｏｏｍで続けた。お客さんが減って先行きが見えず、正直アーケードどころではなかったけれど、また那覇の市場にたくさんの人が戻ってくることを願って取り組んだ。

市場の建て替えやアーケードの再整備について那覇市の職員と話す機会が増えてから、「安心・安全」という言葉が嫌いになった。行政がこの言葉を使うのはいつも「だから、〇〇はできません」と規制するときだ。はみ出しはだめ、アーケードはだめ。

もちろん火事も地震も台風もこわい。行政の基準とは違うとしても、市場の人たちは自分たちなりに安心・安全な場所をつくろうと努めてきた。それは商売のためであり、ここで長い時間を過ごす自分のためでもあった。売上に直接結びつかないこともやった。来た人が安心して過ごせるように、通りに椅子を置いたりアーケードを架けたりした。店をつくることは、町をつくることにつながっていた。

店をつくることはまた、家をつくることでもある。自分で店をやってみてわかったのは、店はお客さんの居場所であるまえに、なによりも私自身の居場所になるということだった。お客さんがいない時間も、品出しをしたりメールを書いたりしながら、ずっとここにいる。昼はお弁当を食べ、知り合いが来たら一緒にコーヒーを飲む。

店が店主自身の居場所であることを強く実感したのは、新型コロナウイルスの流行のために緊急事態宣言が出て、店を長く休んでいたときだ。市場の様子が気になって、毎日のように歩きまわっていた。ある日、ほとんどの店がシャッターを下ろしている中で、たまに本を買ってくれる洋服屋さんが開いていたので立ち話をした。

「全然売れないよ。人も来ないし。でも、家にいてもつまらないから」

家にいてもつまらない、というフレーズは何人もの人から聞いた。この洋服屋さんは店の二階に住んでいる。二階にいるより、一階にいるほうがおもしろいのだ。店を開けていればいつか人が来て、しゃべって商品も売れるかもしれない。だから店にいたい。店を営む人にとっては戸を開けてお客さんを待つことが日常で、その時間が生活の大部分を占めている。

私は那覇の様子しか知らないけれど、本部の市場の人たちにとっても、市場は一日の大半を過ごす家のような場所ではないだろうか。市場を解体すれば歴史ある建物が消え、お客さんは買い物に困り、店の人は仕事のみならず居場所も奪われる。人の住んでいる家を壊すのと同じだ。本部町営市場の今後を決定する方々には、どうかそのことの重大さを想像してもらえたらと思う。

去年の十二月、本部町は市場を現在地で再整備する方針を固め、年明けから入居者や住民たちとともに検討を始めることを明らかにした。これを報じた十二月十六日付の沖縄タイムスの記事で、知念沙織さんはニュースを好意的に受けとめたうえで、次のようにコメントしていた。「市場整備までには時間がかかる。計画が決まるまで壁や天井の剥離部分の最低限の修繕などをしてもらい、市場で安全に商売させてほしい」

そう、安全のために市場を解体するのではなく、安全に商売できる方法を考えたい。そろそろ天井が落ちるんじゃないか、いつか市場がなくなるんじゃないかと心配しなくていいように。今日も明日も来年も、ずっと市場で商売ができると店の人たちが安心していられるように。そこはきっと、お客さんも町に住む人も外から来る人も、だれもが安心できる市場になる。たくさんの人が本部町営市場に思いを寄せて知恵を集めれば、実現できるはずだ。

安心な市場をつくれますように。

宇田智子（うだ・ともこ）1980年神奈川県生まれ。2011年より那覇の市場中央通りで「市場の古本屋ウララ」を営む。著書に『那覇の市場で古本屋』、『すこし広くなった』（以上、ボーダーインク）、『市場のことば、本の声』（晶文社）、『増補　本屋になりたい』（ちくま文庫）、『三年九か月三日』、『アーケードの本』（以上、市場の古本屋ウララ）など。

「市場に来れば、誰かとゆんたくできる。だけど、こういう場所は一か所だけじゃなくて、いくつか用意しておかなきゃいけないんですよね」

すこやか農場　崎濱静子

本部町営市場には、25軒のお店がある。

それぞれ独立した店舗だから、仕切りとなる壁があって、出入り口となる扉がある。そんな市場に、何の仕切りもない区画がある。有機農法で育てた野菜を販売する「すこやか農場」は、仕切りとなるシャッターをすべて上げて営業しており、外に向かって開かれている。

店主の崎濱静子さんは昭和34（1959）年、本部町の山川生まれ。

山川と言えば、海洋博の会場となった地区だ。海洋博が開催された昭和50（1975）年、当時高校生だった静子さんは、郷里の移り変わりを見て育った。

「海洋博が始まる5年ぐらい前から、風景が一掃されていくんですよね。別に、遠くに見える山の形が変わるというわけではないんですけど、バスが通る道路が別のところに変わったり、生活は相当変わりましたよね。海洋博の会場はほんとに目と鼻の先だったから、まず、畑ができなくなった。うちは農家で、畑を借りてサトウキビや葉タバコを作っていたんですよ。そこが全部、海洋博の用地に入ってしまった。それから、半農半漁みたいな感じで魚も獲っていたんですけど、海も勝手に入れなくなって。開発で増えたのか、駆除したオニヒトデをサバニで運んだ話も聞きましたね」

海洋博の開催が決まると、本部の風景は一変してゆく。

ノンフィクション作家の鎌田慧は、『週刊ポスト』（1975年7月11号）から4週に渡り、「海洋博の沖縄、知られざる素顔」と題した記事を寄稿している。初回に登場するのは、当山清盛さんとウシさん夫婦だ。ふたりが暮らす土地は、海洋博の用地に指定され、立ち退きを求められた。本部町出身の宮里松正副知事（当時）が説得にあたったが、用地買収は難航し、すべての土地の取得を終えたのは開催前年の昭和49（１９７４）年だった。このとき、最後まで残ったのが当山さんだった。心労がたたり、妻・ウシさんは昭和48（１９７３）年2月4日、畑仕事に出ようとしたところで倒れ、亡くなった。

「海洋博は、いま、盛り上げよう、盛り上げようとしています。しかし、わたしは、追い出されてしまって、生きても行けない。オニみたいなものと考えています。家も、土地も、家内までも奪われてしまいました。海洋博はオニ、オニです」

土地を奪われ、那覇にある8畳一間のバラックに暮らす清盛さんを尋ねた鎌田慧は、そんな言葉を拾い、活字に残している。清盛さんの声だけではない。土地を買収され、海洋博の会場で清掃員として働きながら、「いまは野菜を買って食べているんですよ」と語る、友寄隆一さんの妻。会場内でガードマンをしながら、「畑があれば、定年もなくいつまでも働けたのに」と沈んだ声で語る、宮里平吉さん。海洋博によって生活ががらりと変わってしまったひとびとの声を、鎌田慧は拾い集める。

「私が高校生の頃は、鎌田慧だとか、ルポライターが輝いていた時代だったんですよ」。静子さんはそう聞かせてくれた。「こどもの頃から、たぶんそっちの方面に興味はあったんだと思います。誰も読まないのに、学校新聞とか作ってました。ガリ版の最後の時代かな。お父さんは自民党支持だったと思うけど、私はだいぶ違っていたんだろうね。組合活動をしている姉もいたから、むつかしい本を渡されたりするんだけど、まだこどもだから、2ページで眠くなる（笑）。でも、そういう姉の影響もあってか、ジャーナリズムに興味を持つようになったんですね」

本部高校を卒業した静子さんは、昭和55（1980）年の春、二十歳で上京し、高田馬場にあった日本ジャーナリスト専門学院に入学する。作家やライター、編集者、カメラマン等を養成する専門学校だ。

「沖縄の人は、昔は大阪に行く人が多かったんですけど、『いや、東京でしょう』と思ったんですよね。本部にいた頃から、皆とズレている感じはあったんですよ。もう、可愛くない性格だったから、田舎のまったりした感じが嫌で、東京に出たんです。年子の姉が埼玉にいたし、東京なら何とかなるだろうと思ったのもありますね。姉に探してもらった学校の中から、ジャーナリスト専門学院に入学したんですよね。そこは、高田馬場駅の近く、ビルの中に小さい教室がいくつかあるだけの学校だったんだけど、松浦総三や鈴木明といったすごい先生たちが講義をしてくれてました」

日本ジャーナリスト専門学院の初代校長を務めたのは青地晨だった。青地はジャーナリスト・

大宅壮一の門下生である。大宅壮一の膨大な雑誌コレクションは、「大宅壮一文庫」に引き継がれた。「本は読むものではなく、引くものだよ」と語った大宅壮一の精神を引き継ぎ、時代の空気が記録された雑誌という媒体を専門に扱う図書館である。専門学校卒業後、静子さんは大宅壮一文庫の仕事を紹介され、職員として働き始める。そこで人生を変える出会いがあった。

「その当時、大宅壮一文庫に石垣出身の人がいたんですよ。彼は早稲田の二部（夜間）を中退した文学青年で、『八重山・白保の海を守る会』に関わっていたんですね。当時、石垣の白保に新しい空港をつくる計画が進められていて、それに反対する運動が盛り上がっているときだったんですね。その会議に連れて行ってもらって、住民運動に参加するようになりました」

当時の石垣空港は、戦時中につくられた海軍の石垣島南飛行場をもとにしたものだった。滑走路が短く、大型旅客機は離着陸できず、貨客の取り扱いは制限され、農林水産業や観光業の発展を阻んでいた。また、空港周辺の市街地化が進み、騒音問題も生じていたことから、沖縄県は昭和54（1979）年、石垣島東部の白保集落の沖合に新しい空港を建設する計画を発表した。集落の住民には事前の説明はなく、寝耳に水だったけれど、島内には新空港建設を支持する声が多く、測量が進められ、公有水面の埋め立て免許さえ下りれば工事は着工するところまで進んでいた。だが、集落の住民や自然保護団体、研究者らによって「八重山・白保の海を守る会」が立ち上がり、国会議員や官庁への陳情、署名活動、一坪地主運動を展開するなかで、白保の珊瑚礁の希少さは広く知られるようになり、平成元（１９８９）年に白保埋め立て案は撤回された。静子さんもその運動に多少なりとも携わっていた。

「白保の海を守る会に関わるなかで、もうひとつ出会いがあったんです」と、静子さん。「昭和62（１９８７）年6月23日だったかなー。嘉手納基地を人間の鎖で包囲して、基地の撤去を訴えようって運動があったんですよ。そのときは2万4千人ぐらいが参加して、ぐるっと嘉手納基地を囲んだんですね。そこに三里塚からの参加者がいたんです。三里塚って、成田空港の建設に反対して、火炎瓶とか投げてるところだよね、って。話してみたら、いやいやすごく良い人たちで、そこから私も三里塚通いを始めるんだけど、あるとき、三里塚の野菜を買ってみたんですよ。無農薬で育てた野菜だったんですけど、それを食べ始めたら、それまであまり健康的じゃなかったのが、体の調子が良くなったような気がしてくるんですね。無農薬で育てた野菜はすごいな、と。そこで夫になる人とも出会って、野菜作れるんだったら一緒に作ろうってことで、沖縄に帰ってきました」

二十歳で上京するときには、「二度と地元には帰ってこない」つもりだったと、静子さんは振り返る。そんな彼女が本部に戻ってくるきっかけとなったのは、ある新聞記事だった。

「大宅壮一文庫で働いているうちに、沖縄タイムスの記者さんと知り合いになったんですよ。沖縄関係の問題があって、取材で上京してくるときには一緒に会食するようになっていて、新聞もご厚意で送ってもらっていたんですかね。あるとき、何気なく新聞を開いてみたら、１面に生まれ故郷の本部の話が掲載されていた。本部には昔、米軍の上本部飛行場というのがあって、復帰前に返還されていたんですけど、そこに海上自衛隊がＰ３Ｃ哨戒機用の基地をつくる計画が発表されたっていう記事が出ていたんですよ。それを見たときに、沖縄に帰ろうと思ったんです。東京にいたら、ちっぽけな存在でしかないけれど、地元に帰ったら何かできそうな気がするでしょう？　沖縄には帰らないと思っていたけど、東京で多少学び、じゅうぶん楽しんだから、そろそろ本部に帰ろう、と。だから、沖縄タイムスに背中を押してもらったような感じでしたね」

こうして静子さんは、平成５（１９９３）年、郷里に戻って農業を始める。小さい頃から簡単な農作業は手伝ってきたけれど、本格的に農業に取り組むのは初めてだった。

「小さい頃から、父親たちがやってる姿は頭に焼きついてるから、ニンジンはこんな感じだったよな、大根はあんな感じだったよなって、最初のうちは思い出しながらやってましたね。もう、見よう見まねです。当時はまだ、無農薬で野菜を育てるのは珍しかったけど、少しずつ増え始めていたんですよ。今年の選挙でやんばる初の女性県議になった儀保唯さん――彼女の両親は、那覇から大宜味に移り住んで、お父さんは有機農法で野菜を育ててましたね。その頃にはもう、やんばるに『風と土との会』（現・「やんばる七色畑ねっとわーく」）という、有機農法の生産者と消費者を繋ぐグループもできていて、私たちもそこに加わることになったんです。夫と一緒に、10年ぐらい一生懸命やってたんですけど、農業だけではなっかなか食べていけないんですよね」

有機農法に関心を持ってくれる消費者は、「風と土との会」に関わり、野菜をとってくれるけれど、その売り上げだけで食べていくのは厳しかった。もっと広く、自分たちが育てた野菜を販売する場所を持てないか——そんなことを考えていたところに、本部町営市場で「もとぶ手作り市」が始まった。静子さんはそこに、手作りの野菜のほか、味噌や梅干し、季節のジャムを出品するようになった。「もとぶ手作り市」が開催される野菜市場は、かつて静子さんの母たちも時々野菜を売っていた場所だった。

「母はいつも、朝6時半ぐらいのバスに乗って、野菜を売りにきてたんですよ。私は8時頃のバスで学校に向かうんですけど、母がときどきお弁当を買っておいてくれるんです。それを受け取って、『このお弁当、ニンジン何本分だろう?』と思いながら、学校に行く。今考えると、豊かな時代でしたよね。ここに来れば、制服も注文できたし、近くに書店があって教科書も受け取れたし、高校指定のカバンだって売ってたしね。私が高校生の頃は、那覇まで洋服を買いに行くなんてことは本当に稀で、この市場で大体のことが間に合っていたんです。東京に出てからも、ときどきこっちに戻ってくると、市場にあったブティックで母が服を買ってくれてました。普段は東京で暮らしているわけだから、『これ、着るかな?』と思ったところもあるけど、夫の家に挨拶に行くときは、そこで買ってもらった服を着ていきましたね。いい思い出です。私が東京にいる間も、母が定期的に荷物を送ってくれて、そこには市場で削ってもらった鰹節も入ってました。そう考えると、この市場とずっと繋がっていたんですね」

「もとぶ手作り市」が盛り上がりを見せ、市場への新規出店申込が再開されると、静子さんは現在の場所に「すこやか農場」を出店する。それが15年ほど前のことだ。

「自分で育てた野菜を配達してると、1週間で20人ぐらいに会えるんですよ。でも、ここに店を構えると、もっといろんな人に会える。それが面白かったですね。しかも、いろんなお店が集まっていて、いろんな話ができる。ただ、ここにずっといると、野菜を作ってる時間がなくなるから、いちど店を開けて、畑に戻って、夕方また戻ってくるような感じでしたね。しかも、辺野古の新基地建設に反対するために『本部町島ぐるみ会議』が立ち上がって、最近はその共同代表の活動も加わって、仲間とともに県庁まで要請に行ったり、嘉手納の防衛局に行ったり、そういう仕事が増えてきてるから、ますます食べていけなくなって。だからもう、今度の3月31日をもって店をやめようと思ってたんですけど、そこに『市場を取り壊す』って話が出てきたから、そうなるとやめづらいですよね。やめるのは簡単なんだけど、この場所がどうにか続いていく確証が持てるまでは、なるべくここを開けながら、皆の動きに連動していきたいと思ってますね」

静子さんは2025年3月2日に投開票される本部町町議会議員選挙に立候補する予定だという。最初に町議選に立候補したのは、2017年のこと。その年の2月、辺野古では2013年の埋め立て承認以降初となる海洋工事が始まり、近く土砂投入が始まると噂されていた。名護から本部にかけて、採石場が点在しており、「いつかここから土砂を積み出す時期が来てしまうだろう」と、基地建設反対運動を行う仲間3人で本部町議選に立候補したのだった。そのうちひとりは当選したが、静子さんは残念ながら落選した。

辺野古に土砂が投入されたのは、2018年12月14日のことだった。その土砂は、本部半島から削り出されたものだ（名護から本部へと続く国道449号線を走っていると、安和桟橋まで土砂を運ぶダンプの車列と、洋上で積み込みを待つ船の列を目にすることになる）。

「その当時はもう、寝ても覚めても新基地建設反対のことしか頭になかったんですよ」と、静子さん。「その頃はまだ50代だったけど、今年でなんと65歳になるんですよ。自分でもびっくりしますよね。皆、どうしていいかわからないことを抱えながらも、日々暮らしていて、いつかは老いて死んでいく。年齢を重ねるにつれて、『実家を今後どうするのか』とか、そういうことが切実な話になってくるわけですよ。その一方で、おうちがない人もたくさんいる。これをうまく繋いで解決する仕事ができないかって考えるようにもなったんです」

思い返してみると、静子さんが小さかった頃は小学校や中学校の統廃合が進んだ時期だったという。「今思えば、田舎がどんどん片付けられていく感じ」がしたけれど、「まだ10代だったから、何とも思わず過ごしてた」と、静子さんは振り返る。

「これからの時代、老人は増えていくけど、年寄りになったら行くところもないんですよ。昔からやってる店はどんどん閉まるし、ゲートボールに通っていた公民館だって今、どんどん合併してなくなっている。昔だったら共同売店があって、そこに行けば誰かがゆんたくしてたけど、それも閉店していく。本部町の場合、市場に来れば誰かとゆんたくできるけど、こういう場所は一か所だけじゃなくて、いくつか用意しておかなきゃいけないんですよね」

「すこやか農場」には壁がなく、外に向かって開かれている。だから、いつもふらりと、ゆんたくしに人が訪れる。「あんまり長居されるのも困るんですけどね」と静子さんは笑うけれど、「すこやか農場」には来客が絶えない。

市場には「ゆくい処」もある。

空き店舗となった区画を利用して、商工会がテーブルと椅子を並べて、誰でも利用できる休憩所を設置してくれているのだ。その椅子はすべての人に開かれている。買い物をしなくたって、つまりお金を支払わなくたって、そこに座ることができる。市場にくれば、誰かと言葉を交わすこともできる。まちの中にそんな場所があることを、羨ましく思う。

Black Lives Matter Coffee　親富祖愛

「ここで店を続けてるなかで、生活も政治なんだって気づいたんです。だから私も、ここで毎日店を開けて、お客さんと政治の話をふつうにする」

designs

市場の中に、黒く塗られた壁がある。そこにはドラゴンフルーツの花と、コシダという植物の葉っぱと、アフロヘアの黒人女性が描かれている。ここは「Black Lives Matter Coffee」。この絵を描いたのは、店主の親富祖愛さんだ。

愛さんは昭和58（1983）年、4名きょうだいの長女として生まれた。母は沖縄本島中部で理容室を営んでいて、米軍基地の中にも出張し、米兵の髪を切っていた。そこで出会った男性との間に愛さんが生まれた。理容室の仕事を続けるため、母は幼い愛さんを瀬底島に暮らす祖父母に預けていた。その頃、愛さんはよく市場に足を運んでいた。

「おばあちゃんはいつも、市場まで買い物に来てたんですよ。うちの店の向かいは当時洋服屋だったんですけど、小学校の入学式の洋服はそこで自分で選びました。市場で買い物をしたあとは、きしもと食堂でそばを食べて帰るのが定番でしたね。その当時――ヤマクニブーってわかります？　ヤマクニブーを乾燥させたものは、沖縄では昔から虫除けに使われてるんですけど、きしもと食堂にはいつもヤマクニブーがかかっていたわけよ。あの匂いが苦手だったから、沖縄そばの味より、ヤマクニブーの匂いが記憶に残ってるんですよね。当時は観光客はいなかったから、今みたいに行列もなくて、すぐにおそばが食べれてました。そこで沖縄そばを食べて、バスに乗って瀬底に帰る。バスに乗り遅れたら瀬底まで歩いて帰ってましたね」

小学校に上がる前に、愛さんは中部の石川市（現・うるま市石川）に移り住み、母親や兄たちと一緒に暮らし始めた。高校はデザイン科を選び、卒業後は服飾の専門学校にも通った。幼い頃は瀬底島に暮らしていたけれど、生まれた場所は北谷町で、通っていた高校は浦添市だったから、馴染みがあるのは中部だったけれど、2010年に瀬底に帰ってくることになった。そのきっかけとなったのは、「農業しながらやんばるで暮らしたい」というパートナーの言葉だった。

「その当時、私は一人目のこどもを妊娠してて、すぐに行ける場所はおばあちゃんちしかなかったから、瀬底島に帰ってきたんですよ。長男が生まれたあと、ちょっと浦添で過ごした時期もあるんですけど、『子育てするなら、本部町のほうが環境が良いな』と思って戻ってきたんです。そうしたら、2013年にパートナーが本部町議選に立候補しちゃったんですよ。本部町には行政区があって——たとえばここは渡久地区で、瀬底は瀬底区なんですけど——『この行政区からはこの人が議員になる』ってことが暗黙のルールとしてあるんですね。だから、『瀬底からふたりも立候補した！』と大騒ぎになって、まちの狭さを初めて感じました。育ちは中部だから、そういうのを感じたことがなかったんですよね。それから後ろ指をさされるようになって、選挙までの間に15キロ痩せました（笑）。しかも、パートナーは本部で介護の仕事をしてたんですけど、『選挙に立候補するような野心のある人は、うちでは雇えない』と言われてクビになった。そんな状況でも、市場の顔見知りの店主たちは味方についてくれたんですよね」

愛さんが本部町に帰ってきた2010年、市場はシャッター通りになっていた。小さい頃に祖母と買い物に通った思い出は残っているものの、「あまりにも人通りがなくて、入るのに躊躇するぐらいだった」と愛さんは振り返る。ただ、「もとぶ手作り市」はすでに始まっていて、少しずつ活気を取り戻し始めていた。2011年以降には、原発事故を機に本部町に移り住む人が増え、市場は移住者が集う場にもなっていた。愛さんのパートナー・親富祖大輔さんは、長男が産まれたばかりの頃、仕事帰りによく市場でおみやげを買ってきてくれた。それがきっかけとなり、愛さんは四半世紀ぶりに市場に通うようになる。

「こっちに引っ越してくるまで、私の職場は中部にあったんですけど、こどもを産んで仕事を辞めたら、人としゃべれる場所がなくなったんですよね。誰かと話せるのは市場しかなかった。パートナーが町議選に立候補したときも、市場の知り合いは票を入れてくれて。当選はできなかったんですけど、パートナーはそのとき『もう普通に働くのはやめる』と言ったんですね。高校時代からの知り合いだから、変な人なのは知っていて、『いつかきっとそういう日が来るだろう』とは思ってたんですよ(笑)。だから、前からずっと、天然酵母のパンを作れるように練習してたんです。いざとなったら、パンを作って売ろう、と。その当時、今は『いっぷく家』になってるところに『カムーン』ってお店があって、店主と友達だったから、そこで私のパンを売らせてもらってたんですよ。そのうちに、空き店舗の募集が出て――それまでは合格か不合格の案内もなかったらしいんです。募集が出てると思って応募しても、合格か不合格かも知らされずに、結局その区画は空き店舗のまま誰も入居させないってこともあったらしいんですよね。そんな話を聞かされてたから、ダメもとで応募したんですけど、私のときはスムーズに話が進んで、入居できることになったんです」

こうして２０１３年の夏、愛さんは本部町営市場に「ゴロニャー」というお店をオープンする。この屋号は、２０１１年に「もとぶ手作り市」に参加した頃から使っているものだ。服飾関係の仕事をした経験がある愛さんは、オリジナルの衣服や、洋裁に必要な生地を販売する店として「ゴロニャー」をスタートさせた。最初のうちは仕入れた布をそのまま使っていたけれど、市場で制作を重ねるうちに、草木染めを施すようになった。

「この場所を借りて、ここで服を作り始めたら、『自家焙煎珈琲みちくさ』の正作に『これ、染めたら？』と言われたんですよ。それまで草木染めをやったことがなかったんですけど、正作に教えてもらって試してみたら、すごい面白くて。それまで私、携帯電話も持ってなかったし、おうちに冷蔵庫もなかったし、廃油で走るような車に乗ってたから、自然のものを使った草木染めがしっくりきたんですよね。小さい頃は瀬底で暮らしていて、フクギを見て育ってきたのに、フクギで染めるとどんな色に仕上がるかも知らなかったし、フクギ染めは首里城にいる王族しか着れない色だったってことも知らなかった。そこから少しずつ、正作に藍染めを教えてもらうようになったんです」

　高校のデザイン科に通っていた頃は、デザインとは自己表現だと思っていた。でも、大人になり、オリジナルの衣服を作り始めてからは、自分の好きな布を選び、好きなデザインに仕上げることに疑問を抱き始めていた。

「これはたぶん、市場で店を始めたのも大きかったとは思うんですよ」。愛さんはそう振り返る。

「ここでいろんな出会いがあって、教えてもらったものを取り入れていくうちに、ただ自己表現をすることにはあんまり興味を持てなくなったんですよね。もっと社会と繋がらないと、やりがいを感じなくなった。本部町って、昔から琉球藍の産地として有名だったらしいんですよね。沖縄にはずっと草木染めの文化があるんですけど、自分たちの前の世代は、化学薬品を使って染めるようになった。それで藍染めは途絶えかけたんだけど、自分と同世代の人たちがまた、天然藍で布を染めるようになって、試行錯誤してるんですよね。天然藍を使うと、冬は染めづらかったりするから、商売として厳しいところがあるんですけど。藍建てをするとき蜂蜜を使ってみたり、水飴を使ってみたり、私の場合はオリゴ糖を入れてみたりして、試行錯誤しながらやってます。草木染めは完璧っていうことがないから、それがまた面白いのかなと思うんですけどね」

　やんばるは琉球藍の一大産地だった。

明治16（1883）年の統計では、本部間切の琉球藍生産高は58万斤と、沖縄県全体の生産量の実に3割を占めている。明治時代に入ると、琉球藍は換金作物として注目され、本部の山林は切り開かれ、作付面積は急増した。その時代には、琉球藍は「地域の経済に大きな役割を果たす作物となり、「藍造りをしない者とは金銭の貸借をさけるほど」だったと、『本部町史』に書かれている。

だが、明治の終わり頃に化学染料が浸透すると、琉球藍の生産量は激減してゆく。どうにか伝統的な藍づくりを保存しようと、昭和52（1977）年には「琉球藍製造」が国の無形文化財に登録され、伊豆味の伊野波盛正さんが剪定保存技術の保持者に認定されている。

松本由香・佐野敏行『沖縄の染め織りと人びとの暮らし—家族と地域文化、経済とツーリズムから考える—』（琉球新報社）によると、伊野波盛正さんは「泥藍づくりの4代目」で、「明治時代に首里から移住してきた先祖が始めた家業を受け継い」だのだという。琉球藍を栽培する農家が激減する中で、1999年には地元の有志により琉球藍製造技術保存会が結成され、琉球藍の製造技術の保存事業には文化庁や沖縄県から補助金が交付されるようになった。2015年、本部町は藍葉生産の振興を掲げ、新規に藍を栽培する農家を募り、藍づくりに欠かせない肥料を無償で提供する事業も立ち上げている。

「琉球藍は、ある意味では本部町の観光資源になると思うんですよ。でも、役場はそこに価値を見出してないんじゃないかと思うんですよね。前に、町から畑を借りられるやつに申し込もうと思ったことがあるんですけど、『琉球藍を育てようと思うんです』と言ったら、『年間いくら売り上げられるんですか？』と担当者に言われて。育てたことがないから、いくら売り上げられるのかなんてわかんないじゃないですか。だから結局、畑は借りられなかったんですけど、集落ごとの藍壺が山の中に残ってて、今でも稼働してるところが1か所だけあるんですよ。プールみたいに大きくて、雰囲気もすごく良くて。それもある意味では観光資源ですよね。前はここに藍壺を置いて、藍染め体験もできるようにしてました。『本部町は琉球王国時代から琉球藍の産地だったんですよ』と伝えても、観光客の人たちはほとんどそのことを知らないんですよね。だから、ここで藍染めの商品を扱っていることで、少しはアナウンスできてるんじゃないかなと思ってます」

開店から2周年を迎える際に、愛さんは自身が制作するコレクションに「new Ryuu Kyuu Out Fit」と名前をつけた。パートナーの大輔さんは同じ高校のデザイン科だったこともあり、昔から一緒に制作に取り組んできた。２０１８年頃からは、ふたりの名前をとって、「Ai & Dai designs」と看板に掲げている。衣服や小物の制作・販売の他に、２０２１年からはコーヒーも提供するようになった。

「中部にいた頃に、スタバで働いてたこともあるんですけど、昔はコーヒー飲めなかったんですよ。でも、『自家焙煎珈琲みちくさ』で美味しさに気づいて、コーヒーが好きになりました。コロナで人通りがまったくなくなった頃に、『こうなったらもう、自分が好きなことをやったほうがいいな』と思って、店の半分を改装してエスプレッソコーヒーを出すようになったんですよね。それまでは洋服一本で商売してたから、一着売れればそれなりの金額になるんですけど、どうしても売り上げゼロの日があったんですよ。営業努力として、それをなくしたいっていうのもありましたね」

「自家焙煎珈琲みちくさ」は、火曜と水曜が定休日で、用事があると臨時休業となることも少なくなかった。定休日にお客さんが訪ねてくると、愛さんが代わりにコーヒー豆を売ったり、コーヒーを淹れて提供したりすることもあった。反対に、愛さんがイベントに参加するために県外に出張する際には、こどもたちを正作さんと沙織さん夫婦に預けていくこともあった。

「その当時、３人目のこどもはまだ赤ちゃんだったんですけど、正作んちで預かってもらえることになって――信じられます？　向こうもこども３人いるのに、すごいなと思いました。だからもう、市場の人たちは家族以上に家族なんですよね。まだ洋服一本で商売してた頃から、私が接客してたら、ふと気づいたらこどもがいなくなってるんですよ。慌てて探しに行ったら、隣でお店をやってたおばさんが、私が接客しやすいようにって、抱っこして面倒見てくれてたんです。お客さんが赤ちゃんを連れてきたときも、市場の誰かが抱っこしてくれるから、ママはゆっくり買い物ができる。安心して赤ちゃんを連れて買い物に行けて、誰かとコミュニケーションとれる場所があるのは、ママにはすごく救いになるんですよね。そのかわり、先輩たちから叱られることもありますよ。でも、それって貴重なことだと思うんですよね。大人になるともう、誰かに叱られることってなくなるじゃないですか。うちのパートナーは髭を伸ばしてるんですけど、最初のうちは『身だしなみをちゃんとさせなさい』って、めっちゃ怒られてました。でも、最近はもう、先輩たちのほうが折れてきて、何も言われなくなりました（笑）」

お店を始めたばかりの頃は、市場に現在ほどの賑わいはなく、売り上げも思うように伸びなかった。最初のうちは他のブランドから縫い子の仕事を引き受けて、どうにか生計を立てている状況が続き、「もう辞めよう」と考えることは何度となくあった。それでも続けてこれたのは、「ここにコミュニティがあるから」だと教えてくれた。

「ここは人間関係が濃厚だから、それで疲れることもあるんですけど、辞められない理由もそれなんですよね。ここまでのコミュニティは、他の場所では持てないと思います。自分がこんな人間になったのも、この市場があったおかげなんですよ。政治の面でも、当時は知らないことが多かった。でも、２０１２年にオスプレイ配備が始まったときに、正作がフェイスブックに『抗議のためにスタンディングをしたい』と書いていて——そのときアイデンティティ・クライシスみたいなものを感じたんですよ。自分はウチナーンチュのこどもだけど、ミックスルーツで父親は米兵だから、どちらかというとアメリカ人として扱われてきたところがあって。だから、戦争は嫌いなのに、『基地反対』とは言えずにいたんです。でも、正作の投稿を見たときに、『ああ、ウチナーンチュの人権って踏まれてるんだ』と気づかされて、一緒に大山ゲート（普天間飛行場）でスタンディングをしたんですよね。そこから私も政治について勉強するようになって、仲井真知事が辺野古移設を承認したときも、私とパートナーも正作と一緒に県庁前まで行って、座り込みをしたんです。その後も抗議集会にはよく参加してたんですけど、私の親は米兵だし、弟は空軍のエリートみたいな感じなんだけど、それでも『基地反対』と発信することは大事なことだと思ったんです」

本部町営市場に店を構える数名の店主たちは、基地について身近なこととして考えてもらおうと、２０１２年に『ＰＩＣＮＩＣ』という雑誌を創刊し、２０１４年には第2号も出版している。この雑誌の3号として、愛さんは２０２０年に『ＢＬＭ ＰＩＣＮＩＣ』を編集した。

２０２０年5月25日、アメリカ・ミネアポリス近郊で、アフリカ系アメリカ人のジョージ・フロイドさんが警官から不適切な方法で拘束され死亡した事件を受け、構造的な人種差別の撤廃を求める「Black Lives Matter」という運動が全米各地に広がった。沖縄に――日本に暮らす人たちにも、差別と人権について考えるきっかけを持ってもらおうと、愛さんは冊子を制作し、店名を「Black Lives Matter Coffee」と改めた。

「基地問題について考えているうちに、自分がここで店をやっている意味について考えるようになったんです。辺野古に行って座り込みをすることも大事だし、どこかに行って抗議することももちろん大切なんだけど、ここで店を続けているなかで、生活も政治なんだってことに気づいたんですよね。市場があったから、いろんな人たちと出会って、政治の話も教えてもらった。だから私も、ここで毎日店を開けて、お客さんと政治の話をふつうにすることが、自分にできることなんじゃないかと思ったんですよね。コーヒーカップにＢＬＭと書いてあっても、日本人だと意味がわからない人も多くて、『ＢＬＭって何ですか？』って聞かれることもあるんですよ。そういうことが、誰かと人権について話す入り口になる。ウチナーンチュの人権も、黒人の人権と同じように踏まれてると私は思っているから、それを沖縄の人に気づいてほしいなと思うし、観光客にも知ってもらいたいんですよ。そういうことをフラットに話せる場所を作ろうと思って、この店名にしたんです。政治の話を、生活の中にスライドさせる。特に意識しなくても、フラットに政治の話ができる場所になったらいいなと思ってます」

生活の中に、政治がある。

本部町営市場を解体する方針が突然発表されたことは、まさに生活と政治が直結した問題だった。

「市場を取り壊すって話が出たのは突然だったんですけど、私はなんとなく予感があったんですよ」と、愛さん。「というのも、家賃の支払いをゆうちょ振込に切り替えたくて、役場の担当の人にお願いしてたんですよ。最初は『わかりました、すぐできますよ』という返事だったのに、一向に対応してくれなくて。それをやってもらえないと、家賃の振り込みが遅れるから、なんか怪しいなとは思ってたんですよ。だから、取り壊すって聞かされたときも、他の人たちほどは動揺しなかったんです。ただ、1回目の説明会にはこどもの送迎があって参加できなかったんですけど、2回目の説明会に行ってみたら、『できれば来年の3月までに出て行ってもらいたい』と副町長が言っていたから、ああ、ほんとにそんなこと言うんだ、すごいこと言うなとは思いましたけど。その説明会のときに、肉屋の古堅さんが役場の人たちに質問を投げかけてたんですよ。普段あんなふうに人前で話すことがないからだと思うんですけど、言葉に詰まりながらも、『この年齢で、大きな冷蔵庫もあるのに、ここを出て行けと言われて、自分たちはこれからどうすればいいのか』って。市場を取り壊すって話が出たときから、何十年と商売してきた人たちのことは考えてたんですけど、古堅さんの声を聞いているうちに、あの人たちの切実さは自分たちとは違うって、改めて気づかされたんですよ。私たちは役場になんか最初から期待してないし——だって、役場の人たちって、普段全然市場に来ないんですよ。それでもう、市場に対して何の気持ちも持ってないのはわかりますよね。私たちは荷物も軽いから引越しもしやすいし、年齢的にも新しい仕事を探せると思うんですよ。でも、何十年とここで商売をやってきた人たちは、切実さが違うんです。だから、私たちの感覚に合わせちゃ駄目だと思うんですよね。私としてはもう、役場が何と言おうが、補強の一択だと思ってます」

２０２４年12月６日。

本部町営マーケット通り会は、本部町長と本部町議会宛に請願書を提出した。

行政に要望を伝える文書には、嘆願書と請願書がある。嘆願書は誰でも提出できるけれど、本会議で議題として取り上げられる確約はない。それに対して、議員の紹介・署名を必要とする請願書は、本会議で取り上げられる。本部町議会に請願書が提出されるのは珍しく、過去にあまり例がないことだと聞いた。そこで通り会が求めていたのは、「今後の市場の計画を教えてください」、「市場通り会との話し合いの場を開いて下さい」という、普通に考えれば請願するまでもない、ごく当たり前のことだった。

わたしたちは、声を挙げることができる。それは当たり前の権利だ。

愛さんが「Black Lives Matter Coffee」の外壁をブラックに塗ったのは、２０２０年10月５日のことだった。商いの場である市場の壁を一面ブラックに塗ると、先輩店主たちから「もっと明るい色に塗り直しなさい」と怒られるのではないかと不安になった。でも、どうしてもメッセージのある絵を描きたくて、ブラックに塗り、アフロヘアの女性を描いたのだった。絵を描いた翌日、店の前を通りかかった近くの鮮魚店のお父さんから「格好良いね」と言われ、背中を押されたような心地がしたと、愛さんは教えてくれた。

勇気を出して踏み出した一歩が、新しい扉を開く。

人が行き交う市場だと、その扉が入り口になり、新しい会話が生まれてゆく。自分の考えていることを、言葉に託し、誰かに届けていく。そこからきっと、わたしたちは未来をより望ましいものに変えていけるはずだ。

本部町営市場と18年

知念正作（自家焙煎珈琲みちくさ）
知念沙織（市場豆花店）

――おふたりは２００６年に「もとぶ手作り市」を始められて、２００９年からは夫婦で「自家焙煎珈琲みちくさ」を切り盛りされて、２０２０年からは沙織さんが独立して「市場豆花店」を営んでいます。もともと、正作さんのおばあさまが市場でお店をされていたというお話でしたけど、小さい頃から市場に来てたんですか？

正作　僕は昭和54（１９７９）年生まれなんですけど、記憶にあるのは小学校低学年の頃ですかね。

――じゃあ、80年代の後半。

正作　うちは両親が共働きだったけど、小学校に入学してすぐの頃は鍵を持たされてなかったから、市場に帰ってきてたんですよ。おばあちゃんは、今は「ｍｕｇ」さんが入ってるところ――あそこを半分にした場所で洋服屋をやっていた。天井まで洋服がかかってて、がちゃがちゃダイヤルを回してチャンネルを替えるタイプのテレビがあって、『夕やけニャンニャン』が流れてたのをおぼえてる。おばあちゃんはいつも、店の奥のほうに丸椅子を置いて、学校から帰ってきたら、おこづかいとして100円もらって、おもちゃ屋さんに行ったり、駄菓子屋さんに行ったり――駄菓子屋さんも市場の中に2軒あったんですよ。

――じゃあ、市場の店主の方たちに可愛がられて過ごしてた？

正作　いや、ちゃんとわきまえてたから、人のお店に入り込んで、お世話になることはあんまりなかったはず（笑）。ただ、その頃にはもう市場の斜陽が始まっていて、うちの向かい、今は「ゆくい処」になってる区画は、ずっとシャッターが下りてましたね。だからもう、廊下で遊んだり、おばあちゃんとこでテレビを観たりっていう感じでした。

――当時の市場に、正作さんと同年代のこどもはいましたか？

正作　いなかったですよ。市場で友達と遊んだ記憶はないです。

沙織　「友寄商事」の隆央さんも、ちょっと世代違うからね。

正作　隆央さんはちょっと上だね。おもちゃ屋さんや駄菓子屋さんに買い物にくる子はいましたけど、市場の中で遊んでる子は全然いなかったと思います。

沙織　正作のおばあちゃんは、何歳まで店をやってたの？

正作　うちのおばぁが店をやめるのは、僕が中学校に上がる頃だったと思う。その頃にはおもちゃ屋さんも閉まってたし、駄菓子屋さんも気がついたらなくなってた。

――その当時は、おばあさまがお店を辞めることに対して、強く何かを思うわけでもなかった？

正作　特に何も思わなかったかもしれないですね。当時70歳くらいだったと思うんですけど、おばあちゃんの健康状態だが段々悪くなってきて、そっちのほうが大変だった。

沙織　波乱の時期だったね。

――おばあさまがお店をやめたとき、特別強く何かを感じたわけではなかったとしたら、どういう経緯で「市場に店を構えよう」という思いに至ったんですか？

正作　大学を卒業したあと、就職がまったく決まらなくて、瀬底にある染め物屋さんに入ったんですよ。そこは草木染めの工房で、染め物の洋服や小物も売ってるし、染め物体験もできるし、喫茶店みたいにもなってたんですよね。その工房に入って、観光客の相手もするし、ヒラヤーチーとかフーチャンプルーも作るし、物産展にも行かされるし――まあでも、そこで働いているうちに草木染めのやりかたをおぼえて、自分でも作るようになった。

沙織　そうこうしてるうちに、結婚したんだよね。

正作　こどもができて、結婚することになって。その工房は給料が安かったから、親に「ちゃんとしたところで働け」と言われて、辞めることになった。結構好きだったんですけどね。今ここでやってることと、そんなに変わらない気がします。

沙織　そこから、まったく合わない仕事をね。

正作　そう。就職したんだけど、全然合わなくて、3ヵ月で辞めました。そのあと、本部町の授産施設で、草木染めをやってるところがあったから、そこなら自分が学んだことも使えるな、と。そこで働いているうちに、自分でものづくりをしたくなって、自宅に「沖縄草木染め工房みちくさ」って工房を立ち上げて、自分の作品をつくり始めたんです。その頃から「みちくさ」って名前なんですよね。――コーヒー屋さんだと、ちょっと一服って意味で「みちくさ」が似合いますけど、工房の名前を「みちくさ」にしたのはなぜ？

正作　草木染めだから、道端に生えてる草を刈り取ってきて染めてたんですよ。人の畑のそばに生えてるフーチバーとか、切り倒されてるフクギの皮とかをもらってきて、道端の草で染めてましたね。

――ちょっと話が前後しますけど、大学卒業後に瀬底の工房に入ったのは、もともと草木染めに興味があったんですか？

正作　いや、どうだろう――？

沙織　それ、沙織はおぼえてるよ。大学生の頃、私は宿屋がやりたいと思ってたんですよ。当時はまだ、結婚とか何も考えてなかったんですけど、母親の実家が瀬底だったから、「沙織は将来、瀬底で宿をやる」って話を正作にしたら、面白そうだねって話になったんですよね。それで、私が1年早く卒業することになって、箱根の旅館に修行に行ったんです。宿泊業はどういうものか、まずは勉強しよう、と。そのうち正作も卒業することになって、「宿で染め物の体験できたら面白そうだね」って話してたら、ちょうど瀬底の工房で募集が出てたんだよ。

正作　そうだっけ。自分では全然おぼえてなかった（笑）

沙織　自分で手を動かして、何かが出来上がって、それをお客さんの前に出して、それを良いと思ったお客さんが買ってくれる——そうやって全部の工程がわかることが、正作は好きだったんだと思う。だから3ヵ月で辞めた会社が合わなかったんだよ。

正作　それもあるかもね。すごい分析だ（笑）

◉学生時代（〜2004年）

——おふたりが大学を卒業されたのは、2003年、2004年ですね。その時期にはもう、瀬底に観光客が訪れるようになってたんですか？

沙織　あの頃は全然そんな感じはしなかったね。

正作　そうだね。瀬底のホテルもなくて、あそこはまだゴルフ場だったもんな。ビーチには昔から観光客がいたけど、今みたいにカフェもなかった。

沙織　あの頃はまだ、怖い人がたくさんいたからね。瀬底のおじぃ、おばぁがまだまだ元気で、この人たちが頑固だわけ。土地はあるけど、「そういうことには使わせない」とかね。

——「宿泊する旅行客に、草木染めを体験してもらう」っていうのは、せっかく沖縄を訪れるんだったら、沖縄ならではの文化に触れてもらいたいって思いがあった？

正作　それはたぶん、大学で民俗学をやってたのも大きかった気がしますね。大学生の頃から、地元のエイサーの地方《じかた》をやってて、その頃に渡久地っていう地域に対するアイデンティティが強くなった。沖縄の文化が面白いし、それが仕事になりうるんじゃないかって感じていたのかもしれないですね。それにプラスして、第1次沖縄カフェブームが来たんですよ。『Ｃａｆｅ１００』（２００２年）がベストセラーになって、大学の近くに『mofgmona』がオープンして、そこに入り浸るようになって、「カフェやりてえな」と思うようにもなったんですよね。だから、全部繋がってると言えば繋がってます。

沙織　そうだね。正作はカフェをやりたくて、沙織は宿がやりたかった。私の場合、小学校5年生の頃から和太鼓をやってたんですよ。ちょうどその頃、「ふるさと創生事業」（１９８９年）として、各市区町村に1億円配られたんですよ。その流れで、「和太鼓でまちおこしをしよう！」みたいなのが全国的に広まって。私は浦添出身なんですけど、浦添にも和太鼓のチームができて、私もそこに入ってたんですね。沖縄なのに、和太鼓。その時期には「ミルクムナリ」（日出克の曲。創作エイサーによく使われる）が出たり、りんけんバンドや元ちゃん（前川守賢）のヒット曲がたくさん生まれたりして、それに振り付けをするのが流行り始めた頃だったんです。私が入ってたチームも、創作の和太鼓もやるし、創作エイサーもやるし、獅子舞も踊る、なんでもやる団体でした。そのうち県外や海外からも声がかかるようになって、最初のうちは「自分たちは沖縄の新しい文化を作ってる」って感覚があったけど、県外の人たちが沖縄に対して抱いている沖縄のイメージが、自分たちの暮らしている沖縄とかけ離れていることに気づかされた。ちょっと楽園みたいに思っている人が多過ぎて、「そうじゃないんだよな」と。そんな思いを抱えながら大学に入って、民俗学を学んでいくうちに、こういう土着の文化が面白いはずなのに、県外の人には全然知られてないなと思うようになったんですよね。だから、旅行でやってきたお客さんに土着の文化を紹介できる宿がやりたいなと思ったんです。

――ご出身は浦添だったけど、宿をやるには浦添じゃなくて瀬底が良い、と？

沙織　うちの両親は共働きだったから、夏休みは1ヶ月くらい瀬底に預けられてたんですよ。瀬底から橋を渡って、大浜のあたりまでは遊びに来ていて、大人の目が届かないところで遊ぶのがのびのびしてて楽しかったんですよね。だからもう、中学生ぐらいの頃から、「老後は瀬底で過ごす」ってイメージを持ってました。結婚とか就職じゃなくて、孫と一緒に老後を瀬底で過ごす、って。

正作　変な人だね（笑）。こっちで仕事をするとは思ってなかったけど、本部人《もとぶんちゅ》の彼氏ができたから、それがいよいよ現実になってきたんでしょうね。

沙織　瀬底には豊年祭もあるし、そういう土着の文化が残ってるんですよ。それは同じ沖縄でも、私からするとまったくの異文化でしたね。

――おふたりが大学生だった頃だと、那覇や浦添に生まれ育った人が、本部に目を向けている感じはあったんですか？

沙織　ゼロじゃないかな？

正作　いや、どうだろう。高校生の頃までは、僕も地元の文化にはほとんど関心がなかったんですよ。でも、１９９９年に『ナビィの恋』（中江裕司監督）が公開されて、あれに相当影響受けました。完全にエンタメ化されはいるけど、あれも離島の話だし、沖縄らしい要素も入ってるし、「へえ、こんな民謡歌手がいたんだ」っていうのは、あの映画で知りました。逆輸入になっちゃったのが悔しくもあるんですけど［註――中江裕司監督は京都府出身で、琉球大学に入学したことをきっかけに沖縄に移住］、『ナビィの恋』にピンと来ちゃって、そこから民謡にどハマりして、三味線も弾くようになって。

沙織　エイサーやってても、民謡は興味なかったんだ？

正作　ううん、それまでエイサーもやってなかった。『ナビィの恋』がなかったら、エイサーもやってなかったと思います。

◉もとぶ手作り市（２００６年）

——最初の夢は「瀬底で宿をやりたい」だったところから、市場に出店しようと思い始めたのは？

正作　もう、リーマン・ショックの影響です（笑）

沙織　ああ、それも大きかったね。だけど、それより前にもう、家で草木染めを始めてたさ。当時、正作は授産施設で指導員をやっていて、私は恩納村のホテルで働いてたんですけど、通勤が大変だったんですよね。そこに「瀬底にホテルができるぞ」という話になって、そっちの面接を受けてみたら、合格したんです。そのホテルが２００７年４月に開業するから、「採用は来年になるんですけど、オープニングスタッフとして働いてください」って。その１年は別の仕事をしようって探してたら、本部町の教育委員会で臨時職員の募集が出てて、私は１年だけそこで働いてたんですよ。ちょうどその頃に、正作が「仕事を辞めて、自分で染め物つくりたい」って言い出して。私は来年からホテルで働くことが決まってて、そこで安定した給料をもらえるわけだから、まあひとりは好きなことやってもいいんじゃないかっていうことで、「いいじゃん、辞めちゃいなよ」って言って、正作はおうちで染め物をやり始めたんです。そうしたら、「ホテルの工事が遅れてるので、採用も少し先になりそうなんですけど、大丈夫ですか？」と連絡があった。その時期に沙織は妊婦になったから、正作がつくった染め物を売るしか収入源がなくなったんですよね。貯金はあったんだけど、それが１年の間にどんどん減っていく。

「自家焙煎珈琲みちくさ」店主・知念正作さん

正作　大変だねえ（笑）

沙織　収入はなくなっても、税金は前年度の所得を基準に請求されるから、ほんとにお金がなくなって。どうにかして、正作の染め物を売るしかない。売るんだったら市場だって、役場に問い合わせてみたら、「貸す予定がありません」って言われたんですよ。

――空き店舗はあるのに、貸し出す予定はない、と？

沙織　そう。それで、どこか売れる場所はないかと考えたときに、「もとぶ展」のことを思い出したんですよね。毎年12月に、本部町在住の人たちがつくった作品の展覧会を、教育委員会の主催でやるんです。ピンかキリまで、いろんな作品が出展されるんだけど、「こんなすごい作品をつくる人が本部にいたんだ！」ってびっくりして。ちょうどその頃に、京都の知恩院の「手作り市」（１９８７年から続く「百万遍さんの手づくり市」）が雑誌で紹介されてるのを偶然見かけて、「これ、本部でそのままいけるじゃん」と思ったんですよ。それで「手作り市に出店しませんか？」って紙を、あっちこっちに貼ってまわりました。

正作　本部町内の木工作家の人だとか、最初に反応してくれた人が何人かいて、まずはうちの自宅で集まって、ごはん食べながら話し合ったんだよね。

沙織　うん。「じゃあ、毎月第3日曜日に開催しよう」って決めて、それを役場に言いに行ったんですね。野菜市場のところで手作り市を開催させてください、って。最初は「前例がないから貸せません」と言われたんだけど、「ちなみに、市場の人たちはどう言ってるんですか？」と聞かれたんですよ。そのときにはもう、正作と隆央さんが市場の人たちには話を通してたんだよね。

正作　そうだね。知念アイコの孫だし、顔もわかるし、「まあ、いいんじゃない？」と。

沙織　たぶん、ヨソから来た移住者がいきなり言い出しても駄目だったはずだけど、「ああ、アイちゃんの孫か、何でもやってみたらいいさ」みたいな感じだった。それを伝えたら、「市場の人が了承してるなら、やってもいいですよ」と役場の人が言ってくれて。それで２００６年11月に、第１回の「もとぶ手作り市」を開催しました。

――今の話を聞いていて面白いなと思ったのは、当時はまだ沖縄県内の人の意識があんまり本部に向いていなかったとしたら、「市場に店を構えよう」とか、「店を始められないなら手作り市をやってみよう」とかって発想になりづらい気もするんですよね。本部の作家を集めてイベントを開催するにしても、中南部で開催したほうが来てもらいやすいでしょうし、そもそも染め物を売るって目的であれば、お店を借りなくても、洋服屋さんとか雑貨屋さんに卸すってこともありえると思うんです。

沙織　たしかに、そうだね。でも、そんなことはまったく考えなかったよね？

正作　「mofgmona」には手拭いを置いてもらってたけどね。

沙織　いや、それも「もとぶ手作り市」を始めてからだよ。だって、当時はまだ、「mofgmona」は雑貨を扱ってなかったはず。

正作　そうだっけ。それまで、沖縄県内には手作り市みたいなイベントがなかったから、他のイベントに持っていくってことも考えなかったのかもしれないね。だって、当時はまだ、やちむんブームも来てなくて、やちむんは渋い人が買うものって感じだった。でも、あれくらいの時期に、やちむんにしても、紅型にしても、若手の作家がどんどん出始めて、各地で手作り市がどんどん広がっていったんですよね。

――「もとぶ手作り市」を立ち上げたときは、町内のお客さんだけに買ってもらうんじゃなくて、中南部からもお客さんに来てもらいたいっていう気持ちもあった？

正作　あったと思いますよ。

沙織　最初のうちは、出店できるのは本部町内の作家さんに限定してたわけ。回数を重ねるにつれて、今帰仁、名護、あるいは南部の作家さんからも「出店したい」という声をもらうようになって、「本部に来れば、沖縄中のいいものに出会える」というコンセプトに変えたんです。

正作　お客さんに関して言うと、ここで手作り市を始めれば、観光客が寄ってきてくれると思ってたんですよね。その頃にはもう、「きしもと食堂」や「新垣ぜんざい」には行列ができてたから、目の前でイベントやってたら寄ってくれるんじゃないかな、と。だけど、最初のうちは、観光客はほとんど来なかった（笑）。それよりかは、近所の人だとか、出店者の知り合いが遊びにきてくれる感じだね。

沙織　出店者同士のネットワークができていったんだよね。

正作　それもあるんだけど、その前に、移住第1世代ぐらいの人たちがいるわけ。「いちばキッチン」の菜那さんのお父さんは、80年代に本部町に移り住んで、「ベルウッド」という木工の工房を構えてるんですよ。この鈴木（紀庸）さんと同年代の人たちが、80年代頃に移住してきて、県内各地に工房を構えたりしてるんだけど、そのこどもたちもまた、それぞれ工芸をやってたりする。移住第1世代のこどもたちとか、そのお弟子さんたちが各地にいて、その人たちの間で「もとぶ手作り市っていうのが始まるらしい」と話が広がったのも大きかったと思います。

——じゃあ、口コミで徐々に広がっていったんですね。

正作　ちょうど同じくらいの時期に、読谷で「きとね市」が始まったり、県内でも手作り市が何ヶ所かで始まって、ずっと潜在的にいたハンドメイドの作家さんたちが、売り場を求めてイベントを渡り歩き出した時期なんですよね。沖縄県内だと、それまでフリーマーケットはあったけど、手作り市はなかったからね。

沙織　「もとぶ手作り市」を始めるときに決めたのは、フリーマーケットにはしないっていうことでした。本部の手作り市だから、どこかから仕入れてきたものや、リサイクル品を売るんじゃなくて、自分でつくったものだけを売ってもらう。それがバッチリ当たったんだよね。私たちとしても、とにかく日銭を稼がないといけなかったから、助かりました。もしも最初の予定通り、普通にホテルがオープンして給料がもらえてたら、手作り市やらなかったかもしれないよね？

正作　どうだろうね。

沙織　だって、1年遅れで沙織が就職したときには、貯金が残り8000円になってたんだよ？　ヤバいよね、ほんと（笑）。4月1日に入社して——びっくりしたんです。たしか給料日が毎月10日あたりだったんですけど、アルバイトで働いてたら、4月に働き始めたとしたら、4月の終わりか5月の初めにしか給料もらえないじゃないですか。貯金は8000円しか残ってないから、誰かにお金借りるしかないかと思ってたら、4月10日に23万ぐらい振り込まれてたんですよ。就職するってヤバいな、と（笑）。だって、最初の10日間なんて、いろんな部署に行って挨拶するぐらいしかしてないのに、こんな金額もらえるんだ、って。

正作　そうだね。俺も、授産施設で働いてたときは、ボーナスまで出てたからね。何でこんなのもらえるんだ、って（笑）すごいよな。うらやましいなと思う。うらやましいとは思うけど、また就職しようとは思わん。

◉市場に出店（2009年）

——最初のうちは「とにかく日銭を稼がないと」という切羽詰まった状況の中で、無我夢中でもとぶ手作り市を立ち上げたところから、毎月開催しているうちにイベントが日常になっていくわけですよね。毎月準備をして、出店者とやりとりして、設営して、販売して、撤収して——それは想像以上に疲れが溜まっていくところもあると思うんですけど、「ちょっと、毎月やるのはしんどいかも」とはならなかった？

沙織　最初の7、8年はなんとも

なかったよね？
正作　そうだね。染め物が売れるのも嬉しかったからね。うちでも10万ぐらい売れよったよな。
沙織　いや、そんなには売れてないよ。5、6万売れたらワーッってなってたよ。
正作　そうだっけ。売れるのが嬉しいし、出店者も固定のメンバーが増えてきて、皆が手伝ってくれたから、そんなに手間だと感じなかった。
沙織　ただ、手作り市がブームになってきたときに、出店者が60店舗まで増えたんですよ。最初のうちは来る人拒まずでやってたけど、スペースも限られてるから、「40店舗で〆切」ってことに変えたのはあったね。
正作　だけど、そのときも大変だったかというと、それしか売り上げがなかったから、最初のうちは何でもなかった。やらないと収入がないからね（笑）
——参加者も増えて、手作り市がブームになっていった頃って、市場の皆さんの反応はどんな感じだったんですか？
正作　手作り市は日曜日だから、その日は定休日のお店も多いんだけど、どう思ってたのかね。かまぼこ屋さんに「イベントでかまぼこ売りませんか？」って声をかけたり、参加できる人には参加してもらってたんですよ。お盆の時期と重なったりしたときは、もしかしたら邪魔だと思われてたかもしれないけど、一緒にやってはいたよね？
沙織　そうだね。市場の中にまでお客さんが流れてくれてたらよかったんだけど、さしみ屋さんとか肉屋さんはどうだったんだろうね？
正作　ああ、そうだ。さしみ屋の金城さんに「うるさい！」って怒られたことはある。手作り市に合わせてライブをやることもあって、水場のあたりにスピーカーを組んでたから、「お客さんから電話がかかってきたのに、音楽がうるさくて聞こえない！」と。
沙織　怒られたのはそれくらいで、あとはもう「頑張ってるね」

としか言われなかったですね。ポスターもいろんなお店に貼ってもらってたしね。

正作　やっぱり、商売人だから、お客さんが集まってくるのは嫌ではなかったんじゃないかなっていう気はします。

沙織　だから、最初のうちは主催の疲弊はなかったですね。手作り市以外のイベントも結構やってたしね。

正作　元気だねえ。それだけ手応えもあったんだろうね。

沙織　メディアにもたくさん取り上げてもらったしね。

——もとぶ手作り市で市場が賑わうようになると、役場の反応が変わってきたところもあった？

正作　そうですね。ちょうどその頃に、本部の商工会が地域ブランドづくりのための勉強会を開いていて、日本総研の人が講師で招かれてたんですけど、その人がとっても良い人だったんですよ。僕と隆央さんも勉強会に参加して、終わったあとに詰めかけて話をしたんですよ。

沙織　市場で手作り市をやっていることを話したら、「もう地域ブランドが出来上がってるじゃん」と言われて、「こういう助成金のプログラムがあるから、申し込んでみたら？」と教えてくれて。

正作　その人が間に入ってくれて、役場と、商工会と、市場と、手作り市と、皆が月に1回集まって、勉強会を始めたんですよね。あちこち視察にも行くようになって——そのときは市場を担当する課の課長もいたりして——それを続けているうちに、「空き店舗の貸し出しを再開しましょう」って話になったんです。

沙織　それが２００９年だから、手作り市を2年ちょっと続けて、ようやく市場に入れるようになったんだよね。ただ、その頃にはもう、「染め物だけじゃ厳しい」ってわかってました。手作り市を1年ぐらい続けているうちに、染め物は結構値段も高いから、なかなか同じ人に2度、3度と買ってもらえるものではないなってことに気づいたんですよね。正作は昔からカフェにも興味があったから、もしも市場に入れるようになったら、コーヒーと染め物を扱うお店にしようって話はしてました。

——そうして2009年に、市場でコーヒー屋さんを始めるわけですね。その頃だと、手作り市以外の日はどんな様子でしたか?

沙織　イベントの日以外だと、人が歩いてなかったね。日常的にはお客さんがいなかった。

正作　1日5000円売れたら、「ノルマ達成!」って喜んでたね。

沙織　当時はリーマン・ショック後で不景気だったからね。沙織が就職したホテルも、リーマン・ショックの影響で、入社した半年後に倒産したんですよ。「これは大変だ」となったところに、3人目の妊娠もわかって、「いよいよ市場にお店を持たなきゃ」ってなってたんだよね。でも、1日1万売り上げるまで、相当かかったよね?

正作　そうだね。普段からお客さんが市場を歩くようになったのは、震災のあとかもしれないね。

沙織　県外から避難してきた人たちが市場に集まって、情報交換の場になってたんですよね。今帰仁にある「波羅蜜《ぱらみつ》」の(根本)きこさんとか、ミュージシャンの人たちが遊びにきてくれるようになって、それでちょっとずつお客さんが増えたのはあるかもね。

——市場に新規出店ができるようになって、若い世代のお店も増えていった?

正作　そうですね。空き店舗はすぐ埋まりました。いろんな商売する人がいましたよ。お花の冷蔵庫がないお花屋さんとかね。

沙織　そのお花屋さんは、お店を友達に任せて出稼ぎに行って、「冷蔵庫を買うお金が貯まったら帰ってくる」って言ってたんだけど、そのまま辞めちゃった。

正作　スムージーのお店とかもあったけど、本部には早過ぎたんだろうな。「モッツーノ」もそうだし、その前にあった「カムーン」ってバインミースタンドも、超おしゃれな店だったんだけど、続かなかった。

沙織　あれ、今だったらもってたと思う。やっぱり、早過ぎたんだよ。４、５年先を行ってた感じがする。

正作　震災のあと、東京のいいとこで仕事をしてた人たちが本部にやってきて、センスの良いことを始めたんですよね。「ランタン夜市」とかも、その人たちと一緒に始めたりしてね。俺たちは「面白いね！」と盛り上がってたけど、本部には早過ぎたんだろうね。

――個性的なお店がたくさんあったわけですね。

正作　ひとつには、飲み屋営業がしづらいっていうのが大きかったんだと思う。この市場は、夜９時までしか営業できないって、条例で決まってるんですよ。だから、他の市場はせんべろ酒場が増え始めてるけど、ここは酒場が入りづらくて、それで他の業種が育ったのもあるんでしょうね。それと、「もとぶ手作り市」に参加してた人たちが、「ここで店を持てるんだったら」って入ってくれたのも大きかったと思います。

◉解体の方針（２０２４年）

――もとぶ手作り市の立ち上げから数えれば18年が経って、市場に活気が戻って、若い世代が新しい試みに挑戦する場所になってきたんだと思うんです。県内の人たちも「週末は本部までドライブしてみようか」と考えるようになって、県外からの観光客も「せっかく美ら海水族館まで行くんだから、ちょっと市場のあたりも見てみようか」と立ち寄るようになって、あんまり好きな言葉じゃないですけど、この場所は観光資源になってると思うんです。それを解体する方針が発表されて、現時点では再整備の予定はないというのは［註――２０２４年12月13日、本部町は市場を再整備する方針を明らかにしたが、対談収録時は白紙だった］、役場の人たちにとってはここが観光資源だという認識はなかったということなんですかね？

正作　ないのかもしれないね。

沙織　それは別に、役場が意図してやったものじゃないですからね。役場としては、ストップしてた入居を再開させただけだから。

正作　新規の募集が再開されてからは、自分たちも選考に加わってたんですよ。通り会と商工会も入って、一緒に選考させてください、と。最初の数年は一緒に選考させてもらってたけど、それもいつのまにかやらなくなった。だからもう、役場がどうやって選んでるのかもわからなくなって。

沙織　市場で店をやっている側からすると、ちゃんとお店を開けてくれる人じゃないと困るんですよ。だけど、家賃が安いもんだから、とりあえず借りるだけ借りて、年に2ヶ月ぐらいしか店を開けない人も出てきたんですよね。閉まってるお店が増えてくると、途端に廃れた場所に見えてくる。そうすると、お客さんの財布の紐が一気に固くなって、「ちょっと、早くここから出よう」と。

正作　「怖い、阿片窟だ!」ってね。

沙織　ちょっと洞窟みたいな感じもあるから、入りにくい感じがどうしてもあるんですよね。だから、「できるだけお店を開けましょう」とは言うんだけど、そこがうまくいかないところもあったね。

正作　だから——役場がどういうふうに考えてるか、わかんないな。直接聞いたこともないからね。

沙織　役場の担当者も、定期的に変わるんですよね。そうすると、担当の人の個人的な熱量で変わってくる部分がどうしてもある。一緒に勉強会をやってた頃は近かったけど、段々遠くなっていった。もしかしたら、向こうは向こうで、「市場の人たちは勝手に色々やってて、それでうまく行ってるんだったら、役場が何かしなくてもいいんじゃない?」となったのかもしれないね。うちらとしては、空き店舗が出たら、できるだけ早く埋めてほしいんですよ。空き店舗のままの区画があると、寂れて見える。でも、空き店舗になって、半年以上経ってようやく募集をかけたりして、どんどん鈍くなっていったんですよね。

「市場豆花店」店主・知念沙織さん

——市場に入居されたときから、ふたりで「自家焙煎珈琲みちくさ」を切り盛りされてきて、2020年には沙織さんは市場で「市場豆花店」をオープンされています。解体の方針が発表された今、これから先についてはそれぞれどんなことを思い描いてますか？

沙織　そのへんはね、沙織と正作で少しずつ違うんだけど、私が「市場豆花店」をやってる場所って、昔は乾物屋さんだったんですよ。あそこが空いたときに、「今だ！」と思って借りたんです。というのも、「みちくさ」は市場の内側にあるじゃないですか。内側にあるお店と、外に面しているお店って、全然別物だと思うんですね。間口が外に向いている区画を借りて、キャッチーなお店を作る。そこでお客さんをつかまえて、「ここにはこういう歴史があって、中にもお店が一杯あるんですよ！」とお客さんを誘導する。そのために借りたんです。ただ、あそこは3畳くらいしかなくて、作ってきたものを持ってきて売ることしかできないんですよね。もしも隣の区画も——そこは昔さしみ屋さんだったところで、今はもう閉められてるんですけど——あっちも借りて拡張できるんだったら、キッチンも広くなって、オーブンを3台ぐらい並べて、焼きたての台湾カステラの匂いが市場に漂うようになる。それに釣られてお客さんがやってきて、沙織が「こっちだよー！」ってベルを鳴らして、焼きたてをイートインで食べてもらう。そこでお客さんとお話しして、市場の中に入ってもらう。それが理想なんですけど、役場に掛け合っても、「空き店舗を貸し出す予定はない」と言われてしまったから、その理想は実現できないんですよね。今のままだと、調理する場所と売る場所が離れてるから、労働のロスも大きくて。もしも市場が建て替えになるんだとしても、今の建物を補強して営業が続けられるんだとしても、私が求めてる理想は実現できないんだとしたら、早いうちに別の場所に移動したほうがいいんじゃないかって焦りもあるんです。「こういう店をやりたい！」っていう気持ちが燃えてるときにやらないと、この火はたぶん、いつか消えるんですよね。

正作　僕に関して言うと、今回の話が出る前から、「そろそろ市場を出てもいいんじゃないか？」と思ってたんですよ。お客さんも増えて、わりと軌道に乗ってきてるから、この場所はまた新しい人に譲って、自分はこの近くに良い場所があれば移転してもいいかな、と。ここに新しい建物ができるんだとしても、自分はもういいかなって思ってるところもあるんです。もっと新しい人が入居して、新しくチャンスを掴んでもらえたらいいんじゃないか、って。ただ、今の段階では、市場を解体したあとにどうするのか、まったくわからない状態なんですよ。だから、このエリアを殺さないためにも、この近くで場所を借りて、頑張って商売を続けたほうがいいんだろうなとは思ってます。市場が取り壊されても、そば屋もあるし、ぜんざい屋もあるし、「仲宗根ストアー」もあるし、ゲストハウスもあるし、定食屋の「ぺっぱー」も、カレー屋の「丸祇羅《まるまさら》」もある。それを考えると、もしも市場がなくなったとしても、このエリアとしてはまだ頑張れる。もちろん、新しく市場が建てられるならそれに越したことはないし、そこに肉屋さんやさしみ屋さんが入ってもらったほうがいいし、市場で店を続けたいと希望する人は残れるのがいいと思ってますけどね。

沙織　とにかく、空き店舗が出たら、本部町民なら誰でも応募ができて、審査に合格した人が入居できる場所であってほしいと思うんですよね。自分なんかは、リーマン・ショックのあと、「もうヤバいかも」って状況になったけど、この場所があったからどうにか今日までやってこれた。だけど、最近は賃貸の価格も相当上がってるし、社会はこれからもっとキツくなると思うんですよね。本部で生まれ育った人でも、移住してきた人たちでも、「本部で何か新しく始めたい」と思った人たちが飛び込みやすい受け皿みたいな場所って、民間の場所では成り立たないんじゃないかと思うんですよね。

正作　お金がある人は、いくらでも始められるだろうけどね。お金があれば、海洋博公園の近くに場所を借りて、ドーンと商売をやったらいいと思うんだけど、本部に住んでる若者が店を始めるっていうのは、市場がないと難しくなるだろうね。特にこれから数年は、お金を持ってる人たちの商売がどんどん増えていく時期になっていくだろうから、市場が残るといいんだけどね。

沙織　そう考えると、自分に残せる財産はこれしかないと思う。町営市場が財産みたいなもんだよ。しかも、次の世代に引き継ぐときにも、相続税かからないからね。

正作　起業したい人からすると、とっても良いシステムだと思う。豆乳とおからを使った焼き菓子の「ＳＯＹＳＯＹ」も、今は名護と那覇にもお店を構えてますけど、最初はここの市場で始まってるんです。それが今、家賃が30万の物件を借りないと商売始められないとしたら、だいぶハードルが高くなると思うんですよね。そういうことを考えると、自分たちは十分ここで成長させてもらったから、そろそろ卒業かなってことは、前々から考えてはいましたね。

――もしも町営市場みたいな場所がなかったとしたら、新しく商売を始められるのは、すでにもうお金を持っている人か、そうでなければキッチリした事業計画書を書いて、助成金を確保できる人だけになっていく。ごく個人的な意見としては、その世界はあんまり面白くないんじゃないかって気がするんです。もっと、ふとした思いつきから生まれることがある気がする、というか。ここだったら、ひとりで切り盛りできる小さな区画があって、安い値段で商売を立ち上げてみることができるわけですよね。

沙織　たしかに、小さいからこそ始められるっていうのは大きいですよね。もう、学園祭でクレープ売るノリに近いかも。

正作　こないだ、隆央さんと話してたら、今「友寄商事」がある場所の奥半分は、さしみ屋の荻堂さんが「オフショア」のＴシャツ売ってたらしいんだよね。

沙織　マジで？　でーじ謎だね。

正作　でも、そんな感じよね。「これ、売れるんじゃやね？」って、さしみ屋のおっかあがＴシャツを売る。市場の商売って、たぶんそんな感じだった。それが今や、「このブランドが若者に人気で、これを仕入れて売ろうと思ってまして、仕入れにかかる費用がいくら、什器にかかる費用はいくら、従業員はふたり配置する予定なので、１０００万円貸してください」と、そこまでちゃんと事業計画書を書ける人だけがお店を始められるようになってきてる。

――僕が昔、ドライブインの取材をしたとき、感銘を受けたのは、ほとんどの人が勝手に商売を始めてることだったんです。飲食の仕事をやった経験なんて一度もないのに、自分が持ってる土地に道路が開通して、「ここで食堂をやれば儲かるだろう」「最近はこういう場所にある飲食店をドライブインって呼ぶらしい」ってだけでドライブインを開業してるお店がたくさんあった。しかも、そんなふうにふらりと開業したのに、「あれからもう50年になりますね」と。ああ、そんなふうに生きていくことだってできるんだよなって、印象的だったんですよね。

正作　すごいな、それ。だけど、僕も染め物をやってたのに、いきなりコーヒー屋だからな（笑）

――これから先の時代、どんどんＡＩが発達して、人間が働かなくても生きていけるようになるとしたら、有り余る時間で何をするのかが問題になってくると思うんですよね。それを想像すると、気軽に何かを始められる余白のような場所が大事なんじゃないか、と。

沙織　それはまさしく手作り市ですよ。月に1回、ふと思いついたものを試すことができる。前にね、夜光貝を加工してルアーを作ってる人がいたんです。夜光貝を加工するときに出る粉塵って、吸い込むと高熱が出ちゃうから、吸い込まないように気をつけながらちょっとずつ加工して、ものすごく時間がかかるらしくて。作るのはめちゃくちゃ大変なのに、ルアーってさ、使ってるときに根掛かりしたら終わりなんだよ。こんな綺麗なんだから、アクセサリーを作ったらいいのにって、皆から言われてたけど。

正作　その人はきっと、ルアーを作りたかったんだよ。売り場があるって、いいことなんだよね。手作り市には、いろんなものを売ってる人がいましたよ。石鹸を彫刻した作品を売ってる人とかね。

沙織　プロ・アマ問わず、手作りのものを持ってくれれば、誰でも参加できたんですよね。手作りのものなら何でも出せたから、縫い目がガタガタのコインケースを作ってる人も、何回も参加してる常連の出店者と隣同士で並んでやるわけよ。それを見たお客さんは、「これだったら自分でも作れそう」って、次の回には参加者になってくれたりする。

正作　もとぶ手作り市は、素人が混ざってるのが良かったんだよな。回数を重ねるにつれて、全員が出店のプロみたいになってくると、ちょっとマンネリ化したのもあったのかもしれないね。

沙織　いろんなイベントに出店してる常連さんは、顧客を抱えているから、ありがたかったのもあるんですよ。その顧客が本部まで遊びにきてくれるから。ただ、3、4店舗ぐらいはまったく知らないチャレンジャーが入ってるのが面白かったんですよね。

——そうやって新規で参加するお客さんも多かったから、あまり疲れを感じなかった？

沙織　そうだね。でも——なんで疲れてきちゃったんだろう？

正作　県内でもイベントがどんどん増えると、「イベントを主催する側は儲ける側だから、出店者のことは出店者様として扱わなきゃいけない」みたいな感じになってきたのもあったよね。

沙織　たしかにね。「主催者はもっと客を集めるように努力しろ」とか、「売れなかったのは主催者の宣伝が足りなかったからだ」と言われるようになってきた。

正作　手作り市は、主催する自分たちも出店者なんですよね。だから、手弁当でやってたんだけど、そういう声に応えるのが段々しんどくなってきて、「もう手作り市は辞めます」と。そもそも手作り市を始めたのは、この市場にお客さんが来てくれるようにという目的もあったから、それはある程度達成できたかなって感じもあったんですよね。それで、ちょうどコロナになったタイミングで中止しました。

沙織　ただ、出店してくれてた人たちからは、今でも「再開してくれ」とはよく言われる。12月には毎年忘年会をやってたんですよ。12月の手作り市が終わったあと、2階のホールに皆で集まって、忘年会をやる。それが楽しかったから、「忘年会だけでもやってくれないか」って人もいるよね。

正作　それが大変なんだよな。おでんとカレーを100人分作るのは俺の仕事。忘年会が始まる頃にはもうベロベロになって、記憶はいつもなくなってる。

沙織　でも、面白かったよね。ほんと――市場はこれからどうなるんだろう？

正作　僕はもう、最悪の状況も想定して準備はしてるけど、「本当に壊すの？」って感じだね。ちょっと楽しみですらある。「へえ、壊すって？　壊してみなよ。壊せるもんなら、壊したらいいじゃない」ってね。

沙織　今の段階では、市場を壊すってことだけは言われてるんだけど、その跡地をどうするのか、何も明言されてないんですよね。説明会のときも、「市場の機能を備えた施設を作れないか、検討していきたい」としか言われてないんですよね。「市場を残す」って一回でも言われた？

正作　いや、あやふやだった。新報には「跡地を再整備」と出てたけど、それは僕らが説明会で聞いたニュアンスとも違うからね。

沙織　だから、今はとにかく、役場がここをどうしていきたいと思っているのか知りたいです。何もわからないから、自分たちの今後や商売の方針を決める材料がないんですよ。「ああ、この材料だったら、自分の好みじゃないな」とか、「これだったら、その料理の中に入ってもいいかも」とか、材料があれば考えられるんだけど、何もわからないまま、時間が過ぎていっている。

正作　今のままだと、闇鍋だよね。

沙織　今、本部町はバブルだから、どんどん土地の値段が上がってる。だから、再整備の全体像が見えてきたときに、「それだったら別の場所に移ろう」と思ったときにはもう、どこにも移転できなくなってるかもしれないよね。

正作　僕らはまだ若いほうだから、どうにかできるけど、肉屋やさしみ屋は「2年後に壊すから、出て行ってください」と言われても、もう辞めるしかなくなる。

沙織　そういうお店は、2代、3代と続いてるところだから、私たちとはちょっと次元が違う話なんですよね。

正作　地元でずっと続いてきたお店に対するリスペクトはないのかっていうね。だって、町内にある有名なそば屋も、市場からお肉やら鰹節やら仕入れてるんですよ。もしかしたら義理で買い続けてくれてるのかもしれないけど、そういう義理もすっ飛ばして取り壊すのかって話になってくる。

沙織　だからね。ここを壊したあと、今以上に魅力的な市場を再整備できるんですかっていう話なんですよね。どんな市場だったら魅力的で、街の活性化に繋がると考えてるのか、その全体像を見せてください、と。

正作　「これはすごい！」となれば応援するけど、何の手の内も見せないし、不安しかないよね。

沙織　7月に最初の説明会があってから、この3ヶ月はいろんなことを考え過ぎてて。感情が上に下に、左に右で、あるときは「もう出て行ってやるぜ！」みたいな気持ちになることもあるし、また別のときには「いや、やっぱりここで頑張っていかないと」と思い直したり――それが今日と明日とで変わるんですよ。感情に振りまわされてる。それがストレスというかね、カロリー使い過ぎて――。

正作　カロリー使い過ぎて、お菓子食べちゃう（笑）

沙織　そうそう（笑）。「再整備のプランがこんなだった場合はこうしよう」って、いろんなパターンを想定するのも大変だし、永遠に解けないパズルをやり続けてる感じがする。市場が解体されるってことが新聞に出てから、友達から連絡があって、「沙織ちゃん、『みちくさ』ならどこに行っても続けられるから、南城市においでよ」と言われて、向こうの物件を見たこともあるんですよ。一番下の子が来年高校生になるから、もしかしたらこのタイミングで本部町を出たほうがいいんじゃないか、って。いろんなことを考え過ぎて、非常に疲れた3ヶ月だった。

正作　俺はもう、市場がなくなっても、この近くでやるしかないんじゃないかとは思ってるけどね。

沙織　そうだねぇ。私の場合、「市場豆花店」って名前にしちゃって、しかも看板に「百年老店開始」（100年続く老舗の始まり）と書いちゃってるからね。今は市場だから、ふたりでそれぞれ別の場所を借りていられるけど、どこか別の場所を借りるとなったら、一緒の場所でやらないとまわらなくなるだろうし、ちょっとそこらへんはまだ決めかねてます。市場の皆は、どう考えてるんだろう。それぞれ事情があって、それぞれの考え方があると思うけど、市場に残るにしろ、離れるにしろ、皆がうまいところに着地できたらいいね。

正作　それぞれ事情あるから、大変だよね。これがちっちゃい店の弱いところでもある。代わりがいないから。全部自分がやっているところだからね。

2024年10月10日
「自家焙煎珈琲みちくさ」にて収録

おわりに

本部町営市場が取り壊される——。

そんな話を知ったのは、記事が出る数日前、2024年8月30日のことだった。「自家焙煎珈琲みちくさ」の知念正作さんが、「あー、もとぶ町営市場はもうだめだな」と、SNSでつぶやいていたのだ。その日は、本部町から市場の店主たちに向けて、2回目の説明会が開催された日だった。説明会において、市場を再建するつもりがあるのかと尋ねる店主たちに、担当者は曖昧にしか答えなかったのだという。それを聞き、「誰かが本部町営市場の今を記録しなければ」と思い立ち、取材を始めることにした。

その段階では、市場の今後について、まったく見通しが立っていなかった。本部町営市場の本を書くのであれば、ただ記録を残すだけでなく、少しでも現状を動かし、市場の存続に繋がってほしい。そうすると、なるべく早く書籍化を目指すべきだろう。出版社に企画を打診すると、1年近くかかってしまう可能性もある。だから今回は、自分で制作費を捻出して、インディペンデントな出版物として刊行することにした。ぼく自身、物書きになるきっかけとなったのは、友人たちと一緒にリトル・マガジンを出版したことだった（今回使用した『ＨＢ』というレーベル名は、当時作っていたリトル・マガジンのタイトルに由来する）。今になって振り返ってみると、本部町営市場は「町営」でありながらも店主たちが勝手に商売してきた場所なのだから、インディペンデントなかたちで出版するのがふさわしかったようにも思う。編集作業が大詰めを迎える頃に、寄稿者の岡本尚文さんが取り次いでくれて、書籍の流通はトゥーヴァージンズという出版社にお願いすることにした。

最初に取材したのは、２０２４年10月８日から13日にかけての６日間だった。以前から面識のあった知念正作さんに、何人かの店主に紹介してもらって、話を聞き始めた。取材を終えて、東京に戻り、レコーダーに記録した音声をすべて文字に起こす。その上で、11月11日から15日にかけて、前回聞ききれなかった話を追加で聞かせてもらったり、10月にはタイミングが合わなくて取材できなかった店主に話を聞かせてもらったりした。その上で、12月11日から13日にも市場に足を運び、追加取材をして原稿を書いた。状況に動きがあったのは、ちょうど取材の最終日だった。

市場事業者と周辺店舗による本部町営マーケット通り会は、市場の存続を求める署名活動を10月にスタートさせた。12月６日、通り会は本部町議会と本部町長宛に請願書を提出した。請願書を提出するには、議員の署名が必要になる。請願書の内容は、「今後の市場の計画を教えてください」、「市場通り会との話し合いの場を開いて下さい」という、ごく当たり前の話だった。市場がある本部町渡久地区は、「本部町営市場再整備検討委員会」を立ち上げ、こちらも12月6日に市場の再整備を求める要請書を提出した。こうした流れを受けて、12月13日、本部町は市場を再整備する方針を明らかにした。沖縄タイムスの松田駿太記者のスクープだった。

市場の再整備は決まった。

どんな市場を建てるのかは、これから話し合いが重ねられていくところだ。できる限り、今の雰囲気を維持した市場が再整備されることを願っている。「今の雰囲気」とは、レトロさではなく、この本で店主たちが語り、寄稿者が触れているようなところだ。

「渡久地の中でも、市場のあたりは、狭い区画に住宅がひしめき合ってるんですよね」。あるとき、正作さんがそんな話を聞かせてくれたことがある。「小さい頃はそういうものだとしか思ってなかったけど、いろんなところから商売人が集まってきて、市場の近くに住み始めたから、ひとつひとつの区画が狭いんでしょうね」と。

沖縄には「マチグヮー」という言葉がある。「グヮー」とは「小さい」を意味する接辞だ。人が集まる場所に、自然発生的に生まれた市場には、小さな区画にたくさんの商売人がひしめき合って生計を立ててきた。これはショッピングモールとの大きな違いだろう。これは那覇の市場を取材したときから感じていたことだが、マチグヮーの小ささはひとつの財産だと思う。

迷路のように路地が張り巡らされ、建物が密集した地域は、災害のリスクが高く、行政からすれば再開発してすっきりさせたい場所に見えるのだろう。でも、区画ひとつとっても、そこには歴史が刻まれている。だからこそ、そこを歩くだけで、歴史を体感することができるのだ。近年の再開発は、地形すら変えてしまうけれど、それは土地に刻まれた歴史を消し去ってしまう。その小さく入り組んだ区画に、そこに暮らしてきた人たちの思い出が詰まっている。

本書には23名の店主が登場する。

ぼくの取材日程が限られたものだったせいで、洋裁店の「ファッションルームしずか」と、「やちむん工房ｍｕｇ」には話を伺うことが叶わなかった。この点は大いに反省している。あるいは、店舗案内図には店名が記されているのに、僕が取材に取り掛かった頃にはもう閉店されているところもあった。聞き取ることができなかった声は数えきれないほどある。

序盤に掲載しているのは、２代目、３代目に引き継がれている老舗だ。「３代目が継承した老舗」と書けば、たった10文字に収まってしまうけれど、本文を読んでもらえばわかるように、そこにはひとりひとりまるで違う人生がある（共通するところがあるとすれば、ほとんどの人がいちど郷里を離れた経験があり、家業を継ぐために帰ってきた、というところだろう）。ひとりひとりの人生の向こうに、戦後沖縄の——あるいは戦前から続く沖縄の歴史が見えてくる。歴史とは、ひとりひとりの記憶の向こうに横たわっているものなのだと思う。何十年と商売を営んでこられた方たちの話に耳を傾けることで、本部町の——引いては沖縄の歴史に、ほんの少しだけ触れることができたような心地がする。

取材した23軒のうち、半数以上はこの20年で開業した新しいお店だ。本部町出身の店主もいれば、県外から移り住んだ店主もいる。１９９０年代から２０００年代にかけて、沖縄ブームが広がる中で、沖縄に移住する人たちが増えた。その時代には移住者向けの書籍も刊行されていたから、「移住者が増えた」という話はひとつの歴史的な事実として知っていた。ただ、店主ひとりひとりの声に耳を傾けていると、その時代の空気感が伝わってくる。

たとえば、ある店主は、こんな話を聞かせてくれた。

「大学生の頃、バイクに乗ってたんですよ。だから卒業旅行でも、皆で東京から徐々に西に向かって、いろんなところに泊まりながら、鹿児島からフェリーで沖縄に行こうって話になったんです。でも、出発前日に私のバイクが壊れて、皆と一緒に行けなくなったんですね。すぐに修理に出して、バイクは戻ってきたんですけど、今から追いかけるのは難しいから、ひと足先にフェリーで沖縄に向かうことにしたんです。フェリーにはバイクの人がたくさん乗っていて、船に乗っている間は暇だから、『何しに沖縄行くの？』って皆で話して過ごしてたんですよ。大型バイクの免許を取るための合宿に行く人もいれば、実家に帰る人もいて、仲良くなってデッキでバレーボールとかしてました」

大学の同級生たちは、陸路でのんびり鹿児島を目指していたから、先に沖縄に着くことになる。皆を待つ間に何をして過ごすか、何も決めないまま那覇港にたどり着いた。

「当時はスマホがない時代だから、旅の本を開いて、ホテルに片っ端から電話かけて『今日空いてませんか？』と確認するしかなかったんですよ。那覇のデパートの前で、バイクに座って電話をかけてたら、地元の人に話しかけられて。東京ナンバーのバイクだから、珍しかったんでしょうね。向こうはカップルだったんですけど、泊まるところを探してるんですって話したら、『私たち、今日は自分ちに帰らないから、よかったらうちに泊まってって』と家の鍵を渡されて、家主のいない家にひとりで泊まったんですよ。次の日、鍵をポストに返して北部に向かって、食堂に入ってお昼ごはん食べてたら、『あんた、どこの人ね？』って、また話しかけられて。『私のおうちは本部だから、こっちに泊まったらいいさ』って言われて、まったく知らない家族とバーベキューして——東京じゃ絶対起こらないことが立て続けに起きたんです。親からしたら『もっと用心しなさい』と言いたくなるでしょうけど、知らない人のおうちに泊まることに不安も感じなくて、ただ楽しく過ごしてましたね」

沖縄を最終目的地に選んだのは、ただそこが日本の南端に位置する、というだけの理由だった。でも、この旅をきっかけとして沖縄に——いや、正確には沖縄の人に——ハマったのだと店主は聞かせてくれた。そんな話を聞いた今、実際には目にしたことがないはずの、フェリーのデッキでバレーボールに興じる若者たちの姿が、私の記憶に刻まれている。

言葉にすれば当たり前のことだが、ベテラン店主であれ、若い店主であれ、いきなりお店を切り盛りするようになったわけではなく、紆余曲折を経て、本部町営市場にたどり着いている。市場がなくなるとすれば、長い人生を経てようやくたどり着いた居場所が失われる、ということだ。だからこそ、市場がいつまでも存続してほしいと願ってしまう。そこには店主だけでなく、買い物客の思い出も詰まっている。

現在の市場は昭和41（1966）年に竣工している。この時代に本部町長を務めていたのは渡久地政仁さんだ。その1代前の市場は、昭和32（1957）年に建てられたものだ。木造平屋建てだったとはいえ、10年経たずに建て替えというのは、あまりにも短いスパンだ。渡久地政仁さんは、なぜ市場の建て替えに踏み切ったのだろう？

普久原朝充さんの原稿で触れられているように、渡久地さんが町長を務めた時代は、北部電化がようやく実現した時期とも重なる。木造平屋建ての市場を、冷蔵庫の導入が可能な、近代的で衛生的な市場に建て替えたいという思いもあったのだろう。ただ、2階に町営ホールが設置されていることを考えると、渡久地さんが市場の建て替えに込めた思いを想像してしまう。

統計によれば、旧・上本部村の人口も含めると、昭和25（1950）年には2万7552人が本部町に暮らしていた。本部町には南洋に移住した人たちも大勢いたから、終戦後に外地から引き揚げてきた人が大勢いて、この人数が記録されたのだろう。ただ、本部町に引き揚げてきても、耕作地は限られており、仕事を求めて本部を離れる人が増えてゆく。本部町の人口は、昭和30（1955）年には2万2854人、昭和35（1960）年には1万9657人と、10年で3割近く減少している。

この急速な人口流出を、どうすれば食い止めることができるのか。それは町長として喫緊の課題だったはずだ。「町の発展は〝人つくり〟が先決」が持論の渡久地さんは、市場の建て替えと同時期に、本部町への高校誘致を働きかけ、昭和42（1967）年には本部高校の創立にこぎつけている。

本部町に高校がなかった時代には、進学を希望するこどもたちは地元を離れるしかなかった。あるいは、本部町には大きなホールがなかった頃は、成人式や結婚披露宴といった人生の節目にあたる行事は、隣町の名護まで出かけるほかなかった。若い世代に、郷里に愛着を持ち、「このまちに暮らし続けたい」と思ってもらいたい。そのために渡久地さんは、町営ホールを町の真ん中にある――本部町が港町として発展してきた歴史を象徴する――市場の2階に設置しようと考えたのではないか。

この本を編み終えた今では、取材を始める前以上に、「いつまでもそのままで」と願わずにいられなくなった。

いつまでもそのままで。

それが叶わない願いなことはわかっている。

ぼくが今暮らしているマンションの隣には、古い酒屋があった。老夫婦が切り盛りしている酒屋で、取り立てて珍しい酒を扱っているわけでもないけれど、いつもそこでビールを買っていた。でも、数年前に店を畳んで、すっかり更地になってしまった。そこには11階建てのワンルームマンションが建てられるのだという。今日、その工事が始まったところだ。

歩いて数分の場所には、お米屋さんがあって、豆腐屋があって、鶏肉屋があって、蕎麦屋があって、中華料理屋があった。どれも何十年と続いてきた老舗だったけれど、この数年の間にすべてなくなって、街並みがすっかり変わってしまった。

そこにはきっと、いろんな理由があるのだろう。

後継者がいなくて、店を畳む。売れ行きが下がって、店が続けられなくなった。商売は辞めにして、残りの人生を自由に生きる。この街を離れて、まるで違う人生を過ごしてみたくなった。店主には店主の人生があるのだから、「いつまでもそのままで」と願うのは利用客のわがままだ。それに、人には忘れられる権利だってある。

ただ、店主が自らの意志で店を畳むのと、別の要因で店を閉じざるを得ないのとは、まるで別の話だ。「ここで店を続けたい」という人がいて、そこに思い入れがある人がいるなら、その場所はいつまでもそのままで続いて欲しいと願ってしまう。

そのために何ができるのか。

市場に限らず、まちにはわたしたちの思い出が刻まれている。本部町営市場のように、その土地を象徴する場所に限らず、ふとした路地にだって、記憶が詰まっている。それがあっさりと消えてしまうのを、「仕方がないことだ」と諦めるのはもうやめにしたい。まちはわたしたちのものなのだから。

2025年2月25日

橋本倫史

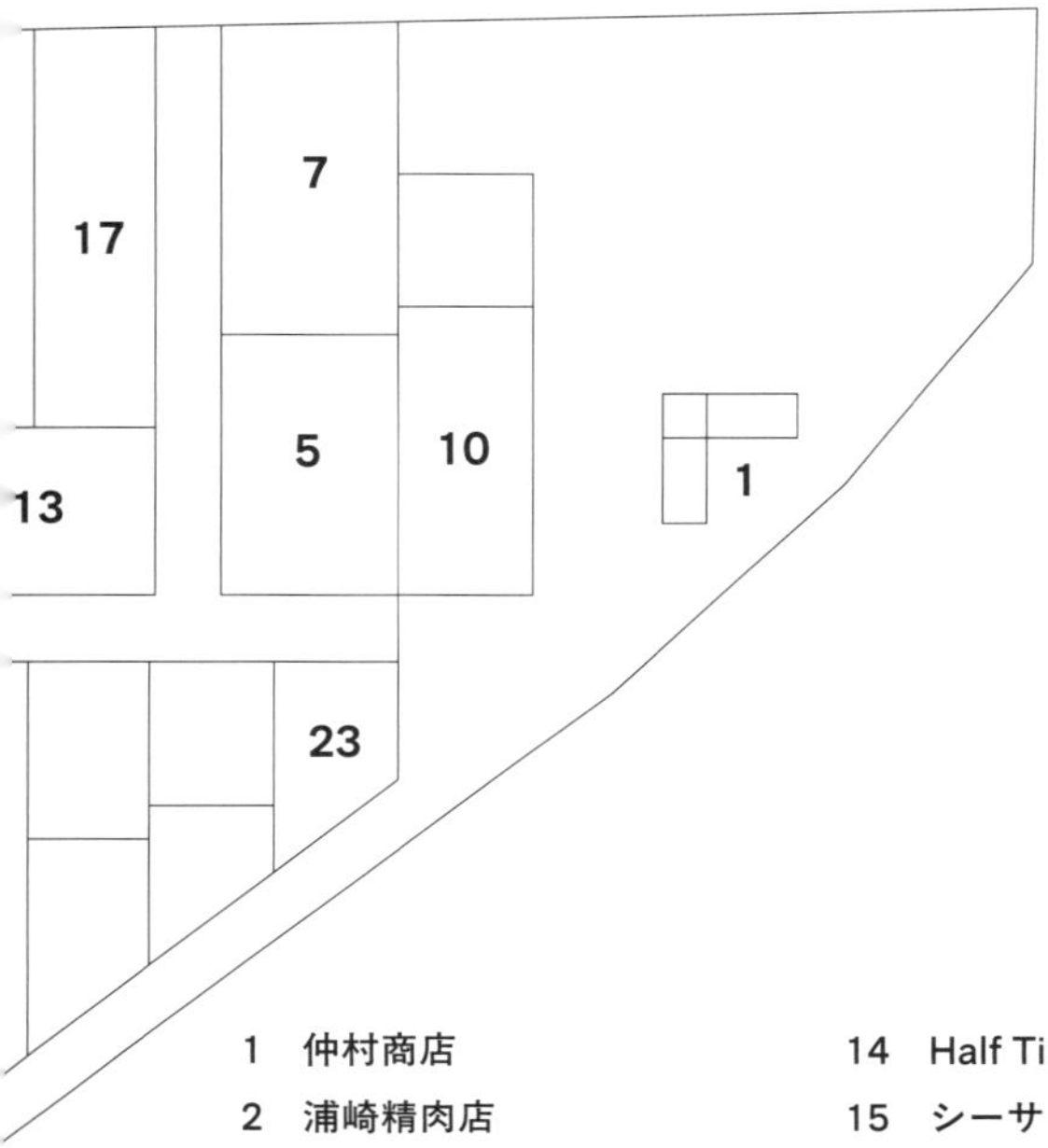

1　仲村商店
2　浦崎精肉店
3　西平精肉店
4　古堅精肉店
5　金城鮮魚店
6　コスメティックさくら
7　友寄商事
8　にしき屋
9　Ribbon
10　玉城商店
11　タマキインテリア
12　いちばキッチン
13　島しまかいしゃ
14　Half Time Cafe
15　シーサーや
16　いっぷく家
17　A Gallery
18　施術処 peaceness
19　トータルビューティー M.LUNE
20　すこやか農場
21　Black Lives Matter Coffee
22　自家焙煎珈琲みちくさ
23　市場豆花店
24　やちむん工房 mag
25　ファッションルームしずか
★　ゆくい処

本部町営市場案内図

工学院大学建築学部建築デザイン学科 初田香成研究室
「本部町営市場・渡久地建物実測調査報告書」（2024年）をもとに作成

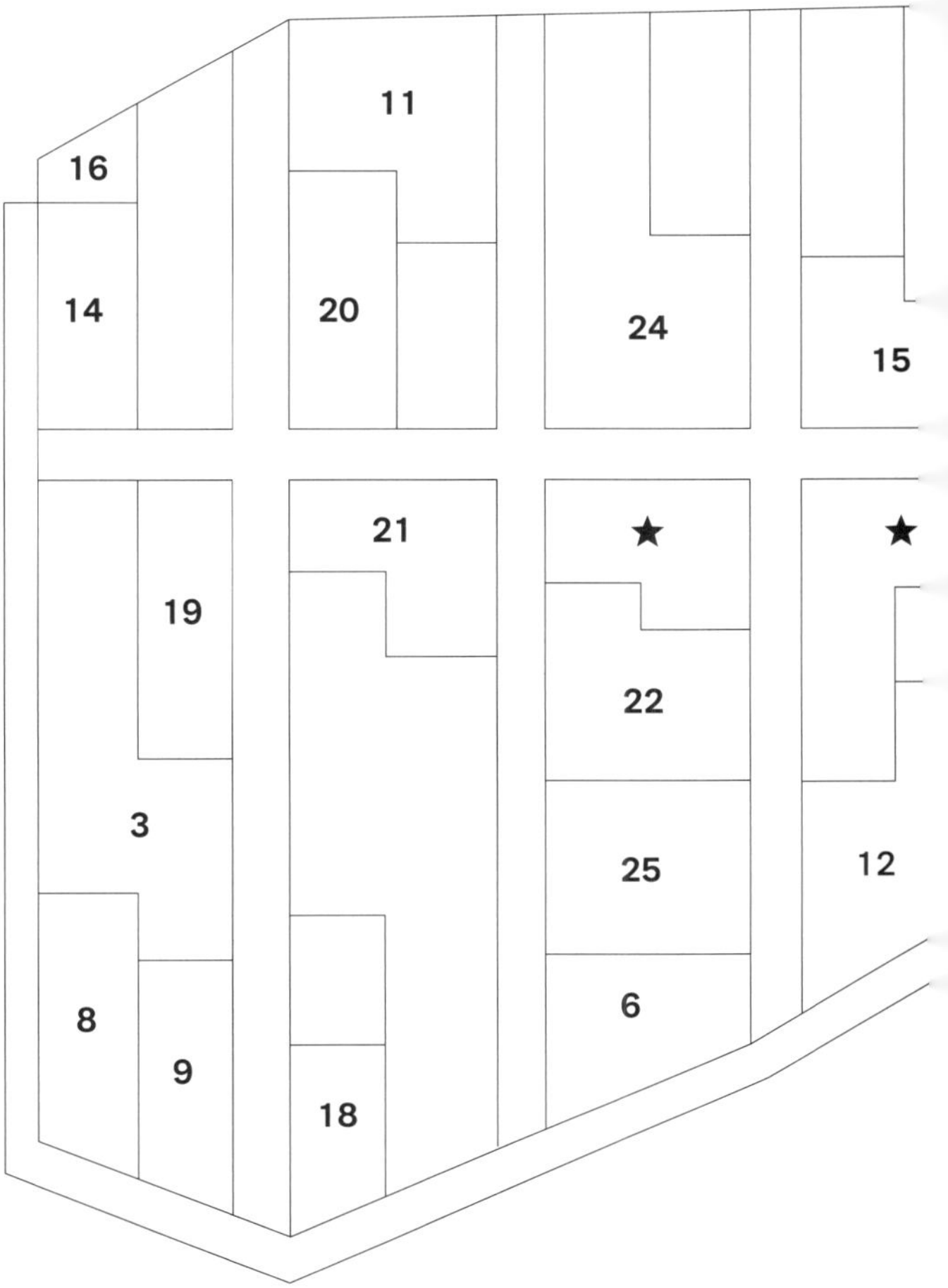

2024年の本部町営市場
2025年3月31日　第1刷発行

印刷・製本	中央精版印刷株式会社
発行人	橋本倫史
発行元	HB BOOKS（エイチビー・ブックス） hstm1982@gmail.com
発売元	株式会社トゥーヴァージンズ 〒102-0073 東京都千代田区九段北4-1-3 TEL:03-5212-7442　FAX:03-5212-7889 https://www.twovirgins.jp
デザイン	名久井直子

写真提供者・出典一覧
『本部町の街の移り変わりと人々の暮らし』2006年（2・3頁）
浦崎力（37頁）
『沖縄県立本部高等学校 創立二十周年記念誌』1988年（147頁）

編集・写真・文＝橋本倫史（はしもと・ともふみ）
1982年広島県東広島市生まれ。物書き。学習院大学卒。著書に『ドライブイン探訪』（ちくま文庫）、『市場界隈 那覇市第一牧志公設市場界隈の人々』、『東京の古本屋』、『そして市場は続く 那覇の小さな街をたずねて』（以上、本の雑誌社）、『水納島再訪』（講談社）、『観光地ぶらり』（太田出版）。

ISBN:978-4-86791-048-1　